吉林省交通运输行业技术指南

吉林省高速公路施工标准化技术指南

Technical Guidelines for Highway Construction Standardization in Jilin Province

主编单位：吉林省高等级公路建设局
吉林省高速公路集团有限公司
批准部门：吉林省交通运输厅
实施日期：2018 年 10 月 01 日

人民交通出版社股份有限公司
China Communications Press Co.,Ltd.

图书在版编目(CIP)数据

吉林省高速公路施工标准化技术指南 / 吉林省交通运输厅组织编写. — 北京 : 人民交通出版社股份有限公司, 2018.9

ISBN 978-7-114-15016-6

Ⅰ. ①吉… Ⅱ. ①吉… Ⅲ. ①高速公路—道路施工—标准化管理—吉林—指南 Ⅳ. ①U415.1-2

中国版本图书馆 CIP 数据核字(2018)第 219342 号

书　　名: 吉林省高速公路施工标准化技术指南
组织编写: 吉林省交通运输厅
责任编辑: 丁　遥　李　沛
责任校对: 刘　芹
责任印制: 张　凯
出版发行: 人民交通出版社股份有限公司
地　　址: (100011)北京市朝阳区安定门外外馆斜街 3 号
网　　址: http://www.ccpress.com.cn
销售电话: (010)59757973
总 经 销: 人民交通出版社股份有限公司发行部
经　　销: 各地新华书店
印　　刷: 北京市密东印刷有限公司
开　　本: 880×1230　1/16
印　　张: 15.5
字　　数: 324 千
版　　次: 2018 年 9 月　第 1 版
印　　次: 2018 年 9 月　第 1 次印刷
书　　号: ISBN 978-7-114-15016-6
定　　价: 98.00 元

吉林省交通运输厅文件

吉交发〔2018〕48号

吉林省交通运输厅关于印发《吉林省高速公路施工标准化技术指南(试行)》的通知

各市(州)、长白山管委会、梅河口市、公主岭市交通运输局,厅直有关单位、厅机关有关处室:

为深入贯彻十九大精神,加快实施交通强国,落实交通运输部、省委省政府高质量发展的部署和要求,推动交通运输基础设施、治理能力、服务水平等方面全面提升,推进吉林省高速公路品质工程建设、标准化施工,实现公路工程“优质耐久、安全舒适、经济环保、社会认可”的总目标,省厅在部颁《高速公路施工标准化技术指南》(2012版)和《吉林省高速公路施工标准化管理指南(试行)》(吉交发〔2012〕16号)基础上,结合吉林省高速公路建设特点,借鉴全国各地施工标准化的经验,组织编制了《吉林省高速公路施工标准化技术指南(试行)》,现予印发,自2018年10月1日起执行,《吉林省高速公路施工标准化管理指南(试行)》(吉交发〔2012〕16号)同时废止。

请各有关单位在执行过程中,将发现的问题或建议函告吉林省交通规划设计院(地址:长春市朝阳区工农大路689号,邮编:130021,邮箱:3324916147@qq.com,电话:0431-85932030),以便修订时改进。

吉林省交通运输厅

2018年9月14日

吉林省交通运输厅办公室　　2018年9月14日印发

《吉林省高速公路施工标准化技术指南》
编　委　会

主编单位：

1. 吉林省高等级公路建设局

谢玉田　王岩松　张　彧　全群山　赵玉国

李德阳　林志明　王震飞　王德民　郭明洋

2. 吉林省高速公路集团有限公司

张书林　李德辉　孙　会　薛焕东　李凤超

张　勇　宋洪岩　高连天　李晓林

技术支持单位：

1. 华杰工程咨询有限公司

彭耀军　刘月波　王　林　程　磊　周　杰

陈红梅　邓　磊

2. 吉林省交通规划设计院

刘贤辉　焦明伟　赵文丁　费　奎　崔洪川

陈　维　刘　伟

其他编写人员：

陈志国　李　煜　许东风　郑继光　时成林　王万峰

孙宇怀　陶志玉　朱俊虎　张　鹏　王　晶

编审人员：

王潮海　张枭雄　任立锋　张宏伟　李　欣　陈德华

陈东丰　李忠诚　付　巍　赵钧平　关长禄　张　骞

前　言

为加快推行现代工程管理,促进高速公路建设“发展理念人本化、项目管理专业化、工程施工标准化、管理手段信息化、日常管理精细化”,推动吉林省高速公路建设规范化、标准化,提升高速公路建设品质,吉林省交通运输厅组织,吉林省高等级公路建设局和吉林省高速公路集团有限公司主编,华杰工程咨询有限公司、吉林省交通规划设计院技术支持,共同编制了《吉林省高速公路施工标准化技术指南》(以下简称“技术指南”)。

技术指南密切结合吉林省高速公路建设实际,以总结经验、解决问题、统一认识、科学决策为原则,在部颁《高速公路施工标准化技术指南》(2012 年版)和《吉林省高速公路施工标准化管理指南(试行)》(吉交发〔2012〕16 号)的基础上,充分吸纳省内外高速公路标准化建设成果,特别是近年来行之有效的创新技术、成熟工艺、先进装备和保障制度,重点解决吉林省高速公路建设关键技术问题,全面提升高速公路标准化建设水平,体现了现代工程管理的具体要求,是吉林省高速公路施工标准化纲领性文件。

技术指南的编制先后经历了方案制订、调研、征求意见、专家咨询(评审)、集中修改完善等多个关键环节,充分征询了吉林省交通行业相关单位意见,经过省内外专家咨询审查,并通过吉林省交通运输厅技术专家委员会的审定,最终形成本技术指南。

技术指南共分 11 章:总则、开工准备与工地建设、路基工程、路面工程、桥梁涵洞工程、隧道工程、交通安全设施工程、房建工程、机电工程、环保绿化工程、安全文明施工。请各有关单位在执行过程中,将发现的问题或建议函告吉林省交通规划设计院(地址:长春市朝阳区工农大路 689 号;邮编:130021;邮箱:3324916147@qq.com;电话:0431-85932030),以便修订时改进。

目　次

1 总 则

1.1 编制目的

为推行高速公路建设现代工程管理,实现高速公路建设标准化、专业化、规范化、信息化、精细化,提升工程质量和管理水平,创建品质工程,建设绿色公路,结合吉林省高速公路建设实际,编制《吉林省高速公路施工标准化技术指南》(以下简称“技术指南”)。

1.2 适用范围

技术指南适用于吉林省新建、改扩建高速公路项目(含独立特大桥和特长隧道)的标准化建设管理,其他等级公路可参照执行。

1.3 编制依据

1 技术指南依据国家、交通运输部、吉林省及工程建设标准化协会发布的相关标准、规范、规程编制。

2 高速公路建设除应按技术指南的规定执行外,尚应符合国家和行业现行有关标准的规定。

1.4 总体要求

贯彻执行创新、协调、绿色、开放、共享五大发展要求,按照交通强国战略部署,落实“四个交通”发展要求,秉承匠心精神,推行精益建造,提升工程品质,坚持高质量发展,推动公路发展转型升级。

1.4.1 创建品质工程

创建品质工程是践行现代工程管理发展的新要求,追求工程内在质量和外在品位的有机统一,以优质耐久、安全舒适、经济环保、社会认可为建设目标,体现以人为本、本质安全、全寿命周期管理、价值工程等理念,推动高速公路建设质量和安全水平的全面提升。

1 推行工程施工产业化

推行工业化建造、装配化施工,落实施工工艺标准化、施工管理模式体系化、“两区三厂”(生活区、办公区、钢筋加工厂、拌和厂、预制厂)建设规范化,实现高速公路建设产业化。

2　应用“四新技术”,提倡“微创新”

建立运行有效的科技创新管理制度。积极应用先进适用的新技术、新工艺、新材料、新装备。有计划、有组织开展微创新、微改进,淘汰影响工程质量安全的落后工艺工法和设施设备,推动工程技术提升。开展工艺、产品、管理、实体等的标杆示范。通过设备微改造、工艺微改进、工法微改良,攻关解决施工工艺改进的难题,取得微创新成果,提升施工作业标准化、专业化水平。

3　实施安全生产标准化

提高安全主动防护能力,解决施工现场桥梁、隧道、高边坡、深基坑等关键部位安全防护设施的设计验算、设置部位、安装形式、维护更换等方面的问题,实施施工现场安全防护设施标准化,有效遏制和减少生产安全事故的发生。

4　执行首件工程认可制

首件工程认可制立足于“预防为主、先导试点、以点带面、全面推广”的原则,对首件工程的各项技术、质量、安全指标和措施进行总结和综合评价,及时预防和纠正后续生产可能出现的各种质量问题,以指导规模生产。首件工程认可制程序和要求见附录A。

1.4.2　建设绿色公路

建设绿色公路是国家生态文明发展战略的要求,是节能、低碳、环保技术在新时期的延续与创新。坚持可持续发展、统筹协调、创新驱动、因地制宜的基本原则,建设以质量优良为前提,以资源节约、生态环保、节能高效、服务提升为主要特征的绿色公路。

1　严格保护土地资源

积极推进取土、弃土与改地、造地、复垦综合措施,高效利用沿线土地。统筹布设公路施工临时便道、驻地、预制厂、拌和厂等,做到充分利用,避免重复建设。

2　严格保护施工环境

加强施工过程中植被与表土资源的保护和利用,落实环境保护、水土保持要求,做好临时用地的生态恢复。完善施工现场和驻地污水垃圾的收集处理措施,加强施工扬尘与噪声管控,降低施工机械尾气排放。应制订环境敏感区域施工生态保护专项方案,严格落实各项环保措施。

3　积极应用节能技术和清洁能源

推广应用供配电系统节能、中水回用、建筑保温、路面再生及温拌沥青等新技术与新装备。淘汰高能耗、高排放的老旧工程机械。因地制宜推广太阳能、天然气等清洁能源应用。从节电、节气和回收三个环节进行精细化管理,减少能源耗用,提高工作能效。

1.4.3　推进工程管理信息化

推行“互联网+交通基础设施”管理模式及大数据与项目管理系统融合,逐步实现工程全寿命周期关键信息的互联共享。推进建筑信息模型(BIM)技术,积极推广工艺监测、安全预警、隐蔽工程数据采集、远程监控等设施设备在施工管理中的集成应用，推行“智慧工地”建设，提升项目管理信息化水平。

1 参建单位应建立并应用统一的智能联网联控的公路建设信息化管理系统，推进质量检验检测数据实时互通共享技术，将工程投资、质量、安全、进度，以及设计变更和试验检测等管理内容纳入系统。

2 建设单位应建立工程管理系统和电子档案管理系统，具备电子文件管理及归档功能。电子文件的格式应符合国家档案管理部门的标准格式和电子档案长期保存的要求，并有效实现数据链接。电子文件的形成、立卷、归档等应满足电子档案信息平台管理需要，保证电子文件的安全性、有效性和可追溯性。

3 监理单位、试验检测机构及施工单位应执行建设单位信息化管理要求，配备相应的信息化办公系统，并具备施工、试验检测信息采集、传输、处理的基本设施。

2 开工准备与工地建设

2.1 开 工 准 备

2.1.1 人员和机械设备

1 施工单位、监理单位及其他单位接到中标通知书后,应按合同要求及时配齐相应的人员、机械设备和试验检测仪器(不低于合同的最低要求且满足工程建设需要),及时组织进场,做好施工前的各项准备工作。监理单位应对施工单位的人员和机械设备进场工作进行有效监管。

2 施工单位、监理单位及其他单位应在开工前和施工过程中,根据工程需要组织人员培训,特种作业人员应持证上岗。

3 施工单位进场机械设备的性能和指标应良好。

2.1.2 施工测量

1 施工单位应核查工程原测设的所有永久性标桩,并将遗失的标桩在接管工地 14d 之内通知监理单位。施工单位应在 28d 内将导线点、水准点复测结果提交监理单位。关键测量项目应实行换手测量(换手测量应更换量测和计算人员)。

2 大桥及特大桥两侧应至少各设置 2 个永久性水准点或相对基准点,中小桥梁两侧应至少各设置 1 个永久性水准点或相对基准点。永久性水准点或相对基准点的设置应能够长期保存、易于观测。永久性水准点或相对基准点标石可采用混凝土柱普通水准标石或钢管普通水准标石。

3 经过复测,对存在异议的导线控制点、水准点等,施工单位应在接管工地 28d 内向监理单位提交书面报告(列出有误坐标、高程和修正坐标、高程,并附照片)。

4 监理单位应参加工程交桩,对施工单位提交的原始基准点的复测结果进行核查和平行复测。对于施工单位书面提出的控制点、原地面高程等异议,监理单位应在 14d 内复测核定完毕,并报建设单位。

5 续建项目复工前,施工单位应进行恢复定线工作,监理单位应进行平行复测。

6 应定期对测量仪器进行测量校核,满足测量精度要求。对大型结构物的控制网、控制点应定期进行复测、联测及闭合测量。

7 施工单位应做好各控制桩点的保护工作,对破坏的桩位点应及时恢复,直至工程交工。

2.1.3 设计文件复核

工程开工前，设计单位应通过建设单位提交设计文件给监理单位和施工单位。施工单位应对设计文件、工程量清单等进行复核，了解设计意图，核对工程数量及设计文件中的错、漏、碰、缺，必要时进行现场核实。当发现设计文件有差错时，施工单位应及时书面通知建设单位和监理单位。复核内容主要包括：

1 是否符合现行标准和规范要求。

2 设计文件是否齐全，数据是否清楚，有无错误。

3 设计与施工方案是否矛盾，技术方案是否可行。

4 工程数量是否准确。

5 地形地貌、地下设施、排水体系与设计是否相符。

6 工程地质、水文及气象资料是否齐全，与实际是否相符。

7 施工图、征地图与现场复测的占地界范围是否相符，重点检查项目为分幅路段、天桥引道、通道改路、改沟改渠改河、桥涵锥坡、隧道进出口以及线外改路等占地界限。

8 工程量清单与设计文件内容是否一致。

9 复核桥涵构造物高程及房建工程场区高程是否存在错误。

2.1.4 开工文件编制

1 施工单位应结合工程实际特点，组织编制总体和年度施工组织设计。施工组织设计应具有针对性、可操作性，进场后在合同条款规定时间内提交监理单位审核、批准，并报送建设单位备案。

2 施工组织设计的编制要求：根据合同明确的总体工期和关键节点工期的控制要求，施工单位应对资源配置计划（工、料、机及资金）、施工方案、便道便桥设置和修建方案、现场布置（包括工点设置、临时电力电信布设等）、工程进度计划、质量安全保证体系、环境保护措施、安全文明施工要求、廉政建设方案等进行详细编制。

3 监理单位（试验检测单位）应根据合同和批准的施工组织设计编制监理计划（试验检测计划），报建设单位批准。

4 监理单位审核施工单位提交的单位、分部、分项工程划分原则。施工单位根据划分原则和工程内容及时编制单位、分部和分项工程的划分，报监理单位审批并报建设单位备案。

5 施工单位编制的施工组织设计中应包含地方道路使用计划、维护保养计划等。

2.1.5 技术交底

1 建设单位组织设计单位向施工单位、监理单位及其他相关单位进行设计交底。交底应有针对性，能够切实指导工程施工。交底内容主要包括设计意图、设计重点、技术标准，以及控制工程（技术难度大的工程）的设计要点、施工方案和施工注意事项等，同时进行设计答疑。

2　施工单位应根据工程内容和批准的施工组织设计,由项目总工程师组织技术和安全逐级交底,形成交底记录,并按规定组织培训和学习。

2.1.6　开工申请

1　总体开工申请

工程开工前,施工单位应向监理单位报送总体开工报告。总体开工报告主要内容应包括工期、组织机构、质量目标、质量安全体系(含安全组织机构、特种设备、特种人员和安全承诺事项、参加工伤保险证明等内容)、各项保证措施、资源配置和进场情况、水电供应、临时设施的修建、施工方案准备情况等。监理单位应根据现场实际情况,在各项准备工作完备后及时批准。

2　分部或分项工程开工申请

分部或分项工程开工前14d,施工单位应向监理单位提交开工报告。其内容包括里程桩号与工程名称、现场负责人名单、施工组织和劳动力安排、材料供应、机械进场、材料试验及质量检查方法、水电供应、临时工程的修建、进度计划、施工方案、安全环保及其他需要说明的事项等。监理单位应根据现场实际情况,在各项准备工作完备后及时批准。

2.2　驻地建设

2.2.1　一般规定

1　推行“两区三厂”施工安全标准化,重点包括“两区三厂”选址评估、布局设计、验收管理等方面,落实功能分区、建设标准、设施配备、安全管理等方面的要求。

2　驻地建设包括建设单位(项目指挥部)、监理单位、试验检测机构、施工单位项目部(施工工区)驻地建设。

3　驻地建设按照开展工作便捷,建筑面积和场地占地面积满足办公、生活和生产需要,办公、生活功能分区的原则进行设置。

4　驻地建设应满足开展党建工作及精神文明建设工作需要。在工程建设一线推行党建工作规范化管理。

5　施工单位的驻地建设方案需经监理单位、建设单位审定后方可实施。监理单位驻地建设方案报建设单位审查验收。

6　驻地建设应体现以人为本的理念,办公及生活用房必须安设取暖设备,采暖期室内温度应在18℃以上。严禁在室内使用明火(电)炉取暖。驻地内使用的电气设备和临时用电应符合现行《施工现场临时用电安全技术规范》(JGJ 46)的规定。会议室、办公用房和宿舍配置空调。

7　档案资料室应能防潮、防火,照明、通风应良好,并配备消防设备。所有档案资料应保存在专用金属文件柜内,由专人负责管理。

8 宿舍每个房间不得超过4人,每人单床。宿舍在采暖期应有防煤气中毒措施。

9 各功能室、办公室和资料室应设置统一规格的门牌标识,标牌应悬挂于醒目处,对有环境和安全条件要求的区域应设置警示及限入标识。

10 驻地应遵循统筹兼顾、适用为主、满足项目需要的原则,严禁铺张浪费。

2.2.2 驻地选址

驻地选址应满足安全、实用、环保的要求,以工作方便为原则,具备便利的交通条件和通电、通水、通信条件,积极创造信息化办公管理条件。具体选址要求如下:

1 位置要求靠近现场、进出方便快捷、易于管理,且不能与本项目其他工程产生干扰。

2 通信(电话、传真、网络)畅通,邮路便捷。

3 不受洪水、泥石流、风灾等威胁,避开塌方、落石、滑坡、危岩等地段及取(弃)土场地。

4 避开高压线路及高大树木,离采石场、石方开挖等集中爆破区500m以上。

5 项目部(含分包项目部、较大工区)采用封闭式管理,办公生活区及大型施工场区的出入口应设置专职保卫人员,制定专门的管理制度。

6 租赁房屋作为驻地的,房屋必须符合安全生产及管理要求,房屋及场地的面积必须满足规定要求。

7 工地试验室选址应充分考虑安全、环保、交通便利及工程质量管理要求等因素,应避开高频、高压电源以及易产生振动区域、爆破区等,有380V动力电接入。沥青混合料试验室必须设在沥青混凝土拌和厂。水泥混凝土拌和厂、预制厂(含小件预制厂)及大桥、隧道工地应设水泥混凝土标养室。

2.2.3 驻地设施

办公区、生活区、车辆(机具)停放区及工地试验室必须分区设置,区域划分科学合理。应合理设置驻地平面示意图、指路牌以及宣传栏(五牌一图)等。

1 区内场地及主要道路应进行硬化处理。场地排水设施完善,庭院适当绿(美)化,环境优美整洁。场地平整时,表土应集中存放,用于工后复垦和场区绿化。场区占地范围内的原有树木,在不影响其他工程施工的情况下,应予以保留。

2 驻地应保证文明整洁,生活区院内应为员工提供统一晾晒衣物的场地。

3 生活、饮用水必须符合国家饮用水标准,按相关规定进行必要的水质检测。

4 驻地内应设有必要的防雷设施及监控系统。

5 房间内部净高宜不小于2.8m。室内应设置足够的固定电源插座,严禁私接电线。

6 施工单位会议室应设置两个独立进出口,门向外开启;通风、照明应良好,应安设功率相匹配的空调;必须配备投影仪、扩音器等常用会议设施和1.5m^{2}以上写字板。

7 办公室桌椅颜色规格统一,排列整齐,满足办公需要。档案资料室应满足防潮、防盗、消防要求。照明、通风应良好,由专人负责管理。

8 宿舍要求如下:

1)自建房宿舍区与食堂严禁连成整体,间距不得小于15m。疏散通道满足规定要求。宿舍内严禁存放易燃、易爆物品,不得在宿舍内生火做饭。应设置可开启式窗户,保证通风。

2)生活用品应摆放整齐,每人设专用柜。

3)统一挂设治安、卫生、防火管理制度图表。夏季有消暑、防蚊虫叮咬措施。

4)内外环境应安全、卫生、清洁,室外设有分类标识的垃圾箱,由专人清扫。

5)宿舍区应配备标准客房,方便职工家属探亲。

9 食堂必须符合《中华人民共和国食品卫生法》的要求,与厕所、垃圾站、有害场所等污染源距离不小于30m。应设置独立的制作间、储藏间,配备纱门、纱窗、纱罩等。

1)制定食堂卫生管理责任制度,具备卫生许可证。炊事员(包括工作人员)应有健康证,工作时必须佩戴工作证,穿工作服,并保证个人卫生。

2)食堂应适当装修装饰,提供良好就餐环境。厨房工作间灶台、案板宜采用不锈钢成品,四周墙面铺贴白瓷砖。

3)食堂应配备必要的排风、消毒、冷藏、保鲜设施。炊具存放在封闭的橱柜内,食物保存应生熟分开。

4)燃气罐应单独设置存放间。存放间应通风应良好,严禁存放其他物品。

5)食堂内应设有防火、防尘及防蚊、蝇、鼠害等措施,有专人管理,及时清运垃圾。

10 盥洗池采用节水龙头,龙头数量与人员数量比例不小于1:5,墙面、地面铺贴瓷砖。浴室应男女分设,并提供热水浴,淋浴喷头数量与人员数量比例不小于1:10。室内采取取暖措施,设置存衣柜或者挂衣架,墙面、地面铺贴瓷砖(防滑),排水、通风设施满足使用要求。

11 污水排放方案应进行专门设计,并符合水利及环保等部门的相关要求。污水处理设置多级沉淀池,通过沉淀过滤,达到排放标准。

厕所应通风良好,采用独立冲水式并设隔断,地面、内墙1.5m高及小便池内铺贴瓷砖,设专人负责保洁和消毒工作。厕所污水通过集中独立管道进入封闭的化粪池,定期进行处理。

12 驻地内应根据消防要求配置完善的消防设施。消防设施应满足现行《建设工程施工现场消防安全技术规范》(GB 50720)的有关规定,在适当位置设置临时室内消防水池和消防沙池,配置相应的消防安全标识和消防安全器材,并经常检查、维护、保养。

13 驻地内应设置安全通道,并保证消防车道的通畅,严禁在车道上堆物、堆料或挤占消防通道。

14 各驻地及生产场所均应设置垃圾存储池,集中存放和处置生产、生活垃圾。垃圾池宜采用砖砌结构,尺寸不小于4.0m×3.0m×1.5m,定期进行无害化处理。

15 工地标准化建设检查项目内容参照附录 B 执行。

2.2.4 建设单位(项目指挥部)驻地

项目指挥部驻地办公、生活用房可租用或自建。建设标准应符合表 2.1 的规定。

表 2.1 建设单位(项目指挥部)驻地建设标准

序号	名称	建设标准(不小于,m^2)
1	办公用房(人均)	6
2	会议室	100
3	档案室	60
4	宿舍(人均)	8
5	厕所	20,且人均≥0.2
6	浴室	30,且人均≥0.3
7	餐厅	40,且人均≥0.8
8	厨房	30

2.2.5 监理单位驻地

监理单位办公、生活用房可租用或自建。建设标准应符合表 2.2 的规定。

表 2.2 监理单位驻地建设标准

序号	名称	建设标准(不小于,m^2)
1	办公用房(人均)	6
2	会议室	80
3	档案室	40
4	宿舍(人均)	8
5	厕所	20,且人均≥0.2
6	浴室	30,且人均≥0.3
7	餐厅	40,且人均≥0.8
8	厨房	30

2.2.6 试验检测机构驻地

1 试验检测机构办公、生活用房可租用或自建。施工单位试验室可分址设置,有特殊需求时,另行增设相应配置。建设标准应符合表 2.3 的规定。

表 2.3 高速公路参建单位试验室建设标准

项目	试验检测机构(不小于,m^2)	施工单位(不小于,m^2)		备注
		路面	路基桥隧	
资料室	25	25	25	
土工室	30	—	30	应配置温度控制设备

续表 2.3

项　　目	试验检测机构（不小于，m^2）	施工单位（不小于，m^2）		备　　注
		路面	路基桥隧	
集料室	25	25	25	应配置温度控制设备
化学分析室	20	20	20	配备专业的药品箱，粘贴危险警示标志，上锁管理
力学室	30	30	30	应配备温度控制设备
水泥室	25	—	25	应配备温湿度控制设备
水泥混凝土室	30	—	30	应配备温湿度控制设备，完善排水设施
标准养护室	30	30	30	应配备温度湿度控制设备，完善排水设施，保温防寒措施达标
沥青室	25	25	—	应配备温湿度控制设备及大功率排风设备
沥青混合料	25	25	—	应配备温湿度控制设备及大功率排风设备
样品室	20	20	20	应按照样品状态分区
检测设备室	20	20	20	
办公室	48	40	40	≥6m^2/人

2　试验室的布局和设施应满足试验检测工作和环境条件要求，具体如下：

1）应采用独立的专用线路集中配电，并设置应急电源，保证试验检测工作正常、连续开展。电线、电缆的布设应符合有关技术标准，保证使用安全。

2）排水设施完善，并配备必要的应急水源。各功能室均应敷设上、下水管道，配备水池，地面应设置地漏。水泥混凝土室、集料室等地面应设置环形水槽和沉淀池。标准养护室的墙体和屋顶应进行防潮和保温处理。

3）各功能室均应设置操作台，操作台应选用大理石面板，外观应整洁、美观、方便操作。电源插座应整齐布置且高出地面 1.3m 以上。地面应铺贴瓷砖。

4）试验检测设备应考虑平面位置、防振、安全防护等要求，安装应按照设备使用说明书及试验规程相关要求进行。

5）仪器设备安装、调试完成后，需经检定/校准或功能检验后方可投入使用。工地试验室应编制仪器设备的检定/校准计划，通过检定/校准和功能检验等方式对仪器设备进行量值溯源管理。

2.2.7　施工单位(主体工程)驻地

1　施工单位(主体工程)驻地为院落式,有停车场和职工活动场所,办公区和生活区分离设置,且满足安全、卫生、通风、绿(美)化等要求。承建主体工程的施工单位驻地办公(含工地试验室)、生活用房建筑面积宜不少于1 500m^2,场地占地面积不小于3 000m^2。建设标准应符合表2.4的规定。

2　活动板房应选用阻燃材料搭设。搭建不宜超过两层,每组不超过10栋,组与组之间的距离不小于8m,栋与栋之间距离不小于4m,房间净高不低于2.8m。砖混结构墙面抹灰刷白,地面硬化,铺贴地板砖,墙体下部设50cm高的墙裙,地面设散水,排水坡度不小于3%。周围设置排水沟,保证排水畅通。

表2.4　施工单位驻地建设标准

序　　号	名　　称	建设标准(不小于,m^2)
1	办公室(人均)	6
2	会议室	100
3	活动室	30
4	资料室	30
5	试验室	按照表2.3要求执行
6	餐厅	100,且人均≥1
7	厨房	30
8	宿舍(人均)	8
9	厕所	30,且人均≥0.2,人均蹲位≥0.1个
10	浴室	30,且人均≥0.3

注:本标准为主体工程施工单位驻地最低要求,特殊情况可根据工程规模、工期等进行调整,但应经建设单位同意。

2.2.8　项目工区或分部

1　沿线路基、路面、桥梁、隧道等独立施工作业区,可根据施工组织要求设置项目工区或分部,用于现场施工及管理人员居住及办公。各项目分部或工区统一排序编号命名,便于识别、管理。

2　采用自建活动板房或租用沿线合适房屋,但必须坚固、安全、耐用,并满足工作、生活要求,有独立院落。严禁使用帐篷、简易板房等。

3　办公和生活用房建筑面积宜不小于500m^2。若租房则场地面积可适当调整,但必须对房屋外墙和室内进行规范装修,同一合同段内统一风格,体现高速公路建设文化特点。建筑面积和场地占地面积应满足办公和生活需要。

2.2.9　附属工程施工单位驻地

1　附属工程包括房建工程、交通安全设施、机电工程等。

2 附属工程施工单位项目经理部驻地面积不小于800m^2；必要时在其他场区附近设施工工区，面积不小于500m^2。

3 办公用房和生活用房要求如下：

1）办公用房应包括项目经理室、各业务科室、会议室、资料室、标准养生室等。生活用房应包括宿舍、食堂、浴室、厕所等。

2）会议室面积不小于30m^2。会议室配备标准会议桌椅，设两个独立进出口，门向外开启，满足紧急疏散的要求。组织机构、质量自检体系、安全管理体系、廉政建设体系等管理制度或框图、晴雨表等装裱上墙。

3）资料室面积不小于20m^2。档案资料应专人负责管理，并保存在金属文件柜内。

4）施工工区严禁搭设帐篷。

2.3 “三厂”设施

2.3.1 一般规定

1 工程施工推行集约化管理，工厂化、集中化、专业化生产，实现“三集中”，即水泥混凝土、路面混合料集中拌制，钢筋集中加工，混凝土构件集中预制，充分发挥集约化施工的优势。

2 路基和桥涵防护排水工程预制块、隧道内预制构件以及其他设计要求集中预制构件应在小型预制构件厂统一工艺、集中生产、集中管理。

3 拌和厂、预制梁厂、小型构件预制厂等一般不得占用互通区、主线路基及房建场区，梁厂、预制厂应根据地域特点（山区或平原）设置，不影响附属工程施工。

4 厂站选址应用地合法，周围无塌方、滑坡、泥石流、洪涝等地质灾害，无高频、高压电源及其他污染源，离集中爆破区500m以上，不得占用规划的取（弃）土场。

5 施工单位进场后，应按要求进行选址与规划，选址应远离村镇，以免相互干扰。半个月内完成各厂站建设方案并报监理审批，报建设单位备案。方案内容包括位置、占地面积、功能区划分、厂内道路布置、排水设施布置、水电设施设置及施工设备的型号、数量等。

6 厂站内设专人定期进行清理和打扫，保持场内卫生。每次作业完成后，及时清洗机具，清理现场，做到场地整洁。地面应定期洒水，对粉尘源进行覆盖遮挡。

2.3.2 场地建设

1 应综合考虑施工生产情况，合理划分办公生活区、生产作业区、材料计量区、材料库及运输车辆停放区等，采用封闭式管理。生活区应同其他区隔离开，生活区的建设参照施工单位生活区的建设。

2 各厂站由施工单位直接进行建设及管理，不得分包、转包给其他单位或个人。场区道路应保证各类施工车辆在晴天和雨天都能顺畅通行。

3　拌和厂、钢筋加工厂、预制梁厂、小型构件预制厂、材料堆放区、生产作业区及进出口便道必须采取水泥混凝土硬化处理，其他部位可根据需要采取硬化与绿化美化相结合的方式。硬化标准应符合表2.5的规定。

4　场地硬化按照四周低、中心高的原则进行，面层排水坡度不应小于1.5%，场地四周应设置排水沟。

表2.5　道路及场地硬化标准

层　次	结 构 要 求	厚度(cm)	适 用 位 置
垫层	片石、碎石等	≥15	
面层	C15混凝土	≥15	施工作业区
	C20混凝土	≥15	一般行车道路
	C30混凝土	≥20	重载车行车道路、重点作业区(如沥青混凝土拌和厂)

5　合理设置沉砂井及污水过滤池，废水严禁直接排放。垃圾应及时处理，防止污染环境。施工机械设备产生的废水、废油及污水应经过处理后排放，不得直接排入河流、湖泊或其他水域中，不得排入饮用水源保护区域。

6　厂站出入口应设置洗车台(池)，防止运送材料车辆、混凝土罐车等将泥土带进场内。

7　厂站临时用电应符合现行《施工现场临时用电安全技术规范》(JGJ 46)的有关规定，并按技术指南第2.5节规定执行。

8　厂站消防设施应符合现行《建设工程施工现场消防安全技术规范》(GB 50720)的有关规定，配置相应的消防安全标识和消防安全器材，并按要求检查、维护、保养。

2.3.3　拌和厂

1　桥梁、涵洞、隧道工程和预制构件的混凝土(桥梁伸缩装置混凝土除外)必须采取集中拌和，严禁在施工现场使用小型拌和设备生产混凝土。拌和厂产能必须保证施工高峰期的混凝土供应需求。拌和设备的计量装置通过有关部门检定后方可投入生产，使用过程中应按要求进行检校，确保计量准确。

2　拌和厂选址除应符合一般规定外，还应根据构造物分布、运输条件、通电和通水条件等特点综合选址，做到运输便利、经济合理，远离生活区、居民区，宜设在生活区、居民区的下风向。

3　拌和厂作业平台、储料仓、集料仓、水泥罐等应设置安全防护装置，传送带等部位应进行有效防护。水泥罐罐体密封应良好，罐顶应设有除尘装置。

4　场地建设要求如下：

1)水泥混凝土拌和厂的占地面积应不小于10 000m^2/座；如确实有混凝土工程量较小的合同段，经建设单位批准可缩减规模，但不得小于3 000m^2/座。

2)基层混合料拌和厂的占地面积不小于20 000m^2/座。

3）沥青混凝土拌和厂的占地面积不小于40 000m^2/座。

4）拌和厂场地应封闭。

5）拌和厂与办公区、生活区或周围其他建筑物的距离不得小于单个罐体的高度且不小于20m。

6）拌和厂各罐体应连接成整体，安装缆风绳和避雷装置，应在罐体上设置必要的固定拉线。罐体应喷涂成统一颜色，并绘制项目名称以及施工单位简称，两者竖向平行绘制，字体颜色醒目。罐体底脚安装必须采用预埋螺栓法兰盘加固连接，严禁采用焊接钢板连接。

7）拌和厂建设完成后，应根据拌和机的功率配备相应的备用发电机，确保拌和厂有可靠的电源使用。

5　原材料存放要求如下：

1）凡用于工程的砂石料应按级配要求，不同粒径、不同品种分仓存放，并设置明显标志，不得混堆或交叉堆放。分料墙应采用“37”墙砌筑或30cm厚的混凝土。分料墙高度应确保不串料（一般不小于2.5m），分料墙端头设成“T”形，端头长度不小于2m，顶部预留材料标识牌插口。碎石储料仓的走向应与拌和楼冷料仓的排列平行一致，并预留一定的空间，方便装载机上料。仓内地面设不小于4%的地面坡度，料仓分料墙下部设置排水孔，在储料仓前端设置排水暗沟，料仓内严禁积水。

2）水泥混凝土、路面面层储料场应搭设顶棚，严禁太阳直接照晒或雨淋。顶棚宜采用轻型钢结构，高度应满足机械设备操作空间（不宜小于7m）要求，并满足受力、防风、防雨、防雪等要求。路面基层、底基层储料场地中细集料堆放区应搭设防雨大棚，防止石料雨淋。

所有拌和机的集料仓及传送装置均应搭设防雨棚，雨棚应采用半包围结构。料仓间应设置隔板。隔板高度不宜小于50cm，确保不串料。

3）集料应分层堆放，并控制每层的堆垛高度。底部卸料采用斜堆方式，顶部卸料采用平堆方式。装载机上料时应从底部20cm起铲线按顺序装料，减少集料离析。

4）现场砂、石等材料做到全覆盖，防止扬尘。

6　水泥混凝土拌和厂要求如下：

1）每个站最少配备2台搅拌机，每台至少配置3个水泥罐、4个集料仓（3个石料仓和1个砂仓）。拌和厂单机生产能力应不低于90m^3/h。必须达到自动计量标准。水和外加剂计量必须采用全自动电子称量法计量，严禁采用流量或人工计量方式。外加剂罐体应加设循环搅拌设备。

2）拌和厂应具有显示被称材料约定值和显示值（即设计量和实际投入量）的功能，显示方式应为数字式，并在显示器上动态模拟显示。数据应能随盘打印并长期存储。分段采集存储的数据应加密，避免随意修改。

3）应设置洗石机和沉淀池。洗石机应具有砂石损失量小、清洁度高、节水高效，生产能力满足混凝土拌和需要。沉淀池污水处理能力满足施工需要，符合环保要求，严禁将站内废水直接排放。

4)混凝土运输车数量应满足混凝土浇筑连续性的需要。运输车储料罐必须密封、不漏浆,容量不小于8m^3。

7 水稳/级配碎石拌和采用2套强制式拌和机,基层拌和一般采用2次拌和工艺且满足拌和时间要求,每套配备计算机及打印设备,每台至少配置3个水泥罐、5个集料仓。自动补水器加水。拌和机性能应保持良好,其生产能力不低于500t/h,能够满足大厚度整幅摊铺要求。

8 沥青混合料采用间歇式拌和机拌和,配备计算机及打印设备,安装粉尘处置装置以控制粉尘污染,生产能力不宜低于320t/h。SMA路面施工必须配置单独的具有自动称量功能的纤维及矿粉添加装置。冷热料仓的数量满足配合比需要,不得少于6个。拌和机性能应保持良好。

2.3.4 钢筋加工厂

每个合同段设1处钢筋加工厂,集中加工桥梁、隧道、涵洞等结构物的钢筋。加工场地应合理选择设置地点,采用集中加工配送方式,减少二次搬运量,做到加工与施工互不干扰。

1 钢筋加工厂的规模及功能应满足施工需要。钢筋加工棚原则采用钢结构搭设,并应配备吊运、移动钢筋骨架的龙门吊。加工棚场地面积应根据钢筋加工量的大小、工期等要求设置,一般不低于表2.6的规定。

表2.6 加工厂规模及面积表

规 模	加工总量 t(t)	场地面积(m^2)
大	$t > 10\,000$	3 500
中	$6\,000 \leq t \leq 10\,000$	2 000
小	$3\,000 < t < 6\,000$	1 500

注:结合工程规模,可适当调整场地面积大小,但功能分区布局应合理、科学,并经批准。

2 钢筋(材)加工机械设备应满足工程质量和进度需要,并符合以下要求:

1)必须配备数控钢筋弯曲机、数控钢筋笼成型机以及自动钢筋调直机,保证主要钢筋由机械自动加工成型。

2)机械设备应根据加工工艺的流水线要求合理布设,做到作业"无缝化",并悬挂机械操作安全规定公示牌(即安全操作规程)和设备标示牌。

3)钢筋(材)吊移采用龙门吊或吊车配合运输车等吊运。

4)金属加工器械(如卷扬机等)工作台应稳定可靠,防止受力倾斜。

3 在加工制作区应悬挂各号钢筋的大样设计图,标明尺寸、部位,确保下料及加工准确。工作台应搭建稳固,厂内拼装钢筋应制作、使用拼装模架和大样板。桥梁下部结构钢筋可视实际情况在现场拼装。

4 加工厂内原材料及成品、半成品的存放按技术指南第2.3.6条和第2.3.7条的规定执行。

5 其他要求如下:

1)各种气瓶应有标准色,气瓶间距不小于5m,距明火不小于10m且采取隔离措施。气瓶使用、存放符合要求,应有防震圈和防护帽。

2)厂内应设置照明(含应急照明)设施,照明电路与工作用电电路分开。电路铺(架)设应科学、合理,一般沿棚的两侧,严禁乱拉、随地放置。

3)焊接、切割场所应设置禁止标志、警告标志。使用氧气、乙炔等易燃易爆场所应设置禁止标识和明示标志。

4)易产生粉尘、有害气体的加工厂、存放场应采取除尘、有害气体净化措施,且远离生活区、居民区,宜将加工厂设置在下风向。

5)加工剩余的短小材料及废料应合理回收,充分利用。

6)严禁将不易腐化的合成材料、化工材料等擅自埋入地下。

7)钢筋(材)进行防腐处理时,制作区应远离办公生活区。焊接时,有可靠的接地装置,导线绝缘应良好。焊接操作时应佩戴防护用品。

8)人工断料工具必须牢固。切断小于30cm的短钢筋,应用钳子夹牢,并在外侧设置防护箱笼罩,严禁用手把扶。

9)对各种型号钢材应建立台账,材质单应与批号相对应。

2.3.5 梁板预制厂

1 一般规定

1)每个合同段(或工区)原则上只设置1座预制厂。特殊情况经建设单位同意后,可以适当降低建设规模。

2)预制厂选址以方便、合理、安全、经济和满足工期为原则,合理划分办公生活区、制梁区、存梁区、构件加工区域。预制厂建设应与桥梁下部结构施工基本同步启动,避免出现“梁等墩”或“墩等梁”现象。预制厂建设标准应符合表2.7的规定。

表2.7 预制厂建设标准

序 号	项 目	建设标准
1	预制梁片数量	不少于300片
2	移动钢筋棚	至少1座
3	台座数量	应与预制时间相匹配,按2~3片/(座·月)控制
4	吊装设备	满足起吊吨位需要,至少2台
5	模板数量	不少于台座数量的1/6
6	自动喷淋养护设施	每片梁板设喷淋管不得少于3条(顶部1条,侧面各1条);喷管长为梁体长+1m,喷头间距0.5m
7	必备的施工辅助设施	横隔板钢筋定位架、钢筋骨架定位架、横隔板底模支撑架等
8	其他施工设备	满足施工需要

3)预制厂如利用桥台后的挖方路基时,路堑边坡的排水设施及便道应提前完成。若设置在填方路堤或线外填方场地时,应对场地分层碾压密实,必要时对台座进行加固。

4）预制梁板钢筋骨架应统一采用定位胎模进行加工，并设置满足强度要求的垫块，确保钢筋保护层满足规范要求。

5）预制厂出入口宜设置洗车台（池），防止运送材料车辆、混凝土罐车等将泥土带进厂内。厂内应设置沉淀池。施工污水应先汇入沉淀池，处理达标后方可排放。

6）施工用水的水质和水量应符合规定和施工需要，蓄水池应确保施工用水。

2 场地建设

1）一般主体工程合同段预制厂的占地面积不小于 6 000m^2。

2）主要工程为桥梁的合同段预制厂的占地面积不小于 8 000m^2。

3）主要工程为隧道的合同段预制厂的占地面积不小于 4 000m^2（或经建设单位批准合并到相邻合同段）。

4）电气设备按安全生产的要求进行标准化安装，所有穿过施工便道的电力线路采用从硬化地面下预埋管路穿过或架空穿越。

5）场地内必须根据梁（板）养护时间及台座数量设置足够的梁体养护自动喷淋设施，喷淋水加压泵应能保证提供足够的水压，确保梁（板）的每个部位均能养护到位，尤其是翼缘板底面及横隔板部位。养护用水应进行过滤，避免出现喷嘴堵塞现象，输水管道应埋入地下。

6）梁厂通道间应配备安全扶梯，便于施工及管理人员上下检查。

3 预制梁的台座设置

1）预制梁板的台座宜设置于地质较好的地基上，具有足够的承载力，同时采取抗冻胀措施，必要时应进行地基处理。台座与施工主便道应有足够的安全距离。

2）台座采用 C25 混凝土，端部受力处应设置钢筋网片，强度应满足梁预应力张拉要求。

3）先张法施工的张拉台座应采用钢筋混凝土框架式台座，不得采用重力式台座。

4）台座应满足不同长度梁片的制作，底模应采用长钢板，单片纵向长度不小于 10m，钢板厚度应为 8～10mm，台座预拱度设置应符合设计要求。

5）设计有调坡钢板的梁板，台座上应预留调坡槽口。

6）预制台座、存梁台座间距应大于 2 倍模板宽度，以便吊装模板。预制台座与存梁台座数量应根据梁板数量和工期要求确定，并应有一定的富余。

4 存梁管理

1）梁板拆模后应及时养护，并对梁板进行全面检查（重点检查长度、梁底预埋钢板坡度、有无裂纹空洞等）。按规定要求喷涂统一标识和编号，标识内容包括预制时间、张拉时间、压浆时间、施工单位、梁体编号、部位名称等。

2）存梁区排水应良好、无积水。存梁区台座混凝土强度等级不低于 C20。台座尺寸应满足使用要求，一般为 2m×2m×0.5m，可根据预制梁大小调整。用于存梁的枕梁应视地基的承载力情况适当配筋，并应设在距梁两端面各 50～80cm 处，且不影响梁片吊装。层间支垫应采用承载力足够的非刚性材料，且不污染梁底。严禁使用混凝土试块支垫。存梁台座必须设置在稳固的地基上，沉降指标符合存梁要求，地基及支撑面（点）牢固可靠。

3）梁板（尤其是T梁）预制和存放过程中，应设置足够的侧向支撑，以保证梁体稳定，不致倾倒。严禁无支撑存放。

4）板梁存放叠加层数不多于3层，箱梁与T梁不多于2层。

5）梁板存放时间（含在桥上存放时间）应符合设计规定。必须定期对台座进行监测，不良地质区域的台座应加大监测频率，并建立观测数据档案。

6）梁板存放时间如超限，应进行预压。上层预压采用顶部预压，下层预压可采用挑扁担方式。

5　龙门吊设置

1）预制厂内应设置起重设备（如龙门吊），便于预制梁（板）模板的安装拆卸、存梁码放以及浇筑混凝土的调运。龙门吊的安装、拆卸应严格进行专项管理。

2）吊装作业区应封闭管理，作业场应有安全执勤人员负责看守，严禁非工作人员进入，所有人员均不得在起吊和运行的吊物下活动。必须待吊物降落至距地面1m以内方准靠近，就位支撑好方可摘钩。

3）龙门吊必须设置自动夹轨器、限位器和警报器等安全装置。轨道梁采取预埋螺栓与钢压板固定（详见图2.1），轨道采用铝板或铜板接地。龙门吊使用前必须进行满载试吊，运梁轨道和龙门轨道在使用前应进行试运行，满足要求后方可正式使用。

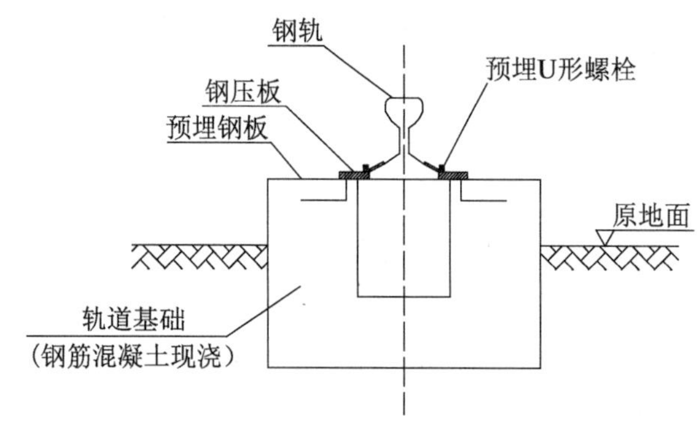

图2.1　轨道基础剖面示意图

4）龙门吊供电应采用滑触线线缆装置。

5）龙门吊应设置铭牌，将检验合格证、操作人员证书、安全警告标志和操作规程进行公示。

2.3.6　小型构件预制厂

1　一般规定

每个主体合同段原则上只设置1座小型构件预制厂。对于山区高速公路个别合同段，确实因为预制场地、运输通道、工程数量等客观条件所限，小型构件的混凝土数量达不到5 000m^3的，可以考虑相邻合同段合并（委托等）预制。

2　场地建设

1）主体工程合同段小型构件预制厂的占地面积不小于2 000m^2。混凝土养护封闭罩棚,面积应不小于500m^2。

2)根据小型预制构件特点,合理划分生产区、养护区、成品区以及办公区等,根据预制构件的类型设置生产线,并规范设置标志牌。

3)构件养护应在封闭的阳光棚内进行,采用自动喷淋养护系统结合土工布覆盖对构件进行养护,确保构件处于湿润状态。养护期应在7d以上,脱模时间应统一。预制件养护期内不得堆码存放,以防损伤。

4)成品按不同规格分层堆码,一般不超过6层。层间需用土工布等软性材料进行隔离。用打包带打包,在运输过程中轻拿轻放,防止缺边掉角。

3 设备配置

1)小型构件预制必须采用满足施工需要的机械设备,采用工厂化预制生产。

2)混凝土由就近拌和厂集中供应。

3)一般应使用高强度塑料模板或钢模板,强度、刚度应满足周转需要,如发现变形、损坏应更换。必须选用优质脱模剂,以保证混凝土外观质量。

2.3.7 材料存放

1 一般规定

1)施工单位应根据工程需要进行施工材料存放的选址与规划,存放区域应与拌和厂、钢筋加工厂、预制厂等场地配套,明确其设置规模及位置。

2)施工单位应建立完善的材料管理台账,明确材料的生产厂家、规格、批号、数量、出厂日期、进厂日期及使用部位等。

3)各种材料应分类分区存放,整齐有序,材料存放一头齐、一条线,标识牌规范整齐,存放场地保持整洁。

4)周转料具的存放应随拆、随整修、随保养,码放整齐。大模板存放时,应有可靠的防倾倒措施,不得靠在其他模板上或物件上,防止变形。

2 钢筋、钢绞线等金属材料

1)钢材必须存放在仓库或防雨棚内,保持干燥,防止被水浸或雨淋。每批钢筋、钢绞线、型钢等钢材,均应办理进厂手续,并提供产品合格证。

2)钢材必须按不同钢种、等级、牌号、规格及生产厂家分批、分类堆放,不得混放,应挂牌标明进厂日期、检验人员等。

3)钢筋应堆放在离地50cm以上的垫木或其他支承上,下部支点间距不大于200cm,并应保护其不受机械损伤及避免暴露在可使钢筋生锈的环境中,以免引起钢筋表面锈蚀和破损。

3 混凝土外加剂

混凝土液体外加剂属于化学制剂,用桶装运、储存,应放置在阴凉干燥处,避免阳光直射挥发引起外加剂变质,冬季注意防冻。

4 水泥、矿粉、纤维素等

1)应入库存放。每批次进厂入库,必须提供产品合格证及检验单。施工单位应对材料品种、强度等级、包装、数量、出厂日期等进行检查验收。

2)施工单位原则上应使用散装水泥,用储存罐存放。在不具备使用散装水泥的情况下使用袋装水泥,应建造库房存放。库房的面积按照 $1.0t/m^2$ 的标准建设。

3)库房内地面采用 C15 混凝土进行硬化,然后利用方木(或砖砌)上搭 5cm 厚木板,使水泥、外加剂等储存离地 30cm,离周边墙体 30cm 以上。库房内水泥叠放不得超过 10 层,宜每车一垛。外加剂等的存放高度不应超过 1.5m。

4)不同品种、品牌、批次、生产日期的袋装材料应分区堆放、先到先用,并统一标识。

5)袋装水泥的储存时间不得过长,以免结块降低强度。出厂后超过 3 个月未用的水泥,应及时抽样检查,经化验后按重新确定的强度等级使用。

2.3.8 库房管理

1 一般规定

1)库房应与拌和厂、钢筋加工厂、预制厂等场地配套建设,应合理选择设置地点,宜利用永久性仓库。布设地点应平坦、宽敞、通风、交通方便,材料出入库便捷,符合安全防火规定。地面进行硬化处理,并应具有良好的照明设备。

2)制订库房管理应急预案,在醒目位置设置平面布置图,结合现场设置重大危险源公示牌、值班人员公示牌等安全警告标志。

3)库房内设施符合防火、防盗、防爆、防雷、防潮、防鼠等要求。

4)建立严格的进出库台账管理制度,由专人负责,进库、发料、库存账目清晰,明确产品用处。出厂合格证、抽验合格证等质量证书应齐全。

5)储存易燃、易爆化学危险品的库房应设置避雷针,严禁吸烟和使用明火。

6)库区应配备数量足够的干粉灭火器(油库应配置泡沫式灭火器)、灭火沙、铁锹、铁桶等消防安全设施。

7)在看守房内应设置视频监控系统,确保全方位监控。

2 火工品库房

1)施工现场的爆炸物品必须储存在经公安机关批准并验收合格的临建炸药仓库内或公安机关指定的库房内。

2)库区应与居民区、工厂、公共建筑保持安全距离,并隔离。平面布置合理,设置验收区、发货区。炸药、雷管应分库设置,距离不小于 30m。库内应设置自动报警装置。

3)库门应为外开式,且开启灵活、关闭严密。库房应具有良好的通风和防静电措施。

4)火工品库应有专人值守。库存量不得超过公安机关批准的容量。库内货架牢固,距墙不小于 10cm。库内堆放的物资距墙应不小于 30cm,垫高不小于 20cm,放置雷管时必须铺设胶质皮垫。火工品使用应坚持先进先出的原则。

5)工作人员住房和看守房必须设于库外。看守房位置、高度应以能瞭望全库和周围情况为准。

3 危险品库房

1)根据剧毒、放射源等危险物品性能分区、分类、分库储存,各类危险品不得与禁忌物料混合储存,应远离生活区。

2)氧气瓶、乙炔瓶应分开存放,间距不小于5m,不得暴晒。

3)润滑油料应专门设库房存放。

4 油库

1)油库应严格制定安全管理制度、用火管理制度、外来人员登记制度。

2)油罐应按规定装油,不能混装。装轻质油料的油罐严禁露天存放,且周围应采用围墙或通透式围栏进行隔离。

3)油库应划分消防区域,规定明确的报警信号,制订消防预案,配备消防工具和器材,并定期检查维护。

4)油罐区内严禁存放危险品、爆炸品和其他易燃物资。

5)存放油料必须有防止泄漏和防止污染措施。

5 半成品、成品库房

波纹管、锚具、支座、预埋件、直螺纹套筒等应存放在库房内,根据厂家、类型、规格分类码放整齐并标示,做好防潮、防锈和安保等工作。

2.4 施工便道、便桥

2.4.1 一般规定

1 施工现场的道路应保证畅通,相邻合同段间衔接顺畅。便道建设应满足施工车辆的行车速度、通行量、交通荷载等级等要求。沿主线施工便道宜建在永久用地范围内,支线便道应直达各厂站。施工便道与铁路、公路交叉时,应利用既有的交叉道口。

2 便道设置应合理避让古树、大树及珍贵树木,宜少破坏原生态植被,或按相关管理部门要求移栽,边坡应适当绿化。

3 施工便道与路基相连接,应保证路基断面完整,边线顺直。严禁利用路基边坡打斜坡道的方式直接进入路基上层(受征地限制等特殊情况除外)。如施工便道在桥涵位置两侧上下路基,应距离桥头搭板端头至少5m,交角大于45°。

4 便道、便桥混凝土应采用强制式拌和机拌制。

5 施工期间应指定专业班组负责施工便道、便桥的日常检查和养护。应配备必要的养护材料设备,及时填补路面坑槽,保证便道平顺,及时恢复损坏的标志。每5km应至少配备1台洒水车,做到雨天不泥泞,晴天无扬尘,沿线无投诉。便道应确保运输车辆速度在35km/h时可顺利通行,无明显颠簸。

6 便道、便桥应执行"设计→审批→施工→验收→使用"的程序。设计应经监理单位审批,审批后方可进行建设。一般由使用单位自行组织验收,需进行专项评审的应按有关规定执行。

2.4.2 施工便道

1 施工便道路基宽度不小于4.5m,路面宽度不小于3.5m,曲线或地形复杂地段应适当加宽。视地形条件和视距要求,不大于400m设置1处错车道。错车道路基宽度不小于7.5m,路面宽度不小于6.5m,长度不小于25.0m。

2 便道的最大纵坡宜不大于10%,对于山岭重丘区施工的便道,在保证施工车辆行驶安全的情况下,可适当调整,但最大纵坡不超过15%。挖方和低填方路段,应设置不小于0.3%的纵坡。便道边坡坡率不应陡于1:0.5。

3 便道土质路基地段垫层宜采用片(碎)石等,面层采用5cm的泥结碎石或级配碎石等。在软土或水田地带,基底应用砂砾、片(碎)石等进行处理,并做必要的防护。

4 各厂(站)区、桥隧等重点作业区,进出厂的便道200m范围应采用厚度不小于20cm的C30混凝土进行硬化。路基应碾压密实,并设置碎石或灰土等垫层。

5 施工便道应设排水沟,沟底宽度和深度不小于30cm。经过水沟地段,应埋置钢筋混凝土圆管或设置过水路面,做到排水畅通。

6 便道路面应保持顺适、干净、美观,路况完好,无坑洼、无落石、无淤泥、不积水。

7 便道路口应设置限速标志,在建筑物、道路转角、视线不良地段应设置明示标志,跨越(临近)道路施工应设置警告标志,道路危险段应设置防护及警告标牌。途经小桥,应设置限载、限宽标志;途经通道,应设置限宽、限高警告标志。路线明显变化、便道平面交叉处,应设置指路和警告标志。

2.4.3 施工便桥

1 施工单位应结合现场实际情况对便桥做专门设计,满足承载、防洪、通航等要求,便桥桥面宽度不小于4.5m。特大桥施工期2年以上的便桥墩台应具备一定抗冰排冲击能力。

2 便桥结构设计需收集以下资料:工程项目设计文件;沿线地形断面图、地层断面图、工程地质报告;气象、水文资料;便桥的功能和修建的目的;通过便桥的机械设备规格、外形尺寸、性能及轮压;通过栈桥的最大和最重构件尺寸和重量。

3 便桥平面位置应结合主体工程施工方案确定,并考虑以下因素:满足施工机械靠近作业现场,方便施工作业;保证施工通道畅通;宜与钻机平台相结合;便桥轴线宜与主桥轴线平行;便桥布置应不影响水上通航,如需船舶配合作业,便桥设置在上游侧;不影响测量通视(重点是桥梁轴线)。

4 便桥桥下净空应充分考虑洪水影响,避免流冰、漂浮物阻塞桥孔;同时应考虑施工便道及施工平台高程,尽可能保持一致,避免纵坡过大。

5 便桥施工应严格按照设计文件和规范要求使用合格钢材,确保工程质量和便桥运营安全。桥面设高1.2m的护栏,护栏颜色标准统一,桥头设置限重标牌。

6 便桥下部钢管桩施工质量应满足规范要求,其控制要点包括管桩焊接质量、管桩入土深度、垂直度以及桩位等。

7 便桥纵横梁施工、主梁与桥面系连接等连接细部结构应满足稳定性要求,质量控制关键包括梁体布置间距、连接件断面尺寸、搭接长度等,并严格控制焊接质量,确保传力可靠和局部稳定。

8 加强便桥钢管桩之间的平联,对于深水区便桥钢管桩除平联外,采用槽钢进行斜撑加固,增加安全储备。

9 为防止水流冲刷,必要时可在墩台上游布设石笼等导流设施。

2.5 临时用电管理

2.5.1 一般规定

1 施工现场临时用电应符合现行《施工现场临时用电安全技术规范》(JGJ 46)的规定,即工程专用的、中性点直接接地的220V、380V低压电力系统,宜与运营期永久用电相结合。施工前应编制临时用电方案和临时用电施工组织设计,确定电源进线、总配电箱、分配电箱的位置及线路定向,进行负荷计算,选择变压器容量和导线截面,制订安全用电技术措施和电气防火措施。经相关部门审核批准后实施。

2 施工现场临时用电应采用TN-S接地、接零保护系统,采用三相五线制(3根火线,1根工作零线,1根保护零线)和三级配电三级保护方式(总控、分控、开关,分控、开关分设漏电保护)。

3 严格按照施工用电专项组织设计与施工现场平面布置架设和管理电力线,动力和照明线应分开架设。

4 用电设备实行“一机一闸一漏一箱”制,严禁一个开关直接控制两台及以上的用电设备。漏电保护器应符合现行《剩余电流动作保护器(RCD)的一般要求》(GB/T 6829)的规定,并与用电设备相匹配。

5 配电系统应设置室内总配电箱和室外分配电箱,实行分级配电。总配电箱应设置在靠近电源处,分配电箱应设在用电设备或负荷相对集中处。接地线颜色和垂直接地体一般采用角钢、钢管或光面圆钢,不得使用螺纹钢。

6 开关箱由末级分配电箱配电。配电箱、开关箱应装设在干燥、通风及常温场所,并保证有足够两个人同时作业的空间,其周围不得堆放任何有碍操作、维修的物品。

7 所有配电箱、开关箱均编号配锁,标明负责人姓名、联系电话、使用部位,张贴安全警示标识牌,设专人负责管理。

8 进入现场的电气设备、固定吊装设备、钢梁梁体等可能因雷击或外壳带电造成人身伤害的设备、设施均应设接地装置。

9 配电房(室)、变压器等固定电力设备均设安全防护屏障或网栅围栏,高度不低于2.5m,应设置明显的禁止、警告标志。400kVA及以下的变压器宜采用柱上式变压器,400kVA以上的变压器宜采用室内装置,柱上式变压器台底部距地面高度不应小于3m。

10 所有开关箱应由专业电工定期检查和维护,并做好每次检查维护的记录。施工现场的总配电箱、分配电箱应由专业电工每月进行检查和维护,并做好相关记录。

11 各厂区、各作业区用电回路分开设置,加设断路器和漏电保护器,照明设施应加设网罩防护。

12 施工现场高度在15m及以上的拌和机、起重机等机械设备以及钢管脚手架和正在施工的在建工程等的金属结构,均应设置防雷装置。当最高机械设备上避雷针(接闪器)的保护范围能覆盖其他设备,且又最后退出现场时,其他设备可不设防雷装置。

13 电力作业人员必须持证上岗,按规定正确穿戴、使用劳动防护用品。工作时必须穿戴好绝缘防护用具,严禁违章操作。

2.5.2 电气设备管理

1 分配电箱与开关箱的距离不得超过30m,开关箱与其控制的固定式用电设备的水平距离不宜超过3m,开关箱应由末级分配电箱配电。

2 配电箱、开关箱应由专业厂家生产,箱体进行防腐处理,外表喷涂“高压危险”字样及图案。不得自行制作。

3 配电箱、开关箱安装应端正、牢固。移动式的箱体应装设在坚固的支架上,与地面的垂直距离为80~160cm;固定式箱体与地面的垂直距离控制在140~160cm。

4 配电箱、开关箱中导线的进线口和出线口应设置在箱体下底面,箱内的连接线应采用绝缘导线,导线的接头不得松动,不得有外露带电部分。配电箱内多路配电应有标记。严禁使用铜丝、铁丝等金属代替保险丝。

5 所有配电箱及开关箱在使用过程中必须按照下述顺序操作。

送电操作顺序:总配电箱→分配电箱→开关箱。

停电操作顺序:开关箱→分配电箱→总配电箱(出现电气故障的紧急情况除外)。

检查、维修配电箱、开关箱时,必须将其前一级相应的电源开关分闸断电,并悬挂停电作业等标志牌,严禁带电作业。施工现场停止作业1h以上时,应将开关箱上锁。

6 凡移动式照明,必须采用安全电。当发生电气火灾时应立即切断电源,用干砂灭火或用干粉灭火,严禁使用导电的灭火剂灭火。

7 施工机具的边缘与外电架空线路的边线之间必须保持安全操作距离。当外电架空线路的电压为1kV以下时,其最小安全操作距离为4m;当外电架空线路的电压为1~10kV时,其最小安全操作距离为6m。

8 施工现场的机动车道与外电架空线路交叉时,外电架空线路的最低点与路面的最小垂直距离应符合以下要求:外电架空线路的电压为1kV以下时,最小垂直距离为7m;外电架空线路的电压为1~10kV时,最小垂直距离8m。

2.5.3 雨季施工用电

1 增加用电设备巡视次数,做好用电设施防雨措施。

2 下雨时关好配电箱箱门,防止进水、受潮,防止发生漏电事故。

3 必要时应对所有用电设备进行绝缘测试,符合要求方可使用。

3 路 基 工 程

3.1 施 工 准 备

3.1.1 占地界的确认及保护

工程开工前,施工单位应及时与地方负责征地拆迁的部门联系,按施工图和征地图,将主线、隧道进出口、锥坡、天桥和通道的引道、互通区、厂区等全部的工程占地界实地勘测并划清界线,配合征地拆迁部门做好界沟开挖工作。对林区、风沙区等特殊地区,也可设置界桩。

1 填方段旱田或挖方段:由占地外边界向内挖成上宽50cm、下宽30cm、深30~50cm的倒梯形界沟,见图3.1a)。

2 填方段水田:由占地外边界向内100cm进行叠埂,叠埂宽度为50cm,与外边界距离为50cm,见图3.1b)。

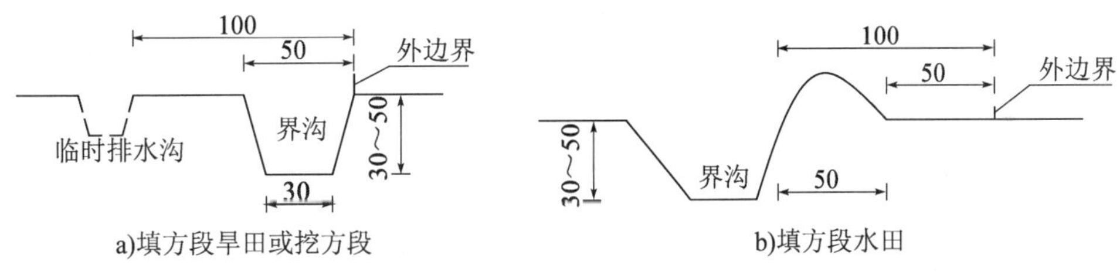

图3.1 占地界示意图(尺寸单位:cm)

3 施工单位应与当地乡(镇)政府、村组及土地所有者确认实际占地边界,确保工程用地不受侵犯。界沟开挖后,应注意保护,及时清理沟内杂物,保持边界线清晰。施工过程中施工单位有责任对工程用地进行保护。

4 路基施工临时公里桩、百米桩的设置应符合附录C规定要求,并加强管理,如有缺损应及时更换。

3.1.2 场地清理

1 原则上路基用地范围内的树木及灌木丛等均应在施工前砍伐或移植,结合环保和景观需求,对不影响路基施工的部位,如路堑边坡开挖线至占地界范围之间、填方坡脚线以外(碎落台)部分、分离式路基间、分离式隧道进出口等部分的植被和树木不予砍伐,互通区、桥涵区征地范围尽可能减少砍伐,并在施工中做好保护。

2 砍伐的树木和挖除的树根,必须及时移至路基用地之外,妥善处理。

3　填方路段原地面、挖除树根或拆除旧结构物等产生的坑穴,应在清除沉积物后,用合格填料分层回填,并用压实(夯实)机具压(夯)实。

4　清表和种植土要求如下:

1)清表深度必须满足设计及工程管理的要求。按照技术指南第10.3.3条规定进行“二次清表”。

2)清表产生的种植土,应集中堆放,整形并标识,并按照表土剥离专项设计要求进行保护,在周围做好排水设施,防止水土流失,以备作为绿化工程种植用土。

3)施工单位应征用种植土集中堆放场地。堆放地点既要便于管理,又要满足景观需求。

4)施工单位对清表收集的种植土的数量进行详细计算,监理单位依据设计文件进行现场核查,并做好过程监管。

5　拆除旧结构物产生的可再生利用的材料应回收利用,不可再生利用的废料必须及时清除,且满足安全与环保要求。

3.1.3　填前碾压

在表土和坑穴处理后,必须及时对清表后的路基进行整平碾压,压实度满足设计要求。对地质情况与设计不符的段落,按设计变更程序处理。

3.2　挖方路基

3.2.1　土质路堑开挖

1　截水沟要求如下:

1)应按设计开挖截水沟,保证其与临时排水系统连接顺畅,不得随意散排或直接冲刷边坡。

2)截水沟顶面应略低于自然坡面,若遇冲沟应设缺口将水导入截水沟。

3)截水沟长度超过500m时应设置出水口,将水引入自然河沟、桥涵进水口或排水沟(边沟)。

2　路堑应分层、分类开挖,坡面按设计坡率开挖。开挖过程中,应采取措施保证边坡稳定。开挖至边坡线前,应随时校核坡面,并预留一定宽度,且应保证边坡修整过程中设计边坡线外的土层不受到扰动。边坡修整时应按设计坡率及开挖线一次成型,确保不欠挖、不超挖。边坡修整后,应立即进行坡面防护。

3　路堑开口线处应按设计要求开挖成圆弧倒角,确保与原坡面连接顺适;当设计无要求时,圆弧倒角的半径为50cm。

4　开挖面应设置排水纵横坡,以便及时排除积水。

5　挖方段形成后,应尽早按设计要求开挖边沟。当挖除土质不能作为路基填料时,应及时清除现场,堆放在指定地点。

6　挖方接近路床顶面终止高程时,应预留因路床基底压实而产生的下沉量(其值通过试验确定),严禁薄层贴补。

7 应按设计要求或现场实际情况及时修建渗沟,及早形成地下排水系统。

3.2.2 石质路堑开挖

1 爆破应严格按现行《爆破安全规程》(GB 6722)及《公路工程施工安全技术规范》(JTG F90)的规定作业。爆破所需的各种器材应有出厂合格证书,确认满足要求后方可使用。

2 爆破技术人员和现场操作人员,必须持证并经培训后进行爆破作业。

3 距设计边坡线3~5m范围内的石方爆破应采用光面爆破或预裂爆破,严禁采用硐室爆破等大爆破施工。

4 在开挖过程中,必须保证开口线的位置及碎落台的宽度满足设计要求,确保一次达到设计标准。

5 石质路堑边坡开挖后,坡面不得有松石,路基边线应顺直,曲线应圆滑。对于中硬质岩石,边坡不平整处不应超过±15cm;对于软质岩石,边坡不平整处不应超过±10cm。

3.2.3 深路堑开挖

1 深路堑开挖应采用分层开挖、分层防护方式。

2 开挖至碎落台时,应尽早按照设计要求修建平台截水沟并及时对坡面进行防护。

3 碎落台应设置向截水沟倾斜2%的反坡,便于碎落台的降水能及时汇入截水沟,确保碎落台无积水。

3.2.4 浅挖路基开挖

1 开挖时,应考虑碾压下沉值,开挖后的路床顶面高程适当高于路床设计高程,压实后达到设计高程,不得薄层补填。

2 零填挖及挖方路床范围内的压实度,不应小于96%。路床土含水率高,或为含水层,或CBR值不满足要求时,应采取设置渗沟、换填、改良土质、铺设土工织物等处理措施。

3.3 填 方 路 基

3.3.1 试验路段

1 在路基开工前,应选择地质条件、断面形式等具有代表性的路段进行试验段施工。试验路段长度应不小于100m(全幅路基)。

2 现场试验的目的是确定最佳施工工艺的各项技术参数。应现场记录压实设备的类型、最佳组合方式、碾压遍数、碾压速度、工序,每层材料的松铺厚度、含水率等。

3 应及时进行试验段施工的技术总结,试验段达到规定的质量检验标准,可作为路基的一部分;否则,应予挖除,重新进行试验。经审批后的试验段技术总结作为开展规模施工的依据。

4 每种类型的填筑材料都应进行现场压实试验。施工所用材料和机具技术参数应与试验段相匹配。

3.3.2 填土路堤

1 路堤正式开工前,用石灰按准确的测量放样结果画出基底边线,保证路基宽度。

2 土方填筑前,根据料车容量计算堆土间距,在施工路段打上石灰网格,均匀布料,按试验段确定的施工方案全幅摊铺、整平、碾压。

3 路堤各层应分层填筑、分层压实。每层最大松铺厚度一般不得超过30cm,路拱横坡2%~4%。填筑路床顶面最后一层时,压实后的厚度不小于10cm。

4 每层填筑前,如检查发现下承层有“软弹”现象,应将“软弹”部位填料及时清除,填筑适宜填料后重新压实,经检验合格后进行下步施工。

5 现场应采用“无核密度仪”“灌砂法”等方法,配合快速检测确定路堤的含水率及压实度。

6 在路堤填筑过程中,应及时进行修坡整形,确保路堤表面平整、边坡顺适、边线整齐,边坡度和宽度满足设计要求。

7 对填方高度10m以上的一般路堤,除按规定的压实度碾压外,每填筑1.5m采用冲击式压路机或36t以上振动压路机进行增强补压一次,作业面受限制时也可采用强夯处理,以减少路堤工后沉降量。

8 火山灰路堤应符合现行吉林省地方标准《公路工程火山灰材料应用技术指南》(DB22/T 2092)的规定。

3.3.3 填石路堤

1 路堤填料应符合以下规定:

1)膨胀岩石、易溶性岩石以及有放射性危害等的岩石不得直接用于路堤填筑,强风化石料、崩解性岩石和盐化岩石不得直接用于路堤填筑。

2)路堤填料粒径应符合规范要求并不宜超过层厚的2/3,不均匀系数为15~20。

2 现场应安排专人指挥,水平分层,逐层填筑,先两侧后中央布料,按试验段参数及时摊铺整平,及时解小超粒径石块,并配合细料找平。

3 采用中硬、硬质石料填筑路堤,当超粒径石块含量高且解小困难时,可参照现行吉林省地方标准《公路填石路基施工技术规范》(DB22/T 1961)执行。

4 在路堤填筑过程中,应及时进行修坡整形,确保坡面整齐,无超粒径石块,边坡度和宽度满足设计要求。

5 路堤成型后,应确保路堤表面无明显孔洞,石料不松动。

6 按要求采用冲击碾压或强夯进行增强补压,以保证压实质量。

7 煤矸石路堤应符合现行吉林省地方标准《寒区公路工程煤矸石应用技术指南》(DB22/T 2062)的规定。

3.3.4 土石路堤

1 填料应符合设计要求。天然土石混合填料中，中硬、硬质石料的最大粒径不得大于压实层厚的2/3，强风化石料或软质石料最大粒径不得大于压实层厚。

2 土石路堤不得倾填，应分层填筑压实。碾压前应使大粒径石料均匀分散在填料中，石料间孔隙应填充小粒径石料、土或石渣。

3 压实后透水性差异大的土石混合材料，应分层或分段填筑，严禁纵向分幅填筑。

4 土石混合材料来自不同料场，其岩性或土石比例相差较大时，应分层或分段填筑。

5 填料由土石混合材料变化为其他填料时，土石混合材料最后一层的压实厚度应小于30cm。该层填料最大粒径应小于15cm，压实后该层表面应无孔洞。

6 对填方高度10m以上的一般路堤，除按规定的压实度碾压外，对路堤基底及路床以下地基，每填筑1.5m采用冲击式压路机或36t以上振动压路机进行增强补压一次，作业面受限制时也可采用强夯处理，以减少路堤工后沉降量。

3.3.5 高填方路堤

1 高填方路堤应优先安排施工，留有足够的工后沉降期。

2 高填方路堤填料应优先采用强度高、水稳性好的材料，或采用轻质材料。受水淹、浸的部分，应采用水稳定性和透水性好的填料。

3 对路堤基底及路床以下一般地基，每填筑1.5m采用冲击式压路机或36t以上振动压路机进行增强补压一次，作业面受限制时也可采用强夯处理，以减少路堤工后沉降量。

3.4 半填半挖路基、路堤与路堑过渡段

1 施工前，应按设计要求修建路侧排水渗沟。有地下水或地面水汇流的路段，应采取合理措施导排水流。

2 应清理半挖断面的原地面，将原地面设置成向内倾的台阶。台阶开挖高度不大于2m，宽度不小于2m，内倾坡度2%～4%。

3 应采用挖台阶→分层回填→挖台阶→分层回填→……→挖路堑的施工工艺，宜扩大回填作业面，杜绝出现原地表清理不彻底或漏压、欠压现象，加强填挖结合部位工程质量的控制。

4 应从低处往高处分层摊铺碾压，严格处理结合界面，拼接缝两侧约5m范围压实应均匀，确保路基整体稳定。

5 对于石质路段，应清除原地面松散风化层，按设计开凿台阶。孤石、石笋应清除。

6 路基填筑过程中，应及时清理设计边坡外的松土、弃土。

7 高度小于80cm的路堤、零填及挖方路床的加固换填应选用水稳性较好的材料。挖方区为土质或软质岩石时，应对挖方区路床范围内不符合要求的土质或软质岩石进行超挖换填或改良处治。

8 填、挖交界处路基一般应优先安排施工。当挖方区为硬质岩石时，填方区应采用填石路堤。

9 填、挖交界处路基施工严格控制施工工艺，避免出现不均匀沉降及路基裂缝等。填筑到路床底面时，应对填、挖交界处路基进行冲击补强碾压。

10 回填料碾压顺序先由两端向路堤中心碾压，严禁反向操作，并严禁横向行驶碾压。对于无法压实部位，采用小型机具夯实。

3.5 台(涵)背回填

1 台(涵)背回填应在结构物达到设计或规范规定的强度，隐蔽工程验收合格后进行。回填前抽排基坑内积水，清除基坑内杂物及淤泥。

2 台背回填应采用强度和水稳定性好的材料，如天然砂砾、粒径小于15cm的石渣、水泥稳定类半刚性材料或石灰土填筑。

3 回填部位的作业面积原则上应确保压路机能够正常碾压作业。同时应配备小型冲击夯实设备，对大型设备碾压不到位的地方进行夯实，严禁人工夯实。采用小型冲击夯实机具夯实时，铺筑松铺分层压(夯)实厚度不得大于15cm。

4 严格分层填筑，每层最大压实厚度不大于20cm，应在结构物墙身上左、中、右位置，用红、白油漆相间画出每层压实厚度控制标线，并标注层位编号。层间撒石灰标注层厚。与路堤交界处应预留台阶。台阶宽度不小于2m，台阶高度不大于1m，内倾2%～4%。基坑顶面以上的压实度均不小于96%。

5 台背回填顺序应符合设计要求。梁式桥的轻型桥台(薄壁式)的台背填土，应在梁体安装完成后两侧对称回填；柱、肋式桥台台背填土，应在盖梁施工前，柱、肋侧对称、平衡地进行。台前应与台背同步回填到原地面高程。回填结束后顶部应及时进行下部结构施工。

6 锥坡和桥台背回填应同步、全断面一次性填筑，保证压实整修后达到设计宽度。

7 盖板涵和箱涵应在盖板安装或浇筑顶板后，在洞身两侧对称分层回填压实。顶面填土压实厚度大于50cm时，方可通过重型车辆。

8 回填过程中，应采取措施防止积水浸泡台背。

3.6 特殊路基处理

3.6.1 挖除换填

1 路基换填应优先安排施工，留有足够的工后沉降期。

2 回填料准备充足，选择晴天将不适宜材料挖除。挖除深度和宽度与设计相符，确保与正常路基交界处的换填质量。

3 挖除后基底坡度应与顶面一致，做好施工排水。若挖除后地质情况、处理的面积或深度与设计不符，应按设计变更处理。

4 按设计要求一次或分层将适宜材料进行填筑、碾压。填筑过程中应避免混料，确保施工质量。

5 换填后如出现局部翻浆、软弹、车辙等病害，应及时进行处理。

3.6.2 路基土掺灰

1 路基土掺灰应采取有效措施避免污染周边环境，通过试验确定掺灰方法、剂量、含水率、压实遍数等参数。路床采用水泥土填筑时一般应采用厂拌施工。

2 根据掺灰剂量和一次取土量，计算出一次掺灰的数量，并将灰均匀拌入土体。掺石灰时，闷料时间应不少于24h，并确保充分消解。

3 掺灰土上路前应采用机械进行充分搅拌，达到无明显生土团和灰窝。

4 掺灰土松铺厚度应不大于30cm。现场应清除未完全消解的灰核，达到最佳含水率进行碾压。

5 施工过程中应按总掺量和单位掺量双指标严格控制掺灰剂量，并及时做好过程检测。

3.6.3 碎(砾)石桩

1 碎(砾)石桩施工前应根据现场情况，选择具有代表性的段落进行试桩。试桩不少于5根，确定桩长、成桩时间、碎(砾)石投入量、施工顺序、单桩及复合地基承载力等参数，并对其中3根试桩进行标准贯入试验，对其中2根进行荷载试验。

2 按设计要求进行放样确定桩位并编号，撒石灰定位，绘制施工布点图。

3 碎(砾)石桩应采用振动沉管法施工，施工顺序为先外排后里排，采用隔排隔桩跳打的方法。

4 施工过程中应严格控制拔管高度、拔管速度、压管次数和时间、填入料数量、电机工作电流，以保证桩体均匀、连续、密实，不得有断桩、缩颈、夹砂等缺陷。

5 碎(砾)石桩施工完成后，其顶部垫层厚度应符合设计要求，施工中应采取有效措施防止碎(砾)料污染。

6 施工中应随时检查施工记录，对每根桩的质量进行评定，不合格桩采取加桩处理。

3.6.4 加固土桩(喷浆)

1 加固土桩施工前应根据现场情况，选择具有代表性的段落进行试桩。试桩不少于5根，以掌握满足设计喷浆量对应的钻进速度、提升速度、搅拌速率、喷浆压力、单位时间喷浆量等技术参数，选择合理的技术措施。

2 应先进行测量放样标注桩位，绘制出加固土桩平面布置图。

3 制备好的浆液不得离析，停置时间不得超过2h。浆液应拌和均匀，不得有结块。灌入浆液时应加筛过滤。钻机应具有双向搅拌功能及自动计量装置，每根桩的喷浆量(水泥掺量)应通过自动记录仪打印。

4 施工中控制搅拌机的提升速度和转速，使提升速度和转速连续均匀，以控制注浆量,保证搅拌均匀,同时泵送必须连续。

5 当成桩过程中发生意外情况(如提升过快、送浆管路堵塞、断电等),影响桩身质量时,应在6h内采取补救措施。补桩喷浆重叠长度不得小于1m,否则应重新打设。新桩距旧桩的距离不得大于桩距的15%,并填报施工记录表。

6 施工中应按设计要求铺设垫层,避免透水性垫层材料受到污染,否则应换料重填。

3.6.5 加固土桩(喷粉)

1 加固土桩采用粉体固化剂时,应符合技术指南第3.6.4条的规定。

2 严格控制喷粉高程和停粉高程,不得中断喷粉;严格控制喷粉时间、停粉时间和喷入量。施工中应保证桩体喷粉均匀、强度均衡。

3 当钻头提升到地面以下小于50cm时,送灰器停止送灰,用同剂量的混合土回填密实。

4 特殊情况喷粉量不足时应整桩复打,复打的喷粉量不小于设计用量。喷粉因故中断进行复打时,复打重叠长度应大于1m。

5 如发现地基含水率偏低,水泥粉与地基不能有效固结时,应停止施工,分析原因并及时上报。

3.6.6 水泥粉煤灰碎石(CFG)桩

1 水泥粉煤灰碎石(CFG)桩施工前应根据现场情况,选择具有代表性的段落进行试桩。试桩不少于5根,以确定施工工艺和参数。

2 应先进行测量放样工作标注桩位,绘制出CFG桩平面布置图。

3 桩体施工应选择合理的施打顺序,一般应隔行隔桩跳打,相邻桩之间施工间隔时间应大于7d,避免对已成桩造成损害。成桩过程中应对已打桩的桩顶进行位移监测。

4 CFG桩沉管时间宜短,拔管速度控制在1.2~1.5m/min,不允许反插,以防止桩缩颈、断桩及桩身强度不均。

5 桩顶设50cm保护桩长。CFG桩施工完成7d后,开挖至设计高程,截去保护桩长。CFG桩施工完成28d后,方可填筑路基。

6 冬季施工时混合料入孔温度不得低于5℃,对桩头和桩间土应采取保温措施。

7 施工中应按设计要求铺设垫层,避免透水性垫层材料受到污染,否则应换料重填。

3.6.7 风积沙路基

1 一般规定如下:

1)施工前应选择具有代表性的段落进行工艺试验,确定现场施工参数,根据最佳施工碾压曲线确定分层填筑松铺厚度。

2)风积沙地区路基地表清理时,不得随意破坏路线两侧植被和地表硬壳,注意保护风积沙地区的环境。

3)路基施工应遵循边施工边防护的原则,确保路基的强度和稳定。风积沙填筑,压实机械选用功率较大的振动压路机或履带式碾压机械为宜,选择振动频率宜与风积沙自振频率接近,且宜配合轮胎式压路机碾压。

4)取土坑应合理布设,减少对植被和原地貌的大面积破坏,取料结束后应整平,恢复原有植被。弃土应根据实际地形,弃于背风侧低洼处。

5)风积沙填料应不含有机质、黏土块、杂草和其他有害物质等。路堤填筑宜采用水平分层填筑方式,按横断面全宽推筑。

6)挖方深度大于2m的路基两侧及半填半挖路基两侧宜加宽1~2m。流动沙漠路基边坡按设计要求整平坡度,并进行固沙处理。

7)确定风积沙最大干密度的试验方法分为干振法和饱水振动法。风积沙路基应检测压实度和固体体积率。

8)风积沙路基完工后,应及时在路基顶面铺筑封层。

9)施工过程中应根据施工季节、路堑横断面形状、纵坡、横坡等情况设置必要的排水设施,特别是在夏季暴雨较为集中时,应防止雨水对路堤、路堑的冲刷。

2 风积沙包边土施工要求如下:

1)风积沙路段的路堤及路堑边坡应按设计要求设置包边土隔离层。

2)用于风积沙路堤的包边土,应在施工前提交相关试验资料,黏土的塑性指数应大于10。

3)填方路堤的土质包边土应与路堤填筑同步进行。黏土包边宽度应保证修坡后符合设计要求,并应尽早进行坡面绿化。

4)路堑边坡的黏土包边直接设置在边坡的坡面上,底部埋入积沙平台下20cm,顶部与原地面平齐。施工时先将黏土水平分层铺筑在整理好的路堑边坡上,铺筑分层厚度不大于15cm,然后适当洒水,人工夯实,直到坡顶。

3 对风积沙路堤必须根据设计断面,分层填筑、分层压实。15t以上自行式振动压路机碾压时最大松铺厚度不得超过30cm。

4 填方分几个作业段施工时的处理方式:两段交接处不在同一时间填筑的,应将先填地段挖成宽度不小于2m的台阶;同一时间填筑的则应分层相互交叠衔接,其搭接长度不得小于2m。

5 挖方路堑要求如下:

1)开挖均应自上而下进行,如遇地质变化应及时上报处理。

2)施工过程中发现风积沙层下部出现土质或其他材料时,应将上部风积沙全部挖除后再进行下部开挖。

3.7 排 水 工 程

除应按规范和设计文件要求尽早做好施工排水系统外,还应注意:

1 边沟、排水沟的放样,一般以两个结构物之间的长度为一单元,明确排水方向,以确保排水系统与结构物进出水口顺畅连接。

2　土质地段边沟沟底纵坡大于3%时，水流冲刷较严重。

3　路基经过环境敏感地区时，应采取必要的防渗漏措施，防止对周边环境造成污染。

4　边沟、排水沟将要开挖至设计高程时，应留出5～10cm的富余，由人工修整成型，确保边沟的坡面平整、稳定，严禁贴坡。开挖完成后，应对沟底高程进行复测，确保沟底纵坡衔接平顺。

5　施工期间，应注意永久性排水与临时排水相结合，防止雨水冲刷路基。填方路堤每隔50m或汇水较集中处设置临时边坡排水设施（如土工袋装土堆砌或圬工砌筑），避免路基表面积水。

6　在雨季施工时，应加固排水设施，保持排水顺畅，确保路基不受水的浸泡。应及时疏导水流，以免冲淹农田、淤积河道，否则施工单位应承担相应责任。

3.8　防护与支挡工程

3.8.1　一般规定

1　防护工程应遵循安全稳定的原则，以植物防护为主、工程防护为辅。

2　砌体用砂浆必须集中拌和，拌和采用能够准确计量的强制式搅拌机，且应随拌随用。砂浆必须在水泥初凝前使用，已初凝的水泥砂浆必须废弃。

3　路堑开挖与防护工程应同步实施，开挖一级防护一级。风化泥页岩、千枚岩或膨胀土边坡开挖后，应及时防护，并做好排水设施。

4　高边坡应按“缓边坡、宽平台、固坡脚”的原则进行防护，其综合坡率应满足稳定性要求。

5　路堑段支挡工程基坑开挖应分段进行并及时跟进后续施工。路堤段支挡工程施工应与路基填筑同步实施。

6　施工过程中应及时完成相应排水设施，砌体沉降缝、伸缩缝、泄水孔、反滤层的设置应符合设计要求，如遇挖方边坡有渗水情况，应适当增加泄水孔。

7　边坡防护工程实施时应加强基面验收，严格控制工艺和过程，施工质量符合标准，保证外形美观、自然协调。

3.8.2　边坡工程防护

1　混凝土预制块（生态砌块）坡面防护

1）安装前应进行平面位置、坡度和高程放样，采用五点法挂线施工，以保证预制块的安装质量和外观效果。

2）预制块基槽底部和后背填料应夯实，安装时注意线形和高程的调整，做到安砌稳固、顶面平整、缝宽均匀、线条直顺、曲线圆滑美观，完工后及时做好现场清理工作，预制块安装完成后应及时进行回填土、绿化及美化等工作。

3）生态砌块施工应符合现行吉林省交通运输行业标准《公路工程水泥混凝土生态砌块应用技术指南》（JLJTG/T E04）的规定。

2　现浇混凝土坡面防护

1)混凝土骨架护坡施工前,应清理坡面,达到平整顺适。

2)根据路基边坡长度、坡度、坡顶面形状准确放样,经验收合格后方可进行基槽开挖。

3)现浇混凝土骨架应分段施工,骨架基槽应从上往下开挖,不得欠挖,若超挖应用同级混凝土回填。基槽完成后锚杆安设等应及时跟进,避免基槽长期裸露。

4)混凝土及模板工程按技术指南第5.2节、第5.3节规定执行。骨架混凝土终凝后应及时覆盖洒水养护,并及时进行绿化美化。

3　主动柔性防护系统

1)锚孔定位前应对坡面防护区域的浮土及浮石进行清除。

2)从防护区域下沿中部开始向上和两侧放线测量,确定锚杆孔位。

3)锚杆钻孔轴线一般应与坡面垂直。锚杆孔应干净,无积水、无杂物,清除孔内粉尘,孔深应比设计锚杆长5cm以上,孔径符合规定要求。

4)注浆并插入锚杆,水泥砂浆强度等级不低于设计要求,浆液饱满。

5)安装纵、横向支撑绳,张拉紧后两端各用2~4个绳卡与锚杆外露环套固定连接。

6)格栅网应从上向下铺挂,格栅网间重叠宽度应不小于5cm。每张钢绳网均用缝合绳与四周支撑绳进行缝合并预张拉,缝合绳的两端各用2个绳卡进行固定连接。

4　锚索防护

1)进行测量放样,标注孔位。钻机钻孔误差、倾角和方向应符合规范及设计要求。在岩层破碎或松软饱水等地层中应采用跟管钻进技术。钻孔完成经检验后,应在24h内及时安装锚索体并注浆。

2)锚索编束应在专门的加工厂或钻孔现场的加工棚内进行,应保证钢绞线从孔口到孔底排列平顺,防止钢绞线交叉。锚索外观质量、根数、长度、牢固程度、防腐密封性、注浆管路等应符合规定要求。

3)索体锚固段前端安装导向头,隔离索体与土层,注浆管保持畅通,确保锚固及防腐效果。

4)锚索安装推送应适度均匀,避免锚索体转动、扭压、弯曲。

5)浆液应用机械拌制,水胶比符合规定,浆液均匀、稳定,采用孔底注浆、孔口返浆方式作业。注浆过程中应排除孔内的气、水,作业应连续。浆体终凝前不得扰动索体。

6)锚梁施工应保证梁体上表面与索轴线相垂直。

7)锚索张拉应分级进行,持荷时间与超张拉值符合规定要求,最大不宜超过115%。

8)锚索张拉结束应检测锚索长度及抗拔力等指标。检测合格后用机械切割余露锚索并封锚,严禁电弧焊或氧焊切割锚索。

3.8.3　支挡工程

1　浆砌片(块)石挡土墙

1)基坑开挖应进行详细的测量定位并标出开挖线,做好施工区域范围的截、排水及防渗设施。施工中应避免基坑受水浸泡。

2)浆砌片(块)石挡土墙砌筑时必须立杆或样板挂线,内、外坡面线应顺适整齐,逐层收坡。在砌筑过程中应随时校正线杆,以保证砌体各部分尺寸符合设计要求。

3)石料抗压强度不小于设计要求,石质均匀,无风化、无裂纹,镶面石外露面及两个侧面、上下面应修凿,做到缝宽一致、整齐美观。

4)砌筑墙身时,应先将基础表面加以清理、湿润,采用坐浆挤浆砌筑。若砌筑中断再次砌筑时,应将砌层表面加以清理、湿润。

5)挡土墙应分段砌筑,分段位置宜在伸缩缝或沉降缝处。各段水平缝应一致,相邻分段的高差不宜超过120cm。

6)挡土墙在砌筑应按设计布设泄水孔,并在墙背进水孔设置反滤层。泄水孔宜采用PVC管埋置。PVC管材性能应符合现行《建筑排水用硬聚氯乙烯(PVC-U)管材》(GB/T 5836.1)的规定。

7)砌体石块应互相咬接,保证两顺一丁,砌缝砂浆饱满。砌缝应采用1~2cm的凹缝,上下层错缝不小于8cm。砌筑时,应按先砌角石,再砌面石,最后砌填腹石的顺序进行。

8)砌体砂浆强度达到设计强度的75%时,方可进行墙背回填。

2 抗滑桩

1)抗滑桩平面位置应按设计放样,整平孔口地面,做好桩区地表截、排水及防渗措施。

2)设置观测滑坡变形、移动的设施,在滑体和建筑物上建立位移和变形观测标志。落实安全防护措施,防范意外情况。

3)钻(挖)孔施工参照技术指南第5.4.2条、第5.4.3条的规定执行。

4)桩间支挡结构及排水、防渗等设施,均应与抗滑桩正确连接,配套完成。

3.9 改扩建工程路基

3.9.1 一般规定

1 原有道路利用段应结合现场实际进行优化调整,实行动态设计。加宽路基与原路基结合部的处理应作为施工控制的重点。

2 应结合工程现场保通要求编制专项施工方案,重点做好应急预案,经专项评审后组织实施。

3 施工单位应加强与交管、路政等部门的协调联动,保证施工期生产安全与交通安全。

4 施工中按保通方案要求做好对原有跨线桥梁、通道等构造物的管护,确保满足正常使用,减少对周围群众生产、生活的影响。

5 收费站、服务区、停车区改造时,应满足基本服务功能。

6 积极推广和应用新技术、新装备,坚持环保、节约的理念,重视再生技术的应用,尽可能地利用原有道路的设施、材料。

7 施工单位进场后应首先对原有道路病害情况进行全面调查,对施工图设计进行复核。其他准备工作参照技术指南第3.1节执行。

8 深挖路基、滑坡路基应编制专项施工组织设计,分析开挖过程中的稳定性及既有防护设施的受力、变形等情况,并根据设计要求开展施工监测,以保证安全。

9 结构物台背回填施工的纵向、横向开挖台阶尺寸应严格按规定执行,由底至上逐层开挖填筑。采用反开挖施工时,台背回填的台阶宽度和高度不超过30cm,分层回填厚度不超过15cm。

10 应加强施工期排水工作,避免对原有路基造成损害。

3.9.2 填方路基拼接施工

1 土质路基

1)加宽路基采用台阶式拼接。台阶开挖应严格按设计要求实施,由底至上开挖,开挖一级填筑一级。

2)开挖台阶后,应对原有路基的天然含水率和力学性能进行检测。

3)结合现场实际分段落、分级开挖,台阶自下而上随填土进度逐层开挖。施工过程中发现渗水等情况,应及时进行处置。

4)路基填筑应加强与原有路基台阶结合处的碾压,人工清理台阶结合处的虚土,碾压到边。按设计对交界处采取强夯处理,强夯过程中应注意对周边构造物的保护。

5)施工中应避免开挖断面长期裸露,并做好防排水、防冻胀等措施。

2 砂砾路基

1)砂砾路基应由下向上分层填筑。加宽路基与原有路基结合部位,每填筑一层,应用推土机按分层填筑厚度的2倍宽度向原有路基内侧推进搭接。

2)路基每填筑1.5m应进行强夯处理,提高压实度及稳定性。

3)在施工时,应清除原有路基搭接部位的超粒径填料。

3 高填方路基

1)施工中应加强沉降观测,并根据拼接施工特点,增加水平位移观察,严格控制填筑速率。

2)应严格做好排水措施,防止雨水浸入拼接面。施工中应做好拦水埂和泄水沟,防止雨水对路基边坡的冲刷。

3)边坡台阶开挖前应验算路基稳定性。施工时不应一次性开挖过大,台阶尺寸不应超过设计要求。

3.9.3 石质挖方路基

1 石质路堑不宜进行爆破开挖,如采用爆破施工,必须采取小型预裂控制爆破或光面爆破技术,同时每次爆破必须有计划、有审批、有组织、定时、定点、定规模进行。

2　采取爆破施工时应在靠行车道侧先设置爆破防护墙，并加设双排脚手架和安全网进行防护，防止飞石落入通行道路。

3　在运营的高速公路边坡上爆破时，应临时封闭交通，开放交通前应对运营车道全面检查清理。

4　土石方挖运应与爆破作业配合进行，爆破石渣不得随意抛掷。挖运作业不得影响通行道路正常运行。

5　爆破方案要点如下：

1）采用中浅孔和深孔相结合多段微差松动爆破和微分装药，爆破作用控制在松动爆破范围内，根据不同爆破环境控制适当的单耗。

2）采取密孔分散药量和松动爆破措施，控制飞石，减少冲击波超压和噪声。

3）结合现场实际，采取必要的防护、加固措施，防止飞石危害；必要时采取监护、撤离、疏散等措施。

4）充分考虑爆破震动对周围建（构）筑物的影响，采取限制单段药量、控制爆破规模、增加起爆次数、分区多工作面施工等方法，对震动进行测试监测。

5）应加强对临近构筑物的爆破震动监测，及时反馈监测结果，确保周围建构筑物的安全。

3.10　冬、雨季路基施工

3.10.1　一般规定

1　路基施工前，应根据工程量、合同工期、机械配置等制订科学的规划，合理安排路基施工的各项工作，宜避免冬、雨季施工。

2　应根据季节特点、当地气候条件，结合地形、地貌、施工位置，制订合理的施工方案。

3　应保持与气象部门的联系，建立长效联动机制，根据天气、气温、风力的变化，及时调整施工方案。

4　应加强安全管理、安全教育及防火防盗管理，制订防汛、防台风、防冻害雪灾、温度急剧变化等各种应急预案，做好防汛抢险的准备工作。

5　冬雨季施工，应加强路基开挖与填筑、混凝土浇筑、构件预制等施工保证措施和过程监管，不得降低质量标准。

3.10.2　冬季施工

1　路基填筑材料应符合现行《季节性冻土地区公路设计与施工技术规范》（JTG/T D31-06）的规定。

2　冻深范围内的填土不得混合填筑，冻胀性不同的土应水平分层填筑、分层压实。同一水平层路基的全宽应采用同一种填料。每种填料的填筑层压实后的连续厚度不宜小于50cm。填筑路床顶最后一层时，压实厚度应不小于10cm。

3 挖方段路基应做好施工阶段排水，防止界外水浸入路堑，应经常疏通排水沟渠，提前填筑拦水埂。

4 挖方段路基为冻胀土时，地基土挖除换填深度误差应不大于5%，换填粒料0.075mm以下通过率宜不大于5%。

5 路堤冻深范围内填土施工应符合下列规定：

1）全冻路堤施工前，应在路基两侧挖出排水沟或边沟，并根据排水设计先做渗沟、渗井等地下排水设施。

2）同一施工段内同一层土的含水率应基本一致，含水率偏差应小于2%。

3）每层路基填土顶面应设2%～4%的排水横坡。

6 涎流冰路段路基施工应符合下列规定：

1）应保护涎流冰处的地形、地貌，不得随意挖掘取土。

2）有涎流冰路段路基应采用水稳性良好的粗粒土作为填料。

3）挡冰墙宜采用浆砌片（块）石砌筑，砌筑砂浆强度等级不得低于M20，砌筑砂浆应填充饱满、密实，未达到设计强度前不得浸水。

7 路基排水施工应符合下列规定：

1）应合理安排地下排水设施和路基施工的工序衔接，避免扰动已压实路基。应及时排出地下渗水，在冻前疏干路基。

2）边沟铺砌应在冰冻来临前完成施工。未完成的地下排水设施应设临时出水口，并采取保温措施，避免冻结。

3）排水设施预制构件强度等级冻前应达到设计强度的80%，砂浆强度等级冻前应达到设计强度的100%。

8 已完工路基应加强地表排水，防止雪水下渗。越冬后路基压实度应满足设计要求，不满足时应进行复压或采取换填措施。

3.10.3 雨季施工

1 应重视雨季施工的排水工作，根据施工组织设计和工作计划，在施工作业面及其相关区域应设置完善的排水系统，并做好抢险准备工作。

2 制订雨季施工安全应急预案，做好防洪抢险和路基防水毁预防工作。

3 沿河道施工时，应保持与水利行政部门的联系，密切注意水流大小的变化，预防不安全事故的发生。

4 路基填料应优先选用碎石土、砂砾、石方碎渣和砂类土等透水性材料。

5 强化施工排水，应先行开挖排（截）水沟，确保将积水引至原有排水系统，避免对路基及周围农田等造成损害。

6 雨季开挖土质路堑，当挖至路床顶面以上30～50cm时应停止开挖，并在两侧挖好临时排水沟，并确保排水通畅。待雨季过后再施工。

3.11 取(弃)土场

3.11.1 取土场

1 施工单位进场后应先行开展取(弃)土场调查,核查可取土数量及运输道路情况。

2 取土场在使用前,应选择有代表性的地点进行挖探及试验,核查取土场土石比例、含水率、CBR 值等。

3 严格按照设计取土深度和已批复的表土剥离方案实施。

4 开挖前应进行技术交底,明确设计中对开挖位置、面积、边坡坡度、深度等方面的具体要求。开挖过程中施工单位应派专人指挥取土作业,严禁发生超面积开挖、直坡或陡于设计边坡开挖、只挖易于开挖的地段等现象。

5 运输便道应及时进行维护保养,确保平整、不积水、不扬尘,运输过程中应处理好与周边群众的关系,做到运输不扰民、群众不上访、施工不受阻。

6 取土结束后,应对取土场坡面进行整形,避免出现坡面不平整、坡度较陡甚至反坡现象。坡顶和坡脚处应进行圆弧化处理,交工前严格按设计进行复垦和绿化。

7 监理单位应对取土场的位置、取土方式、运输及复垦等工作进行监管,发现不按设计要求进行乱挖乱弃等问题,及时要求施工单位进行整改。

3.11.2 弃土场

1 施工中产生的弃土或废弃物应及时弃在设计指定的弃土场内,严禁私自设置弃土场。要求弃土场内码方整齐,标识清楚,整体稳定,并按设计要求进行排水、防护和绿化工程等施工。

2 施工作业时必须同时考虑清除产生的弃土和废弃物,应从人员、设备等方面加强组织和调度,严禁随意乱弃。

3 监理单位应对弃土、废弃物和弃土场进行有效监管,发现问题及时要求施工单位进行整改。

3.12 路 基 监 测

3.12.1 一般规定

1 软土路基、高填路堤、高边坡、滑坡、预应力锚固工程等特殊工程必须进行施工过程和工后监测。

2 严格按设计开展监测并按规定数量和位置设置观测点。

3 定期收集整理、汇总分析监测资料,以指导施工和提供给相关单位作为评估依据。在冬、雨季不利季节应加大检测频率,发现问题及时处理。

4 监测基准点应设置在牢固稳定的位置,观测点应标记清晰、通视良好、易于管护。

3.12.2 软土路基

1 监测频率要求:一般填筑一层应观测一次。如果两次填筑时间较长时,应3d观测一次。路基填筑完成后,堆载等预压期间一般每半月或每月观测一次,直至等载预压期结束。

2 施工中路堤填筑速率应满足以下要求:

1)填筑时间不小于地基抗剪强度增长需要的固结时间。

2)路堤中心沉降量每昼夜不得大于设计值,边桩位移量每昼夜不得大于5mm。

3)当路基稳定出现异常情况而可能失稳时,应立即停止加载并采取措施,待路基恢复稳定后,方可继续填筑。

3 卸载时间确定:推算的工后沉降量小于设计容许值,连续3个月观测的沉降量单月不超过5mm,方可卸载开挖路槽并开始铺筑路面。

3.12.3 路堑高边坡

监测频率及要求:一般要求施工期间每3d监测一次,雨季应加密。施工结束后前3个月,每周监测一次,雨季加密;3个月以后每月监测一次。

3.12.4 高路堤

监测频率及要求:一般要求施工期间每3d监测一次,雨季加密。施工结束后前3个月,每周监测一次,雨季加密;3个月后每月监测一次。每次监测均应按规定格式做好记录,并及时整理、汇总分析监测结果,将其作为工程验收的资料归档。

3.13 交接前路基整修

1 交接前应及时进行路基整形,边坡应平整密实,不得有坑槽、松石。

2 采用机械刷坡后应进行人工配合整修。出现局部亏坡时,应自下而上将边坡挖成台阶,分层填补、夯实,再按设计修整坡面。

3 土质排(截)水沟应夯拍密实、规整,保证排水顺畅。

4 对桥涵及上下游沟(渠)进行彻底清理,保证排水顺畅。

5 路基修整完毕后,周边弃土、废料及时清除。

3.14 路基移交

1 路基交接验收采用分段交接。为保证路面施工顺利进行,由路面施工单位提供施工计划,路基单位宜按照路面单位的施工计划提供路基段落。

2 移交的路基表面应平整,边坡平顺、稳定,没有亏坡,边坡坡面设置具有防冲刷的临时排水设施。

3 结构物台背回填符合要求,资料齐全,并经监理单位确认。如监理单位认为台背回填存在质量隐患,应在交验确认单中明确处理措施。

4 路基路床交验前需经施工单位自检。自检由路基施工单位组织,监理单位参加,检验项目、内容按交接内容进行。施工单位自检合格,交经监理单位评定合格,且各项自检、评定资料按要求完善,方可移交。

5 其他未尽事宜按相关规定执行。

4 路面工程

4.1 施工准备

4.1.1 工程转序与复验

1 路面工程施工前,应做好路基、桥涵及隧道工程等的验收和移交工作,并办理相应书面手续。路面工程施工期间,应对下承层进行检查,合格后方可进行该结构层施工。

2 路基工程验收应重点检查路线轴线、高程、宽度、平整度、压实度、弯沉。软基处理段应检查路面验收前连续两个月的观测沉降量是否符合设计要求。

3 应加强对已验收路床的保护,铺筑路面结构层前采用18t以上振动压路机复压,如发现含水率偏低、表面松散,应适当洒水;如含水率偏高,出现“弹簧”现象,应采取翻开晾晒或掺石灰(或水泥)等措施进行处理。

4 桥涵工程验收应重点检查水泥混凝土铺装层(或整体化层)纵断高程及横坡度、平整度、强度、表面裂缝、抗渗性和桥面排水系统。

5 隧道工程验收应重点检查整平层、混凝土基层。

6 检查房建、机电、交安工程的预留预埋是否按设计要求设置;检查路面排水工程与路基、房建排水工程的配合、衔接情况,确保排水系统整体连通、排水顺畅。

4.1.2 技术准备

1 基层、底基层用水泥及集料应符合设计及现行《公路路面基层施工技术细则》(JTG/T F20)、《季节性冻土地区公路设计与施工技术规范》(JTG/T D31-06)的规定。

2 沥青混合料用沥青及集料应符合设计及现行《公路沥青路面施工技术规范》(JTG F40)、《季节性冻土地区公路设计与施工技术规范》(JTG/T D31-06)、《橡胶粉改性沥青及沥青混合料应用技术指南》(JLJTG/T E03)的规定。

3 为保证沥青质量的稳定性,应强化沥青材料监管。出厂前采用可靠、快速、高效的检测方法对采购的基质沥青及改性沥青进行检测;进场解封卸料时,应逐车检测;施工过程中沥青宜按“多指标、多层次、高频率”的原则进行检测。

4 水泥混凝土路面用水泥及集料应符合设计及现行《公路水泥混凝土路面施工技术细则》(JTG/T F30)、《季节性冻土地区公路设计与施工技术规范》(JTG/T D31-06)的规定。

5 路面粗集料应采用颚式和反击式破碎机联合加工,粗集料加工分级筛孔宜与拌和设备筛孔匹配。必要时粗集料加工应增加整形工艺。

6 路面所用地产材料料源选定需经建设单位同意,并由施工单位、试验检测机构进行取样试验及验证合格后方可进场。

7 半刚性基层强度等级应满足设计要求,应采用普通硅酸盐水泥。水泥初凝时间应大于3h,终凝时间应大于6h且小于10h。水泥稳定类基层掺加的外加剂,应进行混合料试验验证。

8 采用火山灰材料可参照现行吉林省地方标准《公路工程火山灰材料应用技术指南》(DB22/T 2092)执行。

4.1.3 设备配置

1 施工设备及试验检测设备配置应不低于合同约定,性能稳定可靠,生产能力满足施工需要,并具有一定的生产富余储备。易损件的备品、备件应齐全。

2 混合料拌和设备应具有自动计量功能,各类原材料均应通过自动计量投放。

3 施工前,应对拌和设备计量装置进行标定,同时对各种传感器进行定期检定。

4 水泥稳定拌和设备计量精度要求集料偏差不大于±1%,液体材料偏差不大于±0.5%,粉体材料偏差不大于±0.5%。

5 沥青混合料拌和设备计量精度要求集料偏差不大于±0.5%,矿粉及掺合料偏差不大于±0.5%,沥青偏差不大于±0.3%。

4.1.4 配合比设计

1 级配碎石、水泥稳定材料混合料组成设计应按现行《公路路面基层施工技术细则》(JTG/T F20)、吉林省相关地方标准执行。水泥稳定材料组成设计应包括原材料检验、混合料的目标配合比设计、混合料的生产配合比设计和施工参数确定四部分。

2 沥青混合材料配合比设计应按现行《公路沥青路面施工技术规范》(JTG F40)规定进行。配合比设计分目标配合比设计、生产配合比设计、生产配合比验证三个阶段。

3 水泥混凝土配合比设计应按现行《公路水泥混凝土路面施工技术细则》(JTG/T F30)及《季节性冻土地区公路设计与施工技术规范》(JTG/T D31-06)进行。

4.2 基层(底基层)

4.2.1 一般规定

1 基层(底基层)的压实厚度不宜超过20cm,压实厚度超过上述规定时,应分层铺筑,每层的最小压实厚度不应小于10cm,下层应比上层稍厚,严禁用薄层贴补法进行找平。当单层压实厚度超过20cm时,应具有匹配的摊铺、碾压设备,经试验段验证确定。

2 在基层或底基层分层摊铺的结构层之间,以及基层与底基层交界面,应用专业设备洒布水灰比1:1的水泥浆,应采用专用拌和及运输机具。

3 同一路段左右幅施工应错开,当分层施工时,半幅两层连续施工完成并养护到位后再开始另外半幅的施工。

4 在基层(底基层)已开始施工,尚未摊铺沥青结构层之前,连续段落之间未完工的特殊桥梁、长大隧道、特殊地质路段治理等工点路基段不得作为施工运输便道。

5 取样检测后的坑洞应及时用混凝土进行回填、夯实。

6 在正式铺筑前,应铺筑试验路段,试验路段的长度应不小于200m。

4.2.2 水泥稳定碎石混合料组成设计

1 水泥稳定碎石混合料组成的设计级配范围应符合设计及现行《公路路面基层施工技术细则》(JTG/T F20)、吉林省相关地方标准要求。

2 基层(底基层)配合比组成设计建议采用C-B-1级配,同时掺入3%粉煤灰。

3 水泥稳定碎石混合料组成设计应符合下列规定:

1)按规定进行现场取样,进行水洗法筛分,按颗粒组成进行计算,确定各种碎石的组成比例。

2)按不同水泥剂量分组试验,结合设计要求分别取4~5种水泥剂量比例制备混合料,用振动成型法或重型击实法确定各组混合料的最大干密度和最佳含水率。

3)根据确定的最佳含水率,分别拌制不同水泥剂量的水泥稳定碎石混合料,按压实标准要求,采用振动成型法或静压法制备混合料试件,做无侧限抗压强度试验。

4)根据7d无侧限抗压强度设计要求,确定水泥稳定碎石的生产配合比。同时应验证所用材料的7d无侧限抗压强度与90d弯拉强度的关系。

4 水泥稳定碎石混合料组成设计应根据要求的强度标准,通过试验选择级配密实、施工和易性好的混合料,确定水泥剂量、最大干密度和最佳含水率。

5 结合地产材料特点和混合料设计要求,确定最优工程级配。用于基层的无机结合料稳定材料强度满足要求时,还应检验其抗冻和抗裂性能。

6 生产配合比完成后,调试混合料拌和机具,进行配合比验证。

4.2.3 水泥稳定碎石施工

1 准备工作面

1)应在水泥稳定碎石层施工前一天准备好工作面,经检验合格,达到结构层施工条件。

2)基层(底基层)施工摊铺机前一定范围内应配备洒水车,始终保持下承层表面湿润,对下承层局部松散及时进行清理。

2 拌和

1)拌和机应先行完成生产调试,对各料仓开口大小和皮带计量精度进行标定,施工过程中经常检查和校正。拌和机应配备自动化管理系统,拌和过程中逐盘采集并打印各个传感器的材料用量。

2)拌和厂一般应储备50%以上集料方可开展拌和工作。开始拌和前,储料仓内应备足5d的摊铺用料,以保证配合比设计矿料级配的稳定性。

3)料仓的加料应有足够数量的装载机,以确保拌和机各仓集料充足并且相互之间数量协调。拌和机在每班结束后应清理干净，检查并进行适当维护，尤其应注意避免水泥结块而堵塞水泥下料口。

4）拌和机出料应配备带活门漏斗的料仓，卸料仓开口方向应与行车方向垂直，由漏斗出料直接装车运输。装车时车辆应前后移动，分多次装料，避免混合料离析。

3 运输

1）运输车辆应采用大吨位的自卸车，车况应良好。运输车辆在每天开工前，应检验其完好情况，装料前应将车厢清洗干净。运输车辆数量应满足拌和、出料与摊铺需要，并略有富余。

2）混合料在运输过程中必须覆盖，以减少水分损失。

3）应尽快将拌和的混合料运送到铺筑现场。混合料从拌和到碾压成型所需时间不得超过水泥初凝时间，否则作废料处置。

4 摊铺

1）应选用抗离析性能强、自动化程度高、稳定性好的摊铺设备。

2）在水泥稳定碎石基层（底基层）边缘打好高程控制线支架，根据松铺系数计算松铺厚度，决定控制线高度，挂好控制线。

3）摊铺前应清除下承层，洒水湿润，并喷洒水泥净浆，水泥剂量按 1.0 ~ 1.5kg/m^2 控制。洒布长度以摊铺机前 30 ~ 40m 为宜。

4）等候卸料车辆大于 5 台后开始摊铺，并应保持连续作业。

5）一般应采用两台摊铺机梯队作业。摊铺机摊铺抗离析指标满足双车道路面施工要求，也可采用大功率抗离析摊铺机单机全断面摊铺。

6）双机梯队作业应采用同一型号摊铺机，前后相距 5 ~ 10m，前台摊铺机采用路侧钢丝和设置在路中的导梁控制路面高程，后台摊铺机路侧采用钢丝、路中采用滑靴控制高程和厚度的方式。前后两台摊铺机重叠 20 ~ 40cm，中缝辅以人工修整，应避开行车道轮迹位置。采用单机摊铺时，应采用两侧走钢丝的方法控制高程。

7）摊铺过程中应根据拌和能力和运输能力确定摊铺速度，一般应控制在 1 ~ 2m/min，中途不得随意变更摊铺速度，避免摊铺机停机待料。

8）精确控制传感器臂与导向控制线，保证结构层厚度、高程和横坡等指标。应设专人管护好导向控制线。

9）摊铺机的螺旋布料器应有 2/3 埋入混合料中，且与两侧挡板不大于 20cm。

10）摊铺机应采取降低布料器前挡板的离地高度等混合料防离析措施，摊铺机后应设专人消除离析现象，铲除局部粗集料集中部位，并用新拌混合料填补。

11）正交结构物两侧作为起点时，应采用相应厚度的垫块起始摊铺，并严格按设计要求衔接路面结构层和过渡板，不得采用人工摊铺。斜交结构物两侧等摊铺机无法工作的部位可采用人工摊铺，严格控制操作时间、松铺厚度和平整度等。

5 碾压

1）摊铺后应及时跟进全幅碾压，一般路段应遵循“先轻后重、先慢后快、先静后振、从两侧到中间”的原则，超高路段应遵循“先轻后重、先慢后快、先静后振、从低到高”的原则。

2）碾压应遵循试验段确定的程序与工艺。宜按稳压（宜采用自重 26t 双驱钢轮压路机）→轻振→重振→稳压收面的工序进行压实，直至表面基本无轮迹。

3）碾压段落必须层次分明，设置明显的分界标志，长度宜为 50 ~ 80m。碾压应在水泥初凝前完成，并达到试验路段碾压机械组合确定的碾压遍数。

4）压路机制动换挡应轻且平顺，不得拉动铺筑面。在第一遍初步稳压时，倒车后宜原路返回。换挡位置应在已压好的段落上，在未碾压的一头换挡倒车位置应错开，呈齿状，出现个别拥包时，应进行铲平处理。严禁压路机在正在碾压的路段或刚碾压完成的路段上掉头和紧急制动。

5）应采取有效措施保证结构层边缘的压实度。

6　接缝处理

1）两台摊铺机梯队施工的纵向接缝应平整密实，压路机跨缝碾压时应一次碾压成型。

2）水泥稳定碎石混合料摊铺应连续作业，因故中断时间超过 2h，则应设置横缝。每班收工之后，复工的接头断面也应设置横缝。横缝应与路面车道中心线垂直设置，接缝断面应是竖向平面。

3）接缝处平整度应符合要求，否则应进行精细铣刨或返工处理。

7　养护管理

1）碾压结束后，摊铺机及压实机具不得在新压实的结构层停机。封闭交通，经质量检查合格后立即开始养护。

2）养护宜采用土工布或节水养护膜覆盖养护，洒水保持湿润。

3）用洒水车洒水养护时，洒水车应在另幅行驶，不得用高压式喷管，以免破坏基层（底基层）结构。

4）应积极推广底基层、基层连铺施工工艺。

8　低温施工及管护

1）路面结构层铺筑前应对越冬路基进行冻害调查，并对冻害提出处理方案，处理后方可铺筑路面结构层。

2）水泥稳定碎石基层（底基层）施工期的日最低气温应在 5℃以上，应在第一次冰冻到来的 28d 之前完成施工。

3）水泥稳定碎石基层（底基层）低温（指气温为 5 ~ 15℃条件下）施工时，宜采用提高结构层早期强度的技术措施，并采取适宜的保温养护方式，入冬前应达到设计强度。

4）水泥稳定碎石基层（底基层）与沥青层宜在同一年内施工。未铺筑面层的水泥稳定碎石基层（底基层），在冬季采取覆盖等防冻措施，做素土覆盖时应采取土工布等隔离措施。

9　裂缝处理

对于水泥稳定碎石基层（底基层）上层裂缝，应先将基层（底基层）表面清扫干净，查清裂缝的位置、长度、缝宽等情况，做上标记。采用改性乳化沥青或水泥浆对清理干净的开口缝隙进行处治，防止水分浸入结构层。在裂缝处采用玻璃纤维网等对裂缝进行处理。

4.3 透层、封层、黏层

4.3.1 一般规定

1 施工气温不应低于10℃，大风、有雾、降雨或即将降雨时应停止施工，并采取保护措施。

2 施工前应用塑料薄膜将路缘石、纵向排水沟、混凝土护栏等结构物的外露部分严密覆盖，防止被沥青污染。

3 施工中应严格控制沥青用量，加强质量检测及工艺控制。

4 在正式铺筑前应铺筑试验路段，试验路段的长度应不小于300m。

4.3.2 施工要点

1 透层

1)半刚性基层顶面洒布的透层油应采用高渗透乳化沥青，其技术性能应符合设计及现行《公路沥青路面施工技术规范》(JTG F40)的规定。

2)透层油应按设计要求进行试洒，具体用量可根据现场试验确定。透层油洒布后，基层表面不得有漏洒及浮油现象，应保证在施工时不得在运料车和摊铺机等设备作用下粘起油皮。

3)透层油应采用智能型沥青洒布车洒布，洒布前应对计量装置进行标定，检查各个喷嘴是否堵塞。

4)透层油应尽早洒布，在基层碾压成型，表面稍变干燥，但尚未硬化时喷洒透层油。

5)透层每次施工段落长度根据洒布车装油的数量决定，确保每车油单幅全宽喷洒完毕。

6)沥青洒布车喷嘴的轴线应与路面垂直，并保证所有喷嘴的角度一致，同时保证洒布管的高度，宜使同一地点能够接受2个或3个喷洒嘴喷洒的沥青。

7)透层油应一次喷洒均匀，重点控制起步、终止以及纵向搭接处的洒布量。

8)透层油洒布后，如有花白遗漏现象应补洒，喷洒过量的立即撒布石屑或洒布砂吸油，必要时适当碾压。

9)洒布完成后应及时封闭交通，不得有车辆通行等损害透层的现象发生。水分蒸发后，应尽早施工下封层。

2 封层

1)橡胶改性沥青同步碎石封层的材料及用量应满足设计要求，A级橡胶粉改性沥青技术要求应符合表4.1的规定。

表 4.1 A 级橡胶粉改性沥青技术要求

项　　目	单位	指标要求	
		橡胶粉沥青	试验方法
针入度(25℃、5s、100g)	0.1mm	60～80	T 0604
软化点(TR&B),不小于	℃	60	T 0606
180℃旋转黏度	Pa·s	1～4	T 0625
5℃延度,不小于	cm	20	T 0605
25℃弹性恢复,不小于	%	75	T 0662
闪点(COC),不小于	℃	240	T 0611
储存稳定性离析,48h 软化点差,不大于	℃	5.5	T 0661
质量变化,不大于	%	±0.8	T 0610 或 T 0609
残留针入度比,不小于	%	60	T 0604
残留延度(5℃),不小于	cm	10	T 0605

2)橡胶改性沥青同步碎石封层应采用沥青洒布和碎石撒布一体的智能型同步碎石封层车施工,通过试铺确定沥青、碎石用量以及车辆行走速度等参数。

3)预拌碎石应选用单粒级碎石,按沥青混合料拌和程序拌和,拌和时间充分,沥青薄膜应均匀覆裹碎石表面,碎石在冷却后能保证个体独立,不粘连,利于撒布。预拌沥青用量(油石比)参考值为0.3%～0.5%,实际用量可根据现场试验确定。

4)橡胶沥青洒布温度宜为180～190℃,实际温度可根据现场试验确定。洒布前,应采用固定容器收集方式检验沥青洒布量。

橡胶沥青用量宜为2.0～2.5kg/m²,洒布不得出现漏洒及浮油现象,具体用量可根据现场试验确定。同步碎石封层车喷嘴的轴线应与路面垂直,并保证所有喷嘴的角度一致,喷洒应均匀,严格控制起步或终止以及纵向搭接处的喷洒数量。若局部漏洒及浮油,则应进行适当清除或者补洒。

5)预拌碎石撒布与沥青洒布同步完成,集料应撒布均匀,两幅搭接处不应漏撒或多撒,局部不均匀处应及时找补,保证压路机碾压时不粘轮。

6)碎石撒布完成后立即碾压,每次碾压重叠1/3轮宽,碾压应确保有效压实宽度。下道工序施工前,应封闭交通。

7)碾压完成后应进行制动试验,采用后轴载重50kN的车以60km/h的速度紧急制动,检验轮迹表面沥青膜是否受损。

3　黏层

1)用于黏层的材料及用量应符合设计及现行《公路沥青路面施工技术规范》(JTG F40)的规定。

2)黏层油的洒布应采用智能型沥青洒布车一次均匀洒布,没有漏油及浮油现象。洒布长度以能满足当天沥青混合料施工为宜,要求当天洒布当天施工沥青混合料,不得提前洒布。

3)黏层油用量应适量,按设计要求进行试洒,具体用量可根据现场试验确定。喷洒应均匀,重点控制起步或终止和接缝的洒布量。

4)喷洒的黏层油必须成均匀雾状,在路面全宽度内均匀分布成一薄层,不得洒花漏空或成条状,也不得有堆积。对于局部喷量过多的段落应刮除,对于漏洒的应人工补洒。在路缘石、雨水进水口、检查井等局部位置采用人工涂刷。

5)沥青洒布车喷嘴的轴线应与路面垂直,并保证所有喷嘴的角度一致,同时保证洒布管的高度,宜使同一地点能够接受2个或3个喷洒嘴喷洒的沥青。

6)黏层油洒布完成后,应及时封闭交通。后续工序施工时,车辆应减速慢行,严禁重车掉头。

7)黏层油应在当天洒布,待乳化沥青破乳、水分蒸发完成后,紧跟着铺筑沥青层,确保黏层不受污染。

4.4 热拌沥青混合料路面

4.4.1 一般规定

1 下承层验收

1)沥青面层铺筑前应检查并妥善处理基层局部病害。下封层检验以用硬物刺破后不能成片撕开剥离为合格。下封层表面浮料及杂物应清除干净。

2)中、上面层施工前应检查黏层油洒布质量,如出现多洒、少洒和漏洒等缺陷,应进行处理。

3)检查桥面防水黏结层,对局部外露和洒布宽度不足部分应进行补洒。

4)相应段落的培槽土、排水(临时排水)、路缘石等附属工程及其他交叉施工应先行实施。

2 沥青面层施工应推行"零污染施工"。应针对现场实际情况,采取措施,杜绝交叉施工和运输等污染。

3 施工气温不应低于10℃,大风、有雾、降雨或即将降雨时应停止施工。

4 面层施工应铺筑试验路段,试验路段长度应不小于200m。

4.4.2 材料要求

1 沥青混合料路面用材料的技术性能应符合设计及现行《公路沥青路面施工技术规范》(JTG F40)、《季节性冻土地区公路设计与施工技术规范》(JTG/T D31-06)的规定。

2 沥青

1)上面层宜采用90号A级道路石油沥青进行改性,其技术指标除满足I-C级要求外,PG分级应达到PG70-28。下面层改性沥青的技术指标为I-C级。

2)沥青技术要求应符合表4.2~表4.4的规定。

表 4.2 道路石油沥青技术要求

气候分区	2—2 区			
项目	单位	指标要求		
		90 号	70 号	试验方法
针入度(25℃、5s、100g)	0.1mm	80~100	60~80	T 0604
针入度指数 PI	—	-1.5~+1.0		
软化点(TR&B),不小于	℃	44	45	T 0606
60℃动力黏度,不小于	Pa·s	140	160	T 0620
10℃延度,不小于	cm	30	25	T 0605
15℃延度,不小于	cm	100		
蜡含量(蒸馏法),不大于	%	2.0		T 0615
闪点,不小于	℃	245	260	T 0611
溶解度,不小于	%	99.5		T 0607
密度(15℃)	g/cm^3	实测记录		T 0603
TFOT(或 RTFOT)后				T 0610 或 T 0609
质量变化,不大于	%	±0.8		
残留针入度比,不小于	%	57	61	T 0604
残留延度(10℃),不小于	cm	8	6	T 0605
残留延度(15℃),不小于	cm	20	15	

注:透层油、封层油(黏层油)的基质沥青必须满足上表中 90 号沥青的技术标准。

表 4.3 SBS 改性沥青技术要求

项　　目	单　　位	指 标 要 求	
		SBS 类 I-C	试验方法
针入度(25℃、5s、100g)	0.1mm	60~80	T 0604
针入度指数 PI,不小于	—	-0.4	
软化点(R&B),不小于	℃	55	T 0606
135℃运动黏度,不大于	Pa·s	3	T 0625
5℃延度,不小于	cm	30	T 0605
25℃弹性恢复,不小于	%	65	T 0662
闪点,不小于	℃	230	T 0611
溶解度,不小于	%	99	T 0607
密度(15℃)	g/cm^3	实测记录	T 0603
储存稳定性离析,48h 软化点差,不大于	℃	2.5	T 0661
TFOT(或 RTFOT)后			T 0610 或 T 0609
质量变化,不大于	%	±1.0	
残留针入度比,不小于	%	60	T0604
残留延度(5℃),不小于	cm	20	T0605

注:上面层 SBS 改性沥青性能指标除满足上表要求外,其 PG 分级必须达到 PG70-28,此项指标由沥青供应单位负责定期检测。

表 4.4 封层油(黏层油)改性乳化沥青技术要求

项目		单位	指标要求	
			PCR(SBS 改性)	试验方法
适用范围		—	封层、黏层	—
破乳速度		—	快裂或中裂	T 0658
粒子电荷		—	阳离子(+)	T 0653
筛上剩余量(1.18mm),不大于		%	0.1	T 0652
沥青标准黏度 $C_{25.3}$		s	8～25	T 0621
蒸发残留物	含量,不小于	%	50	T 0651
	针入度(25℃、5s、100g)	0.1mm	40～120	T 0604
	软化点($T_{R\&B}$),不小于	℃	50	T 0606
	5℃延度,不小于	cm	20	T 0605
	溶解度,不小于	%	97.5	T 0607
与矿料的黏附性,裹覆面积,不小于		—	2/3	T 0654
储存稳定性	1d,不大于	%	1	T 0655
	5d,不大于	%	5	T 0655

3 粗集料

1)沥青混合料所用粗集料应选用强度高、密度大、棱角性好的矿料,宜采用玄武岩、辉绿岩或安山岩等硬质石料加工。

2)沥青面层粗集料应采用坚硬、耐磨、洁净、表面粗糙的母岩加工而成,宜采用一次颚式破碎后进行二次反击式破碎加工成具有良好颗粒形状且表面具有良好微观构造的集料。各成品料出口必须安装能回收粉尘的除尘设备,保证粉尘不飞扬,不造成集料的二次污染,保证集料的粉尘含量满足要求。集料形状应接近立方体,并应具有良好的嵌挤能力。

3)上面层粗集料与沥青黏附性应为 5 级,其他各层粗集料与沥青黏附性应不小于 4 级。对黏附性达不到要求的粗集料,应掺加消石灰、水泥或改性剂等,掺量应通过试验确定。

4)粗集料严格控制 0.075mm 以下颗粒含量,应不大于 1.0%。

5)粗集料技术要求应符合表 4.5 的规定。

表 4.5 粗集料技术要求

项目	单位	上面层(下面层)	柔性基层	试验方法
石料压碎值,不大于	%	20(22)	22	T 0316
洛杉矶磨耗损失,不大于	%	25	25	T 0317
表观相对密度,不小于	t/m^3	2.6	2.5	T 0304
吸水率,不大于	%	2.0	3.0	T 0304
坚固性,不大于	%	8	8	T 0314

续表 4.5

项　　目	单位	上面层(下面层)	柔性基层	试验方法
针片状颗粒含量(混合料),不大于	%	15	18	T 0312
其中粒径大于9.5mm,不大于	%	12	15	
其中粒径小于9.5mm,不大于	%	18	20	
水洗法 <0.075mm 颗粒含量,不大于	%	1	1	T 0310
软石含量,不大于	%	2	2	T 0320
与沥青的黏附性,不小于	级	5(4)	4	T 0616
磨光值 PSV,不小于	—	42	—	T 0321

注:石料与沥青的黏附性指标为粗集料与混合料用沥青黏附性试验结果;如混合料中掺加消石灰粉,石料与沥青的黏附性指标为粗集料(通过消石灰水处理后)与混合料用沥青黏附性结果。

4　细集料

1)上、下面层细集料应采用优质石灰岩加工的机制砂(SMA 面层 2.36 ~ 4.75mm 采用机制砂)。细集料应洁净、干燥、无风化、无杂质。细集料(机制砂)技术要求应符合表 4.6 的规定,规格应符合表 4.7 的规定。

表 4.6　沥青面层细集料(机制砂)技术要求

项　　目	单　　位	指标要求	试验方法
表观相对密度	—	≥2.5	T 0328
坚固性(>0.3mm 部分)	%	≤12	T 0340
砂当量	%	≥65	T 0334
亚甲蓝值	g/kg	≤25	T 0349
棱角性(流动时间)	s	≥30	T 0345

表 4.7　沥青面层细集料(机制砂)规格

规格名称	公称粒径(mm)	水洗法通过下列筛孔(mm)的质量百分率(%)							
		9.5	4.75	2.36	1.18	0.6	0.3	0.15	0.075
S15	0 ~ 5	100	90 ~ 100	60 ~ 90	40 ~ 75	20 ~ 55	7 ~ 40	2 ~ 20	0 ~ 10
S16	0 ~ 3		100	80 ~ 100	50 ~ 80	25 ~ 60	8 ~ 45	0 ~ 25	0 ~ 10

2)柔性基层用细集料可采用机制砂或石屑,不得使用采石场的下脚料和天然砂。

3)生产细集料必须采用干燥除尘设备(如布袋除尘器)。

5　填料

1)填料应采用石灰岩或强基性岩浆岩磨细得到的矿粉,加工矿粉使用的石料与基质沥青的黏附性达到 5 级。不得使用回收粉尘。

2)矿粉必须洁净、干燥,能从矿粉仓中自由流出。

3)填料技术要求应符合表 4.8、表 4.9 的规定。消石灰粉的有效钙含量必须达到Ⅱ级及以上的钙质石灰标准要求。

表 4.8　矿粉技术要求

项　目		单位	指标要求	试验方法
表观密度,不小于		t/m³	2.50	T 0352
含水率,不大于		%	1.0	T 0103 烘干法
粒度范围	<0.6mm	%	100	T 0353
	<0.15mm	%	90 ~ 100	
	<0.075mm	%	85 ~ 100	
外观		—	无团粒结块	—
亲水系数		—	<0.9	T 0353
塑性指数		—	<4	T 0354
加热安定性		—	实测记录	T 0355

表 4.9　消石灰粉技术要求

项　目		单位	钙质消石灰粉		试验方法
			Ⅰ	Ⅱ	
有效氧化钙加氧化镁含量		%	≥65	≥60	T 0813
含水率		%	≤4	≤4	T 0801
细度	0.6mm 方孔筛的筛余	%	0	≤1	T 0814
	0.15mm 方孔筛的筛余	%	≤13	≤20	
钙镁石灰的分类界线,氧化镁含量		%	≤4		T 0812

6　纤维

沥青混合料用木质纤维、玄武岩纤维应符合设计要求,并符合表 4.10、表 4.11 的规定。木质纤维应在 250℃的干拌温度不变质、不发脆,应在库房内保存,确保不受潮、不结团。

表 4.10　木质纤维技术要求

项　目	单位	指标要求	试验方法
纤维长度,不大于	mm	6	水溶液用显微镜观测
灰分含量	%	18 ± 5	高温 590 ~ 600℃燃烧后测定残留物
pH 值	—	7.5 ± 1.0	水溶液用 pH 试纸或 pH 计测定
吸油率,不小于	—	纤维质量的 5 倍	用煤油浸泡后放在筛上经振敲后称重
含水率,不大于	%	5	105℃烘箱烘 2h 后冷却称重

表 4.11　玄武岩纤维技术要求

项　目		单　位	指标要求	试验方法
外观	结团、股纱未切断、油污合格率	%	≥90	DB22/T 2786
	纤维长度偏差率	%	≤10	
	开纤率	%	≤5	

续表 4.11

项目	单位	指标要求	试验方法
纤维直径当量值	μm	13 ~ 17①	GB/T 7690.5
纤维标准长度	mm	6、9、12②	JT/T 776.1
密度	g/cm^3	2.60 ~ 2.80	T 0330
可燃性		明火点不燃	JT/T 776.1
含水率	%	≤0.2	DB22/T 2786

注:①纤维直径偏差率应控制在 ±1μm 范围内。

②6mm 长的纤维适合用于 SMA-13、AC-13 结构,12mm 长的纤维适合用于 ATB-25 结构,其他结构可选用 6mm 长和 9mm 长的纤维。

4.4.3 沥青混合料配合比设计

1 目标配合比设计

1)AC、SMA、ATB 热拌沥青混合料配合比设计由马歇尔击实试验设计和沥青混合料性能检验两部分组成,配合比设计宜采用“骨架、嵌挤、密实”型结构。矿料级配推荐采用表 4.12 规定的区间,同时考虑原材料的差异性,可适当调整。对应表 4.12 的参考级配范围曲线见图 4.1。以此为目标配合比供拌和机确定各冷料仓的供料比例、进料速度及试拌使用。

表 4.12 沥青混合料矿料参考级配范围

矿料级配		通过下列筛孔(mm)的质量百分比(%)												
筛孔(mm)		31.5	26.5	19.0	16.0	13.2	9.5	4.75	2.36	1.18	0.6	0.3	0.15	0.075
SMA-13	上限				100	98	68	32	25	23	19	16	15	12
	下限				100	92	52	22	17	15	13	10	9	8
SMA-16	上限			100	98	82	62	32	24	22	18	15	14	12
	下限			100	92	70	46	22	16	14	12	10	9	8
AC-20	上限		100	100	90	76	66	48	37	26	18	15	11	7
	下限		100	92	80	66	54	32	23	16	10	6	5	3
ATB-25	上限	100	100	80	68	62	52	36	26	20	15	12	9	6
	下限	100	90	60	50	44	34	24	18	12	8	5	4	3

2)根据矿料料源特性、加工特性、结构层性能要求进行目标配合比设计,用于指导备料和生产配合比设计。

3)根据确定的最佳沥青用量(或油石比)、设计级配,室内拌制沥青混合料,进行沥青混合料性能检验,并注意控制沥青混合料的粉胶比、有效沥青膜厚度,所设计的沥青混合料应满足表 4.13 的规定。

2 生产配合比设计

1)拌和机筛片应根据混合料目标配合比选择筛片数量及筛孔规格。根据试拌试铺情况,适当调整筛片筛孔规格及振动筛倾角。拌和机等效筛孔参照表 4.14 执行。

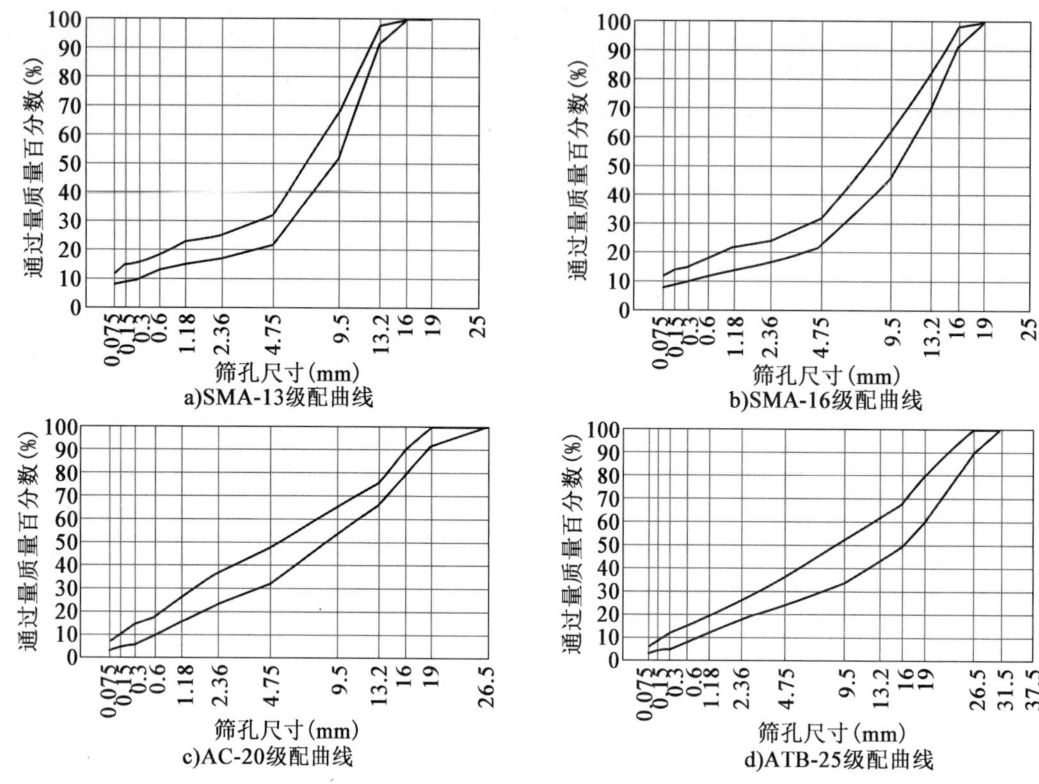

图4.1 沥青混合料矿料参考级配范围曲线图

表4.13 沥青混合料性能技术标准

试验指标	单位	SMA-16(13) (改性沥青)	AC-20 (改性沥青)	ATB-25
公称最大粒径	mm	16(13)	19	26.5
马歇尔试件尺寸	mm	ϕ101.6mm×63.5mm	ϕ101.6mm×63.5mm	ϕ152.4mm×95.3mm
击实次数(双面)	次	75	75	112
空隙率VV	%	3.5~4	3~5	4~6
稳定度,不小于	kN	6	8	15
流值	mm	2~5	2~5	实测
沥青饱和度VFA	%	75~85	65~75	55~70
矿料间隙率VMA,不小于	%	17.0	根据设计空隙率计算	根据设计空隙率计算
马歇尔残留稳定度,不小于	%	85	85	80
冻融劈裂残留强度比,不小于	%	80	80	75
动稳定度,不小于	次/mm	4 000	3 000	2 000(等厚度)
低温弯曲破坏应变,不小于	με	3 000	2 800	—
渗水系数,不大于	mL/min	80	120	—
谢伦堡沥青析漏损失,不大于	%	0.1	—	实测
肯塔堡飞散损失,不大于	%	15	—	实测

表4.14 间歇式拌和机用振动筛的等效筛孔(方孔筛)

标准筛筛孔(mm)	31.5	26.5	19.0	16.0	13.2	9.5	4.75	2.36
振动筛筛孔(mm)	35	30~32	22	19	15~16	11~12	6	3~4

2)原材料复核与拌和机冷料流量确定

对进场的原材料进行筛分试验复核,并与目标配合比设计所用原材料进行比较。

对沥青拌和机冷料仓的送料速度与电机转速的关系进行标定,并根据形成的关系曲线选定相应的电机转速进行送料。

3)确定各热料仓集料和矿粉的用量,必须从二次筛分后进入各热料仓的集料取样进行筛分,通过计算,使混合料的合成级配与目标配合比相接近,以确定各热料仓集料和矿粉的用料比例。

4)确定最佳油石比

AC型混合料取目标配合比设计的最佳油石比OAC、OAC ±0.3%和OAC ±0.6%等5个油石比,SMA混合料取目标配合比设计的最佳油石比OAC、OAC ±0.3%等3个油石比,根据计算的矿料配合比例,用试验室小型拌和机拌制沥青混合料进行试验,按目标配合比设计方法选定最佳油石比。

生产配合比确定的最佳油石比与目标配合比确定的最佳油石比之差应不超过±0.2%,且生产配合比与目标配合比设计的空隙率之差应不超过±0.2%。超出规定范围应分析原因,重新进行目标配合比和生产配合比设计,并进行混合料性能检验。

5)沥青混合料性能检验按生产配合比,用室内小型拌和机拌制沥青混合料,制备试件,进行水稳定性检验。

6)混合料车辙试验时,轮碾成型试件厚度应为50mm(ATB轮碾成型试件采用与结构层等厚度),并根据集料最大粒径选择合适的厚度。沥青混合料在进行车辙试件成型时,对于普通沥青混合料,50mm厚的轮碾次数可采用12个往返(ATB需试压测定密度后,确定试件的碾压次数)。

7)轮碾次数确定方法:根据配合比拌制几组车辙成型混合料,预估几组不同的碾压次数进行试件碾压。成型后,对成型试件进行取芯,芯样直径为15cm,待芯样风干后,对芯样进行密度试验,建立芯样“表干相对密度—碾压次数”的关系曲线,在曲线上,查出芯样表干相对密度为马歇尔试件密度100%时碾压次数,即为轮碾成型碾压次数。

8)应在试验温度为-10℃、加载速率为50mm/min条件下进行小梁弯曲试验,沥青混合料低温弯曲试验破坏应变技术要求应符合现行《季节性冻土地区公路设计与施工技术规范》(JTG/T D31-06)的规定。

9)沥青混合料5次冻融循环后的劈裂强度比应符合现行《季节性冻土地区公路设计与施工技术规范》(JTG/T D31-06)的规定。

3 生产配合比设计验证(试拌)

1)按生产配合比进行试拌,拌和机各项参数(矿料加热温度、沥青加热温度、冷料仓进料比例及进料斗速度)应按正常生产状态进行设置。

2)试拌后的沥青混合料应进行马歇尔试验或旋转压实检验,并进行沥青含量、筛分试验,混合料级配与生产配合比之差应符合现行《公路沥青路面施工技术规范》(JTG F40)的规定。

3)调整级配时适当减少靠近最大粒径的粗集料和细集料中较细部分的比例,控制矿粉比例,适当增加中间档次粗集料(如5~10mm、10~15mm)。同时应加强施工压实度控制,保证路面结构耐久性。

4)拌和机按生产配合比结果进行试拌,试铺试验段,并取样进行马歇尔试验。标准配合比中的矿料合成级配中,至少应包括0.075mm、2.36mm、4.75mm及公称最大粒径的通过率接近优选的工程设计级配范围的中值,并避免在0.3~0.6mm处出现"驼峰",对确定的标准配合比再次进行车辙试验和水稳性试验。

5)生产配合比的油石比、级配在施工过程中不得随意变更。生产过程中应加强对热料仓矿料级配和沥青混合料级配的跟踪检测,根据筛分情况及时进行热料仓比例的微调,以确保级配在允许波动范围内。单档材料比例调整超出5%、矿粉超出0.5%、沥青油石比超出0.2%,必须经充分论证后实施。当调整超出以上范围时,则必须重新进行生产配合比设计,并进行性能验证。

4.4.4 拌和机调试

1 沥青混合料拌和机在拌和之前进行调试(改造),以满足施工需要。

1)矿粉添加设备必须满足生产要求,保证足量、同步添加矿粉,避免矿粉添加不足引起停机待料,矿粉称量推荐采用自动累积流量方式。

2)矿粉储料设备容积应满足拌和机生产需要。

3)纤维投放应采用机械自动投放和计量,不得人工投放。

4)应具备单独添加石灰粉及电子计量功能,确保添加剂量准确。

5)振动筛应安装准确,保证需要的倾斜角度,减振弹簧应及时更换。

2 拌和机调试

1)根据拌和厂的单位产量、冷料传送能力和目标配合比确定各矿料比例,初步提出冷料仓料门开口大小、传送带皮带轮转速,然后逐个进行单料仓的模拟进料、烘干、除尘后,标定每个单料仓的有效进料量。根据单料仓标定数值,重新确定冷料仓料门开口大小、传送带皮带轮转速、除尘设备的除尘功率和矿料的加热时间。

2)全部开启冷料仓,进行矿料混合料试拌,根据各热料仓矿料质量和矿料筛分结果,调整振动筛筛孔。

3)依据矿料筛分结果及目标配合比,调整生产配合比矿料级配。结合料仓实际存料量,再次调整冷料仓料门开口大小、传送带皮带轮转速、除尘设备的除尘功率和振动筛的角度,使各料仓的进料比例与出料比例相匹配,避免溢料。

4)在进行矿料除尘时,应适当调整除尘功率,在尽可能除去0.075mm以下粉尘的同时,还应保证矿料混合料中0.075mm以上细集料的含量。

5)设备调试时应绘制进料曲线并反复验证,确保拌和机投料精确、稳定。

6）严格按规定频率和实际需要对振动筛进行检查和维护，破损时及时更换。

4.4.5 试验段施工

1 根据机械设备性能相匹配的原则，确定适宜的施工机械，按生产能力决定机械数量与组合方式。

2 通过试拌确定拌和机的控制参数（拌和数量、时间、温度及上料速度等），验证沥青混合料配合比设计、沥青混合料技术参数，确定正式生产矿料配合比和油石比。

3 通过试验段确定：检验沥青混合料施工性能，评价是否利于摊铺和压实，要求混合料均匀不离析、不结块；摊铺机的操作方式、摊铺温度、摊铺速度、初步振捣夯实的方法和强度、自动找平方式等；压实机具的选择、组合，压实顺序，碾压温度，碾压速度及遍数；纵缝位置；施工缝处理方法；松铺系数。

4 检查材料及施工质量是否符合要求，检查施工工艺、技术措施是否可行并进行规模生产。编写试验段总结报告。

5 试验段经检验合格后，可作为正常路段的一部分；若不符合要求，经采取补救措施后仍无法满足使用功能的路段应铲除重铺。

4.4.6 沥青混合料拌制

1 一般四车道高速公路拌和厂采用4000型及以上型号，沥青罐数量不少于5个，具有橡胶沥青拌和能力；对于六车道及以上高速公路应采用生产能力更大的生产设备。沥青混合料应采用间歇式拌和机，在施工过程中，应安排专人对沥青拌和机进行日常检查维护，确保拌和机运转正常。

2 混合料生产逐盘采集并打印各个传感器的材料用量和沥青混合料拌和量、拌和温度等参数，实时检查矿料级配和油石比，应定期对拌和机的计量和测温进行校核。

3 集料上料过程中，装载机从底部按顺序竖直装料，减小集料离析。

4 道路石油沥青混合料每盘的拌和时间宜不少于45s，其中干拌时间宜不少于5s；改性沥青混合料拌和时间适当延长，改性沥青SMA混合料拌和时间宜不小于65s。拌和时间应根据具体情况试拌确定，保证沥青均匀裹覆。

5 严格控制沥青和集料的加热温度以及沥青混合料的出厂温度，集料温度应比沥青温度高15～30℃。道路石油沥青混合料的拌和施工温度宜根据135℃及175℃条件下测定的黏度—温度曲线确定；改性沥青混合料的施工温度参考沥青供应商的技术说明。条件不具备时，可按现行《公路沥青路面施工技术规范》（JTG F40）的规定执行，并结合现场实际适当调整。

6 拌和机的矿粉仓应配备振动装置以防止矿粉起拱。添加消石灰、水泥等外掺剂时，宜增加粉料仓，也可由专用管线和螺旋输送器直接加入拌和锅，若与矿粉混合使用时应防止两者因密度不同而产生离析。遇阴雨天时，矿粉仓内矿粉应当日用完。

7 拌和机必须有二级除尘装置，及时清理除尘布袋。回收的粉尘严禁使用，直接湿排处理。

8 拌和机宜备有保温性能好的成品储料仓，储存过程中混合料降温不得大于10℃，且不能有沥青滴漏，道路石油沥青混合料的储存时间不得超过72h，改性沥青混合料的储存时间不宜超过24h，SMA混合料只限当天使用。

9 纤维材料添加必须充分分散，拌和均匀。拌和机应配备同步投料装置。松散的絮状纤维可与沥青同时或稍后采用风送设备喷入拌和锅，拌和时间宜延长5s以上。颗粒纤维与短切纤维可与粗集料同时加入，干拌5~10s。

10 使用改性沥青时，应随时检查沥青泵、管道、计量器，并及时清洗。

4.4.7 沥青混合料的运输

1 热拌沥青混合料宜采用大吨位的车辆运输，摊铺机前方应有不少于5辆运料车等候卸料，以确保现场连续摊铺需要。

2 运输车辆每天应进行工前检查，确保正常作业。装料前应将车厢清洗干净，涂抹适量的隔离剂。

3 采用数字显示插入式热电偶温度计检测沥青混合料的出厂温度和运到现场时的温度，插入深度应大于15cm。在运料卡车侧面中部设专用检测孔，孔口距车箱底面约30cm。测试方法应符合现行《公路路基路面现场测试规程》(JTG E60)的规定。

4 拌和机卸料开口方向应与行车方向垂直，放料时料车应"前、后、中"移动，分3~5次装料。

5 运料车进入摊铺现场时车轮应洁净，否则应清洁后方可进入施工现场。

6 运料车应采用厚苫布覆盖严密，苫布至少应下挂到车厢板的一半，卸料过程中宜继续覆盖直到卸料结束。在气温较低时，运料车车厢侧面、底面应加装保温层，确保混合料温度稳定。

7 卸料时运料车在摊铺机前10~30cm处停住，运料车不得撞击摊铺机。卸料过程中运料车应挂空挡，靠摊铺机推动前进。

8 运输到摊铺现场的混合料，如温度不符合要求或遭雨淋，应作废弃处理。

4.4.8 沥青混合料的摊铺

1 沥青混合料应单幅一次性摊铺，推荐采用单台大功率抗离析摊铺机摊铺，也可采用两台摊铺机梯队作业。两台摊铺机摊铺时，摊铺机必须为同一机型，新旧程度和性能相近，以保证铺筑均匀一致。

2 摊铺机开工前应提前0.5~1h预热熨平板，使其温度不低于100℃。铺筑过程中，应使熨平板的振捣或夯锤压实装置具有适宜的振动频率和振幅，以保证面层的初始压实度达85%左右。熨平板连接应紧密，避免摊铺的混合料出现划痕。

3 下面层摊铺和桥面上下铺装层摊铺时，应采用钢丝引导控制高程的方式。钢丝为扭绕式，直径不小于6mm，钢丝拉力大于800N，每10m设一钢丝支架。中、上面层应采用非接触式平衡梁控制摊铺厚度，两台摊铺机摊铺层的纵向热接缝应采用斜接缝，避免出现缝痕。两台摊铺机前后距离不应超过10m。

4 调好螺旋布料器两端的自动料位器，并使料门开度、链板送料器的速度和螺旋布料器的转速相匹配。螺旋布料器内混合料表面以略高于螺旋布料器 2/3 高度为宜,熨平板挡板前混合料的高度应在全宽范围内保持一致,减少离析现象。

5 摊铺机作业方向应与路面车辆行驶方向一致,摊铺速度应控制在 1 ~ 3m/min,根据拌和机的产量、施工机械配套情况及摊铺厚度、摊铺宽度等参数缓慢、均匀、连续摊铺。每台班一般不得擅自停机。

6 桥隧过渡段施工应提前做好下承层准备,处理好欠压实、松散、不平整等问题,及时清除松散材料和杂物。

7 摊铺过程中应随时检测松铺厚度,发现异常应立即调整。

8 路缘石、拦水带应在摊铺面层前完工,铺筑时应在靠近路缘石位置进行重点控制,确保混合料压实度。

9 更替运料车辆应快捷、有序,确保摊铺机料斗不脱料,宜减少摊铺机料斗在摊铺过程中拢料收斗。

10 沥青路面施工的最低气温应符合现行《公路沥青路面施工技术规范》(JTG F40)的要求,根据下卧层表面温度调整沥青混合料的最低摊铺温度。

11 摊铺遇雨时,立即停止施工,并清除已摊铺尚未压实成型的混合料。

4.4.9 混合料的压实与成型

1 压实机具。

1)铺筑双车道沥青路面的压路机数量不宜少于 5 台,当施工气温低、风速大、碾压层薄时,应增加压路机数量。

2)沥青混合料面层的压实应采用重型压路机,双钢轮压路机应不小于 12t,轮胎压路机应不小于 25t,必要时应采用 30t 以上的轮胎压路机进行碾压作业。压路机使用性能应良好,不得出现漏油现象。

2 应选择合理的压路机组合方式及碾压步骤。压实分初压、复压和终压三个阶段,遵循“紧跟、慢压、高频、低幅”原则。初压一般采用双钢轮压路机;AC 型混合料复压宜采用轮胎压路机,SMA 宜采用双钢轮压路机;终压采用双钢轮压路机。

3 初压。

1)摊铺之后立即进行(高温碾压),用双钢轮压路机静压 1 ~ 2 遍,碾压速度为 1.5 ~ 2.0km/h,并不得产生推移、开裂。碾压时应将驱动轮面向摊铺机,碾压路线及碾压方向不得突然改变,不得急停等。初压后检查平整度和路拱,必要时予以修整。

2)压路机应从外侧向中心碾压,相邻碾压带应重叠 1/3 ~ 1/2 轮宽,压完全幅为一遍。每条碾压带压路机折回位置都应等距错开,一遍完成进行第二遍碾压时,用压路机将所有错开的折回点打斜压平,提高平整度。

3)采用双钢轮压路机关闭振动装置静压 2 遍,其压力不宜小于 350N/cm,初压后检查平整度、路拱或横坡,必要时调整碾压工艺。

4 复压。

复压紧接初压后进行,用双钢轮振动压路机和轮胎压路机交替碾压,一般先用振动压路机碾压 1 ~2 遍，再用轮胎压路机碾压 2 ~4 遍，压实度达到要求为止。碾压速度一般控制在 2 ~3km/h，相邻碾压重叠宽度为 1/3 ~1/2 轮宽，振动压路机倒车时应先停止振动，并在另一方向运动后再开始振动。

5　终压。

终压紧跟复压进行，终压采用双钢轮振动压路机静压 2 遍，消除轮迹（碾压速度为 3 ~4km/h）。

6　为避免碾压时混合料推挤产生拥包，碾压时驱动轮应朝向摊铺机，碾压路线及方向不应突然改变，压路机起动、停止必须减速缓行，不得紧急制动，压路机折回位置应呈阶梯状，不应在同一横断面。

7　面层的碾压方式、温度按试验段总结执行，并依据气温变化进行必要调整。

8　施工现场应对碾压温度、碾压工艺进行严格控制，做到不漏压、不超压。初压、复压、终压段落应设置明显标志。

9　SMA 路面碾压应遵循“紧跟、慢压、高频、低幅”的原则，若发现碾压有推移现象，应检查级配、油石比是否符合规定，若发现玛蹄脂上浮、石子压碎、棱角磨光等应停止碾压。如采用胶轮压路机，碾压温度不得高于 110℃。

10　在当天碾压完成的沥青面层上，不得停放压路机及其他施工设备，并防止矿料、油料和杂物散落在沥青面层上。

11　宜用蘸有隔离剂的拖布擦涂轮胎，防止沥青混合料粘轮，严禁使用柴油、机油等作为压路机隔离剂。

12　钢轮压路机碾压过程中，应使用洁净的可饮用水作为隔离剂，喷水量不宜过大，使钢轮表面湿润不粘轮为度。

13　压实完成 12h 后或路面温度低于 50℃，方能允许施工车辆通行。

4.4.10　接缝

1　采用两台摊铺机梯队摊铺产生的纵向接缝应避开轮迹带，上下层错开，应采用松铺斜接缝，以热接缝形式做一次跨接缝碾压。纵向不得出现冷接缝。

2　横向施工缝应采用平接缝。横向冷接缝应用切割机具切除端部厚度不足部分，使接缝能成直角连接，并涂抹改性乳化沥青。继续摊铺时，断面应保持干燥，摊铺机熨平板从接缝处起步摊铺、碾压。上、下层横缝应错开 1.0m 以上。

3　应提前规划好每台班施工作业范围，尽可能减少施工横缝。

4.5　沥青碎石（ATB）

沥青碎石施工应严格执行技术指南第 4.4 节相关规定，还应符合下列要求：

1　沥青碎石混合料配合比设计采用大马歇尔试件的体积设计方法进行，应采用骨架密实型混合料，矿料级配组成设计应按照“均匀、嵌挤、密实”的要求进行，适当增加中间档次粗集料的用量，提高混合料的抗车辙性能。原材料指标、体积指标、混合料性能指标与季冻区气候环境特征及交通荷载情况相互匹配。

2 配和比控制。严格控制料源,石料必须满足一次颚破二次反击式破碎工艺要求,严控筛网尺寸,集料应具备强度高、密度大、棱角性好的特点。ATB 矿料级配设计以 9.5mm 档集料为主要支撑骨料,其余档材料用量向两端逐级递减,粗细集料间有效填充,均匀分布,细集料充分依附于周围粗集料,减少施工中离析现象。

3 混合料拌和控制。混合料生产应严控生产配合比,应采用合适的堆料和上料技术,控制堆料高度,严禁运输车辆自料堆顶部向下卸料,向拌和机料仓装料应均匀。应严格控制拌和机的筛网尺寸、配料精度、拌和时间,确保混合料均匀稳定。

4 混合料运输控制。拌和机卸料开口方向应与行车方向垂直,放料时料车应采用"三层九次"前、后、中平行装料。卸料应稳定连续均匀,并严格控制摊铺机收斗。

5 摊铺控制。摊铺机必须缓慢、均匀、连续不间断地摊铺,不得随意变换速度或中途停顿,以提高平整度,减少混合料的离析。当发现混合料出现明显的离析、波浪、裂缝、拖痕时,应分析原因,予以消除。

摊铺应随时控制离析,针对螺旋布料器的螺旋支杆、梯队摊铺接缝部位进行重点控制,对摊铺机布料器进行合理调整,布料器应满埋于混合料中。发生离析现象及时分析原因,妥善解决,严重的缺陷应整层铲除。

6 碾压控制。混合料初压应采用双驱双振钢轮压路机紧跟摊铺机,前进时关闭振动,后退时打开振动。压路机每次由两端折返的位置应随摊铺机前进呈阶梯状,折返位置不在同一断面上,确保碾压面均匀,不得出现漏压。压路机应在已压实的部位开启振动,采用高频低幅,振幅应与行进速度匹配,并结合碾压厚度适当调整振幅。因故不能及时碾压时,应立即停止摊铺,并对已卸下的沥青混合料覆盖苫布保温。

7 接缝控制。施工必须接缝紧密、连接平顺,不得产生明显的接缝离析。上、下层的纵缝应错开 15cm(热接缝)或 30 ~ 40cm(冷接缝)以上。相邻两幅及上、下层的横向接缝均应错开 1m 以上。接缝施工应用 3m 直尺检查,确保平整度符合要求。

4.6 水泥混凝土路面

4.6.1 一般规定

1 水泥混凝土路面铺筑前应检查验收下承层,妥善处理局部病害,表面浮料及杂物应清除干净。

2 基层常规收缩裂缝应进行灌缝处理,并骑缝布设加筋玻纤格栅;对布设的加筋玻纤格栅应采用热沥青粘贴,并采用 U 形钢钉将玻纤格栅钉牢于基层表面。当出现不规则的严重裂缝时,应将该段基层切割废弃,重新铺筑基层;废弃段基层的切缝断面应整齐,且应与路段中线垂直。

3 水泥混凝土面层施工如遇下述条件之一,不得施工:现场降雨;风力大于 6 级,风速在 10.8m/s 以上的强风大气;现场气温高于 40℃或拌和物摊铺温度高于 35℃;摊铺现场连续 5 昼夜平均气温低于 5℃;最低气温低于 -3℃。

4　正式施工前应浇筑试验路段,试验路段的长度应不小于100m。

5　施工完成后28d内不得出现断板。

4.6.2　材料与配合比设计

1　水泥混凝土路面原材料应满足设计及现行《公路水泥混凝土路面施工技术细则》(JTG/T F30)、《季节性冻土地区公路设计与施工技术规范》(JTG/T D31-06)以及技术指南第5.3.2条的要求。

2　水泥混凝土配合比设计应按现行《公路水泥混凝土路面施工技术细则》(JTG/T F30)及《普通混凝土配合比设计规程》(JGJ 55)的要求配制。

3　应根据吉林省不同区域气候条件、交通量及荷载情况、结构特性,确定有害冻融循环次数、冻融环境等级、路面使用年限,合理确定路面混凝土抗冻等级,进行专项配合比设计。

4.6.3　混凝土拌和

1　水泥混凝土拌和应采用间歇强制式拌和机。

2　应根据拌和物的黏聚性、均质性及强度稳定性试拌确定最佳拌和时间。一般情况下,单立轴式搅拌机总拌和时间宜为80～120s,净拌和时间不宜短于40s;行星立轴和双卧轴式搅拌机总拌和时间为60～90s,净拌和时间不宜短于35s;连续双卧轴搅拌楼的净拌和时间不宜短于40s。最长总拌和时间不应超过高限值的2倍。

3　混凝土拌和应满足技术指南第5.3.4条的要求。

4.6.4　混凝土运输

1　水泥混凝土的运输使用自卸车。自卸车车厢应不漏浆、加设篷盖,配置数量应满足快速施工需要,不得停工待料。自卸车车厢不得存留结硬的混凝土,不得混有杂物污染混凝土。

2　运输到现场的拌和物必须具有适宜摊铺的工作性。

3　车辆倒车及卸料时,应有专人指挥,严禁碰撞摊铺机和现场施工设备及测量仪器。运输车辆在模板或导线区掉头或错车时,严禁碰撞基准线,一旦碰撞应重新放样纠偏。

4.6.5　滑模摊铺

1　滑模摊铺机应缓慢、匀速、连续不间断作业。摊铺速度应根据拌和物稠度、供料量和设备性能控制在0.5～3.0m/min之间,一般宜控制在1m/min左右。拌和物稠度发生变化时,应先调整振捣频率,后改变摊铺速度。

2　随时调整松方高度板控制进料数量,开始时宜略高以保证进料。正常摊铺时保持振捣仓内料位高于振捣棒10cm左右,料位波动范围宜控制在±30mm之内。

3　正常摊铺时振捣频率可在6000～11000r/min之间,宜采用9000r/min左右,防止混凝土过振、欠振或漏振。根据混凝土的稠度随时调整摊铺的振捣频率或速度。摊铺机起步时,应先开启振捣棒振捣2～3min,再缓慢平稳推进。摊铺机脱离混凝土后,应立即关闭振捣棒。

4 滑模摊铺机满负荷时可铺筑的路面最大纵坡上坡5%,下坡6%。上坡时,挤压底板前仰角宜适当调小,并适当调轻抹平板压力;下坡时,前仰角宜适当调大,并适当调大抹平板压力。

5 滑模摊铺机施工最小弯道半径不应小于50m,最大超高横坡不宜大于7%。

6 单车道摊铺应配置一侧或双侧打纵缝拉杆的机械装置。多车道摊铺除侧向打拉杆装置外,还应在假纵缝位置处配置拉杆自动插入装置。

7 软拉抗滑构造时,表面砂浆层厚度宜控制在(4±1)mm,硬刻槽路面的砂浆表层厚度宜控制在2~3mm。

8 养护5~7d后方可摊铺相邻车道,严禁重车在养护面层上行驶,且不得破坏养护覆盖物。

4.6.6 三辊轴机组摊铺

1 布料应与摊铺速度相适应,卸料均匀。坍落度为10~40mm的拌和物,松铺系数为1.12~1.25。

2 布料后应及时振捣。排式振捣机振实时,作业速度宜控制在4m/min以内。

3 面板振实后,应随即安装纵缝拉杆。

4 三辊轴整平机按作业单元分段整平,作业单元长度宜为20~30m,振捣机振实与三辊轴整平两道工序之间的时间间隔不宜超过15min。

5 应及时调整轴前料位高度,料位高差宜高于模板顶面5~20mm;过高时应铲除,过低时应及时补料。

6 三辊轴整平机在一个作业单元长度内,应采用前进振动、后退静滚方式作业。滚压完成后,将振动辊轴抬离模板,用整平轴前后静滚整平,直到平整度符合要求且表面砂浆厚度均匀为止。

7 表面砂浆厚度宜控制在(4±1)mm,三辊轴整平机前方表面过厚、过稀的砂浆必须刮除废弃。

8 精平饰面应采用3~5m刮尺,在纵、横两个方向进行精平饰面,每个方向不少于2遍,也可采用旋转抹面机密实精平饰面2遍。

4.6.7 抗滑构造施工

1 构造深度应均匀,不损坏构造边棱,耐磨抗冻,不影响路面和桥面的平整度。

2 混凝土路面应采用硬刻槽,形状宜使用上宽6mm、下窄3mm的梯形槽。刻槽时不应掉边角,亦不得中途抬起或改变方向,并保证硬刻槽到面板边缘。在弯道或要求减噪的路段宜纵向刻槽。

3 混凝土抗压强度达到40%后可开始硬刻槽,并宜在两周内完成。硬刻槽后应随即将路面冲洗干净,并恢复面层的养护。

4.6.8 面层接缝

1 纵缝施工

1）当一次摊铺宽度小于路面和硬路肩总宽度时，应设纵向施工缝，位置应避开轮迹，并重合或靠近车道线，构造可采用平缝加拉杆型。纵向施工缝的拉杆可用摊铺机的侧向拉杆装置插入。

2）当一次摊铺宽度大于4.5m时，应采用假缝拉杆型纵缝，即锯切纵向缩缝，纵缝位置应按车道宽度设置，并在摊铺过程中用专用的拉杆插入装置插入拉杆。

3）钢筋混凝土面层、桥面和搭板的纵缝拉杆可由横向钢筋延伸穿过接缝代替。插入的侧向拉杆应牢固，不得松动、碰撞或拔出。

2 横向缩缝施工

1）每班摊铺结束或摊铺中断时间超过30min时，应设置横向施工缝，其位置宜与胀缝或缩缝重合，不能重合时施工缝应采用设螺纹传力杆的企口缝形式。横向施工缝应与路中心线垂直。

2）普通混凝土路面横向缩缝宜等间距布置，不宜采用斜缝。最大板长不宜大于6.0m，最小板长不宜小于板宽。

3）水泥混凝土路面横向缩缝应设置传力杆。钢筋支架应具有足够的刚度，传力杆应准确定位，摊铺之前应在基层表面放样，并用钢钎锚固。

4）横向缩缝的切缝方式有全部硬切缝、软硬结合切缝和全部软切缝三种，切缝方式的选用，应由面层摊铺完毕到切缝时的昼夜温差确定。采用硬切缝时，宜按度时积180～200（℃·h）控制切缝，具体切缝时间应参照试验段来确定，不宜迟切缝。

5）对分幅摊铺的路面应在先摊铺的混凝土板横向缩缝已断开的部位作标记。在后摊铺的面层上应对齐已断开的横缩缝提前软切缝。

6）切缝深度应为1/3～1/4板厚，最浅不得小于70mm。混凝土面板接缝应按设计要求填缝。

4.6.9 养护

1 混凝土路面铺筑完成后应立即开始养护。机械摊铺的各种混凝土路面、桥面及搭板宜采用喷洒养护剂同时保湿覆盖的方式养护，也可采用覆盖保湿膜、土工毡、土工布等洒水湿养护方式。

2 采用喷洒养护剂养护时，喷洒应均匀、成膜完整。喷洒时间宜在表面混凝土泌水完毕后进行。

3 养护时间应根据混凝土弯拉强度增长情况而定，不宜小于设计弯拉强度的80%，应特别注重前7d的保湿（温）养护。一般养护天数宜为14～21d。掺粉煤灰的混凝土面层，最短养护时间不宜少于28d，低温天应适当延长。

5　桥梁涵洞工程

5.1　施 工 准 备

5.1.1　一般规定

1　开工前施工单位应根据工程实际，编制实施性施工组织设计。技术条件复杂的桥梁，应进行多方案比选，编制安全可靠、技术可行、经济合理的专项施工技术方案和专项安全技术方案。专项方案应附安全验算结果及需要专家论证审查的结论。

2　根据现行《公路工程施工安全技术规范》（JTG F90）规定，对施工危险源进行有效辨识和施工安全风险评估。

3　开工前，应组织技术人员熟悉设计文件，领会设计意图，核对工程数量及设计文件中的错、漏、缺，应进行现场核查，全面核对坐标、高程、净空和关键部位构造尺寸。对设计文件中存在的问题以及对设计的建议，应及时上报。

4　施工单位施工组织应连续均衡，施工顺序、方法和施工机具选择应配套协调。施工过程中应不断优化施工组织，桥梁施工进度计划必须逻辑关系严密、切实可行，充分考虑冬季和雨季、材料供应等因素的影响，节点控制应有适度的富余，特殊情况应有处置预案。

5　对作业人员进行施工安全教育及技术交底。应树立全寿命周期成本理念，注重生态环境和人文环境的保护，实现工程建设与周边环境的协调与融合。

6　桥梁施工应遵守地方以及铁路、交管、水利等相关行业的规定。

5.1.2　技术准备

1　施工单位应在开工前对桥梁控制桩（中心位置、导线点、水准点）及其他测量资料进行核对、复测，墩柱放线不得使用RTK，并对测量控制标志加以妥善保护。

2　除冰盐环境混凝土应采用防腐蚀混凝土（掺加粉煤灰和减水剂、引气剂等），表面防腐处理应符合现行《公路工程混凝土结构防腐蚀技术规范》（JTG/T B07-01）以及《季节性冻土地区公路设计与施工技术规范》（JTG/T D31-06）的规定。

3　桥梁支座、伸缩装置、预应力锚具等产品采购前，施工单位应将拟采购材料的样品及检验报告报建设单位和监理单位确认，经同意后方可签订供货合同。

4　预应力锚具产品应配套使用，同一结构或构件中应采用同一生产厂家的产品，工作锚不得作为工具锚使用。夹片式锚具的限位板和工具锚应采用与工作锚同一生产厂家的配套产品，应考虑限位板槽口深度对张拉力的影响。

5　开工前应对钢筋、水泥等重要材料进行全面调查，完成原材料检验及施工配合比试验。对碎石等地产材料进行详细比选分析，优选施工原材料，保证材料供应满足需求。

5.1.3　设备配置

1　施工设备及试验检测设备配置应不低于合同约定，性能稳定可靠，生产能力满足施工需要，并具有一定的生产储备。易损件的备品、备件应齐全。

2　开工前，特种设备应取得相关监管部门的认证或使用登记，超期应重新办理。

5.2　模板与钢筋

5.2.1　模板

1　一般规定

1）单片模板及其组合结构应具有足够的强度、刚度和稳定性，能承受施工过程中所产生的各种荷载。

2）模板材料与尺寸应能与构件的特征、施工条件和浇筑方法相适应，并保证结构物各部位形状和相互位置的准确。

3）模板的构造应简单、合理，结构受力应明确，安装、拆除方便。

4）模板组（套）数应与混凝土构件数量及工期要求相匹配。

5）模板主肋和次肋的设置应满足结构刚度和施工荷载的要求，模板支架的着力点应设置在主肋上。

6）所有混凝土结构物外露部分（特殊部位除外）必须使用钢模板。新材料模板应经建设单位批准方可使用。一般单片模板面积应不小于 $2m^2$。

7）模板使用前应进行打磨抛光，保证模板表面无锈斑。外露混凝土模板优先使用模板漆。模板的板面应保持平整，接缝严密不漏浆。

8）对于特殊桥梁，推荐使用不锈钢模板或透水模板布，以提升结构的整体品质。

2　模板的设计

1）模板应进行专业设计，模板设计应经监理单位认可后进行工厂加工。模板设计文件一般应包括：设计、使用说明（工程概况和工程结构简图）；结构设计依据和设计计算书；总装图和细部构造图；制作、安装的质量验收标准和精度要求；安装、拆除时的安全技术措施及注意事项；材料的性能质量要求及材料数量表等。

2）模板设计应充分考虑混凝土重力、钢筋及模板自重、侧压力及冲击力、施工人员及施工设备、施工材料以及冬季保温设施等荷载，保证结构强度及抗变形能力。

3）模板刚度验算最大变形值不得超过现行《公路桥涵施工技术规范》（JTG/T F50）的规定。结构抗倾覆稳定系数应不小于1.3。

4）模板组合设计应优先选择大规格钢模板为主板。异型配板应合理选配，尽可能减少板块，板缝应与主板相协调，保证总体拼缝规则，易于拼装和拆卸。

5）在墩柱、梁（板）的转角处使用的模板及各种模板面的拼接部分，应采用连接简便、结构牢固、易于拆装的专用调节模板。

6)曲线、折角、弧面形的混凝土结构,如护栏底座、背(耳)墙、围挡墙的锐角边使用的模板必须为定型钢模,并对锐角边进行圆弧化处理(因圆弧化处理影响后续施工质量的,可不进行圆弧化处理,如涵洞八字墙处的圆弧化处理影响沉降缝设置)。

3 模板的制作

1)模板定制应选择规模大、生产能力强、社会信誉良好的专业厂家。监理和施工单位应进行现场监造,出厂前应进行试拼和交货检验。

2)模板实行"进场报验制",进场前由施工单位填写进场模板审批表。模板应符合表5.1 的规定,经监理单位进行专项验收合格后方可使用,达不到要求不得进场。

表5.1 模板验收标准

内容		要求
尺寸		符合设计要求,长和宽允许偏差为 +0, -1mm
模板厚度	墩柱面板	不小于5mm
	盖梁面板	不小于6mm
	预制梁(板)侧模	不小于6mm
	预制梁(板)底模	不小于8mm
板面平整度		不大于1.0mm(用2m直尺及塞尺检查)
侧模加劲梁间距		翼缘环形钢筋间距的整数倍,不影响翼缘环形钢筋安装
侧模加劲梁宽度		小于翼缘环形钢筋间距,不影响翼缘环形钢筋安装
梳形板厚度		不小于10mm
横隔板底模		使用独立的底模,不与侧模连成一体
横坡		翼缘板能根据设计要求调整横坡
相邻模板面的高低差		不大于2mm
两模板之间拼接缝隙		不大于2mm
模板接缝错台		不大于1mm
预留孔洞		符合设计要求,位置允许偏差为 ±2mm;应采用机具钻孔,严禁用电、气焊灼孔
堵浆措施		使用泡沫填缝剂或高强止浆橡胶棒,严禁使用砂石、砂浆或布条
脱模剂		专门审批,不得随意调换,严禁使用废机油

注:表中未列项目按现行《公路桥涵施工技术规范》(JTG/T F50)的规定执行。

3)梁板外模应采用标准化整体钢模,加工时应采用铣边工艺。侧模长度一般比设计梁长0.1%,与底模交接处的侧模底边应设置圆弧倒角,严禁与底模直插对接。每套模板还应配备相应的调整模块,以适应调节不同梁长、偏角的需求。

箱梁端模设计应考虑斜交角度、张拉槽口及内模安拆等因素,尽可能避免锐角处楔角薄片导致拆模引起混凝土损伤,确保侧模拼装严密。

4)在满足刚度要求下,侧模加劲肋选择宽度小于翼缘环形钢筋的设计净距,确保不影响翼缘环形钢筋安装。

5）箱梁、T梁翼缘梳形模板厚度不得小于10mm，应设置加劲肋。

6）箱梁芯模应使用定型钢模，空心板芯模可使用组合模板，不得使用气囊芯模。

7）预制梁台座应根据设计要求设置反拱，线形可按二次抛物线设置。

8）预制台座底模铺设钢板，应采用通长钢板，纵向不得有接缝，长30m以下的台座钢板横向接缝不得多于2条，30m（含）以上不得多于3条。钢板与混凝土底座应牢固密贴，不得胀缩空鼓，接缝密合平顺、无错台、不漏浆。

4 模板的安装

1）模板的安装应按设计要求准确就位，符合构件施工的工艺要求，满足钢筋安装与混凝土浇筑的需要。模板及支架不宜与脚手架或便桥连接，避免引起模板变形及影响整体稳定性。

2）预制箱梁应采用定位钢架防止混凝土浇筑过程中内模上浮，以确保顶板混凝土厚度，并应采用竖向定位钢筋保证底板厚度。

3）箱梁横隔板应采用独立的钢板底模，不得与侧模连成一体，张拉完成后才能拆除。

4）梁端预埋钢筋不得贴模预制后再扳起，端模应根据设计规定的钢筋位置、间距进行开槽、开孔。

5）有横坡变化的预制梁翼缘板模板应设置可调节螺栓螺杆，确保能根据设计要求进行横坡调整。

6）位于纵坡及曲线段桥梁预制梁板的端头模板横向、竖向角度设置应重点检查，梁体端头与桥台背墙倾角应保持一致。

7）斜交桥梁预制时应注意梁端斜面方向、斜交角度与设计一致，并应进行现场校对。

8）模板拼接局部间隙较大时，应采用灰膏或泡沫填缝剂填缝密封。各类预留孔洞、开孔等易漏浆处应采用强力胶皮、橡胶棒填缝剂等有效措施进行封堵，严防漏浆。

9）应使用高品质混凝土脱模剂，同一批次、同一部位的预制或现浇混凝土结构应使用同一种脱模剂。脱模剂不应对水泥混凝土有害，应易于脱模，不改变混凝土的本色。经现场试验和监理单位批准后方可使用。

10）混凝土浇筑前，应对底模台座反拱及模板的安装进行复查，包括螺栓（销钉）连接、拉杆、加劲肋是否牢固，钢筋定位是否准确，并检查梁体尺寸、顺直度、模板各处拼缝、模板与台座接缝及各种预留孔洞的位置。

11）轻型墩台（涵墙）模板宜采用无拉杆模板。如采用拉杆固定，拉杆直径不应小于14mm，外侧套PVC管。拆模后，应抽出拉杆，PVC套管沿台背表面切除，管内应用水泥砂浆填实封闭。

5 模板拆除与维护

1）达到设计规定的混凝土强度和养护时间方可拆除模板，设计无规定时应满足现行《公路桥涵施工技术规范》（JTG/T F50）的要求。拆除模板时，应保证混凝土结构表面及棱角不致损伤。

2）模板的拆除应遵循先支后拆、后支先拆的顺序进行，且应先拆除非承重模板，后拆除承重模板。严禁用猛烈敲打和扭曲等方式拆模,拆下的模板组件按规定摆放整齐,严禁抛、扔、乱弃。

3)拆除梁板等结构的承重模板时,在横向应同时、在纵向应对称均衡卸落。简支梁、连续梁结构的模板宜从跨中向支座方向依次循环卸落,悬臂梁结构模板宜从悬臂端开始顺序卸落。

4)模板在使用过程中应加强其维修与保养,每次拆模后应指派专人进行校正,去除污渍、锈迹、混凝土残迹,平整放置,发现变形即进行修复,并做好防雨、防尘、防锈工作。

5)模板严格按施工方案拆除,模板在拆除、吊装与运输过程中应采取有效的安全措施,防止撞击扭曲等造成板块受损。

5.2.2 钢筋

1 一般规定

1)钢筋的标准编号、产品名称、牌号、公称直径、长度及重量、力学性能、表面质量、标志以及特殊要求等必须符合国家标准,严禁使用不满足国家标准要求的杂牌钢筋和废旧钢筋。

2)施工单位签订钢筋采购合同确定钢筋生产厂家应经监理单位认可和建设单位同意。钢筋供应必须保证施工高峰期的需要。不得私自变更钢筋品牌。

3)钢筋进场前,施工单位应按设计要求、施工技术标准,对钢筋进行严格检验。监理单位严格按照规定进行抽检,检验标准按照现行《公路桥涵施工技术规范》(JTG/T F50)的规定执行。

4)钢筋运输过程中应避免锈蚀、污染、机械损伤和弯曲变形等。

5)应配置高压清洗机,在浇筑混凝土之前去除钢筋锈斑,重点针对梁板预埋外露等部位的钢筋。

6)开工前应详细核对设计文件,对钢筋构造与钢筋数量表及工程数量表进行对照复核,避免钢筋级别、直径、根数、间距、布置等出现差、漏、错。

2 钢筋的加工与连接

1)钢筋的表面应洁净、无损伤,使用前应将表面的油渍、漆皮、鳞锈等清除干净,带有颗粒状或片状老锈的钢筋不得使用。当除锈后钢筋表面有严重麻坑、斑点,已伤蚀截面时,应剔除不用。

2)钢筋弯曲成型时,应按设计一次弯曲成型,不得反复弯折,严禁热弯成型。钢筋的弯制和端部弯钩应符合设计和现行《公路桥涵施工技术规范》(JTG/T F50)的规定。

3)钢筋直径小于25mm时,优先采用闪光对焊连接。

4)钢筋直径大于或等于25mm时,应采用直螺纹机械连接。相关要求参见现行《钢筋机械连接技术规程》(JGJ 107)。

5)所有钢筋交叉点应双丝绑扎结实,必要时点焊焊牢。

3　钢筋骨架、网片的制作与安装

1)钢筋骨架的焊接拼装应在固定的工作平台上进行,箱梁、T 梁等钢筋骨架制作应采用钢筋定位模具或模架,确保钢筋位置准确。

2)横隔板钢筋安装必须位置准确,应保证梁间对接良好,无漏筋现象。

3)安装箱梁腹板和底板钢筋网片时,腹板钢筋和底板钢筋应焊接牢固。

4)梁体顶板底层横向钢筋应采用通长钢筋。

5)预制空心板铰缝钢筋安装应密贴模板,并保证有效固定,确保拆模后能够立即人工凿出。

6)箱梁底部可使用梅花形垫块并应增加保护层垫块密度,其他构件底部、外部应使用圆饼形垫块。垫块在浇筑混凝土前应保持湿润,绑扎牢固可靠,立面纵、横向间距均不得大 80cm,梁底位置不得大于 50cm,梁底每平方米垫块数量不少于 4 块,应适当加密并均匀分布于纵向主筋。垫块可购买专业厂家生产的成品,其强度不得低于梁体混凝土强度。

7)墩柱、桩基础钢筋笼保护层采用圆饼形混凝土垫块(桩基础垫块半径应略大于保护层厚度),中心预留孔穿过焊接在纵向主筋上的定位钢筋,纵向间隔不大于 2m,沿每道定位钢筋圆周对称设置不少于 4 块混凝土垫块。

8)预埋钢筋(如伸缩装置及防撞护栏预埋筋、翼缘环形钢筋、梁顶预埋门筋、桥梁墩台预埋连接钢筋等)应采取增设临时定位钢筋等辅助措施进行定位,以确保定位准确、牢固。

9)安装模板、预应力锚具、波纹管及其他预埋件时,若局部与钢筋冲突,则按设计要求进行调整,钢筋不得任意切断。设计无规定时,调整顺序为首先保证预应力管道位置,其次保证主要受力钢筋,其他钢筋可据实调弯或局部移动,钢筋弯折不大于 1:6。所有钢筋位置调整应以保证调整后的位置偏离设计位置最小、对受力影响最小为原则。

10)混凝土浇筑后,对外露时间较长的预留(埋)钢筋,如预制梁湿接缝钢筋、伸缩装置预埋钢筋、墩台预埋钢筋等,必须进行防(阻)锈处理。结合不同的情况、部位选择适合的保护及防锈措施。

5.3　混凝土工程

5.3.1　一般规定

1　混凝土应根据实际采用的原材料进行配合比设计,按普通混凝土拌和物性能试验方法进行试验、试配,以满足混凝土强度、耐久性和工作性能(坍落度等)的要求,不得采用经验配合比。

2　混凝土粗、细集料在生产、运输(倒运)和储存过程中,不得混入有害物质,现场存放应符合技术指南第 2.3.3 条、第 2.3.7 条的规定。装卸和堆放过程中,应采取有效控制措施,使集料颗粒级配均匀,保持洁净,不应混料。

3　拌和混凝土时,根据计算出的各组成材料按质量投料,并应严格按照既定的投料顺序投放，严禁私自调整投料比重或投料顺序。混凝土拌和的最短时间应满足规范要求。

4 在运输过程中应保持混凝土的均质性，避免产生分离、泌水、砂浆流失、流动性减少等现象。混凝土应以最少的转运次数和最短的时间从拌和地点运至浇筑地点，使混凝土在初凝前浇筑完毕。

5 有抗冻要求的混凝土，最大水胶比应小于0.5，掺入适量的引气剂和减水剂，同时应进行抗冻融性能试验。粗集料颗粒级配必须满足连续级配最大密实度原则，其最大粒径不大于31.5mm。粗集料的坚固性5次循环试验质量损失不大于3%，并不得含有泥块；细集料的坚固性5次循环试验质量损失不大于8%，并不得含有黏土团块，云母含量不大于1%。

6 有抗渗要求的混凝土抗渗等级应符合设计规定，粗集料必须为连续级配，其最大粒径不大于37.5mm，胶凝材料的总量不小于320kg/m^3，砂率35%～45%，最大水胶比按现行《公路桥涵施工技术规范》(JTG/T F50)的规定选用。掺加引气剂的含气量应控制在3%～5%。试配时，抗渗水压值应比设计值提高0.2MPa。

5.3.2 原材料控制

1 桥涵工程采用的水泥应符合现行《通用硅酸盐水泥》(GB 175)的规定，设计有特殊规定时，应满足设计规定。梁(板)、墩台等承力构件以及伸缩装置、护栏底座等易受侵蚀部位水泥应选用品质稳定、标准稠度低、强度不低于42.5级的硅酸盐水泥或普通硅酸盐水泥。

2 外加剂应经过有关部门检验并附有检验合格证明，其质量应符合《混凝土外加剂应用技术规范》(GB 50119)、《混凝土外加剂》(GB 8076)的规定。外加剂应与水泥、砂石材料集料等具有良好的相容性。外加剂存放管理应建立进出场台账，确保使用过程具有可追溯性。现场使用的产品必须与配合比设计采用的送样保持一致。使用前应复验其效果，使用时应符合产品说明关于混凝土配合比、拌制、浇筑等各项规定以及外加剂标准中的有关规定，并应加强过程抽检。

3 混凝土细集料应选用级配良好、质地均匀坚固、吸水率低、空隙小、洁净且粒径小于5mm的天然中粗河砂，或符合要求的人工砂。细度模数以2.6～3.2为宜。技术指标应符合相关规定。

4 混凝土粗集料应采用质地均匀坚硬、洁净、级配合理、粒形良好、吸水率低的碎石，不得使用卵(砾)石拌制混凝土。集料的外观、颗粒级配、针片状颗粒含量、含泥量、压碎值等指标应符合相关规定。

5 水泥混凝土应采用反击破碎设备生产的碎石。C30及以上混凝土(隐蔽工程除外)用碎石一般应用洗石机清洗后方可使用。

6 伸缩装置、护栏底座(防撞墙)应使用防腐蚀混凝土，掺入品质稳定、来料均匀的高品质粉煤灰、硅灰或纤维材料等外掺料，并符合相关规定。

5.3.3 混凝土配合比

应根据现行《公路钢筋混凝土及预应力混凝土桥涵设计规范》(JTG 3362)和设计提

供的环境类别、环境作用等级及工程设计基准期以及混凝土的技术要求,充分考虑吉林省严寒及除冰盐环境,精心选择原材料,进行混凝土试配,在试验检测机构的基础上优选混凝土配合比。

1 混凝土配合比应通过设计和试配选定。试配时应使用施工现场实际采用的水泥、砂石等原材料,配制的混凝土拌和物应满足和易性、凝结速度、输送方式等施工技术条件,制成的混凝土应满足强度、耐久性(抗盐冻、抗渗、耐侵蚀)等质量要求。

2 混凝土配合比应经试验检测机构平行试验验证,经批准后方可使用。针对不同的混凝土运输方式,应采用相应的配合比。

3 混凝土的最大水胶比和最小水泥用量应符合设计及现行《公路桥涵施工技术规范》(JTG/T F50)的规定。在满足工艺要求的前提下,宜减小水胶比和水泥用量,提高结构耐久性能。

4 配制混凝土的胶凝材料用量不宜超过 500kg/m^3,大体积混凝土不宜超过 350kg/m^3。

5 配制混凝土时,应根据结构情况和施工条件确定混凝土拌和物的坍落度。实际施工应充分考虑混凝土运输过程中的坍落度损失。

5.3.4 混凝土拌制

1 水泥混凝土拌和厂应符合技术指南第 2.3.3 条的规定要求,拌和设备应经标定。拌和厂出料口至运输工具顶部的倾落高度不得大于 1m,当必须大于 1m 时,应采取措施保证混凝土不出现分层离析和泥浆飞溅现象。

2 拌和混凝土前应严格测定粗、细集料的含水率,及时调整施工配合比。一般情况下每工班至少抽检 1 次,雨天应加大抽检频率。

3 混凝土拌和物应拌和均匀,颜色一致,黏稠而易流动,不得有离析和泌水现象,整体质量稳定均衡。质量控制和检验标准应满足现行《公路桥涵施工技术规范》(JTG/T F50)的规定。

4 应制订停电、设备故障等应急预案,以应对拌和厂随时可能出现的问题。

5.3.5 混凝土运输

1 混凝土的运输能力应满足混凝土浇筑速度和凝结时间的需要,使浇筑工作不间断,混凝土运到浇筑地点时仍保持均匀性和规定的坍落度。

2 当运至现场的混凝土发生离析现象时,应进行二次搅拌,但不得再次加水搅拌。

3 混凝土应使用罐车运输,并应要求运输车辆性能良好。

5.3.6 混凝土浇筑

1 浇筑混凝土前,应针对工程特点、施工环境条件事先制订浇筑工艺方案,对浇筑顺序、浇筑厚度、使用机具、防裂措施、保护层控制等做出明确规定。混凝土浇筑过程中,不得无故更改浇筑方案。

2 混凝土浇筑量较大时宜使用泵送，布料应均衡稳定，保证混凝土不出现分层离析现象。

3 混凝土应按一定厚度、顺序和方向分层浇筑，且应在下层混凝土初凝或能重塑前浇筑完成上层混凝土，不得随意留置施工缝。

4 夏季高温时期，宜避开中午高温时段，宜选择在气温相对较低的时间进行混凝土浇筑，混凝土的浇筑温度原则上控制在25℃以下。从拌和机到浇筑的时间宜缩短，并应保证连续浇筑，浇筑完成应尽快开始养护。

5 在相对湿度较小、风速较大的环境下浇筑混凝土时，应采取适当的防风措施，防止混凝土失水过快，应避免浇筑有较大暴露面积的构件。

6 浇筑混凝土期间，应设专人检查支架、模板、钢筋和预埋件等稳固情况，当发现有松动、变形、移位时，应及时加固处理，防止胀模、漏浆。

7 混凝土浇筑完成后，应及时修整、抹平混凝土裸露面，待定浆后再重复抹面并压光或拉毛。抹面时严禁洒水，并应防止过度操作影响表层混凝土的质量。伸缩装置、护栏底座、支承垫石、八字墙等重点做好抹面收光工序。

8 混凝土初凝至达到拆模强度之前，模板不得振动，伸出的预埋钢筋及模板固定杆件不得承受外力。

9 在低温条件下（昼夜平均气温低于5℃或最低气温低于-3℃）浇筑混凝土时，应采取保温防冻措施，混凝土强度达到5MPa前不得受冻。

5.3.7 混凝土振捣

1 浇筑现场应配备足够数量的振捣设备，状况应良好，且应有备用设备。

2 预制梁采用附着式振捣器配合插入式振捣器振捣，其他构件结合现场实际选用适宜的振捣方式。

3 振捣应在浇筑点和新浇筑混凝土面上进行，振捣器应快插慢拔，以免产生空洞。不得利用振捣器使混凝土长距离流动或推送混凝土，避免产生离析。

4 插入式振捣器移动间距不得超过有效振动半径的1.5倍。表面振捣器移位距离，应使振动器平板能覆盖已振实部分10cm左右。

5 分层浇筑时，振捣器应垂直插入前一层混凝土，应保证新浇混凝土与先浇混凝土结合良好，插进深度一般为5～10cm。

6 插入式振捣器应尽可能避免与钢筋和预埋构件、波纹管、模板等相接触。

7 梁体端部及T梁马蹄部应严格控制振捣工艺，必要时设置附着式振捣器。结构边角等部位应加强振捣控制，确保混凝土密实及其表面平滑。

8 在浇筑过程中或浇筑完成时，如混凝土表面泌水较多，应在不扰动已浇筑混凝土的条件下，采取措施将水排除。继续浇筑混凝土时，应查明原因，采取措施，减少泌水。

9 混凝土振捣密实的标志是混凝土停止下沉、不冒气泡、泛浆、表面平坦。振捣不能产生过振，避免粗集料下沉集中造成混凝土内部不均质，强度不一致。

5.3.8 施工缝处理

1 施工过程中原则上不设置施工缝，必须设置时应满足设计要求，且应选择在结构受剪力较小和便于施工的部位。

2 表面凿毛应使用凿毛机，梁(板)端头、翼板、横隔板端头等重要部位凿毛应实行中间交验制度。

3 在混凝土施工缝处接续浇筑新混凝土时，凿除接缝混凝土表面浮浆，不小于70%的表面应露出粗集料。

4 经凿毛处理的混凝土面应用洁净水冲洗干净，并不得存有积水。

5 施工缝为斜面时，先期混凝土应浇筑或凿成台阶状。重要部位及有抗震要求的混凝土结构，或钢筋稀疏的钢筋混凝土结构，应在施工缝处补插锚固钢筋或石榫；有抗渗要求的施工缝做成凹形、凸形或设置止水带。

5.3.9 混凝土养护

1 一般要求

1)结构物各部分构件，在拆模以前均应连续保持湿润。

2)先张法预制空心板梁一般采用蒸汽养护。

3)当结构物与流动性的地表水或地下水接触时，应采取防水措施，保证混凝土在浇筑后7d之内且强度达到设计强度的50%前，不受水的冲刷侵袭。当环境水有侵蚀作用时，应保证混凝土在浇筑后10d之内且强度达到设计强度的70%前，不受水的侵袭。

4)应按规定制作标准试块，与混凝土结构物同时、同条件养护。

5)凝土处于冻融循环作用的环境时，应在结冰期到来4周前完成浇筑施工，且在混凝土强度达到设计强度的80%前不得受冻。

2 洒水养护

1)洒水养护应用土工布覆盖，集中预制场应配备自动喷淋养护装置和喷雾器，湿养护不应间断。

2)气温低于5℃时，应采取保温养护措施，不得向混凝土表面洒水。

3)墩柱、盖梁混凝土采用土工布外罩塑料布包裹，并结合滴灌及自动喷淋洒水养护。采用宽幅塑料布外包保湿，塑料布应有效固定，接缝至少重叠15cm，并用胶带或其他方法紧密黏合，使整个混凝土表面形成完全防水覆盖。

4)梁板内箱要求蓄水养护，水深不小于10cm。

3 蒸汽养护

1)采用蒸汽养护时，应先通过试验确定养护工艺。对于掺入外加剂的混凝土构件，应经试验确认无有害影响。

2)混凝土浇筑完成后，应在养护棚内静放后再加温。气温较低时，预制台座应采用加温措施。塑性混凝土静放时间为2～4h，干硬性混凝土为1h，掺有缓凝型外加剂的混凝土为4～6h。静放温度不低于10℃。

3)采用普通硅酸盐水泥养护温度不宜超过80℃，采用矿渣硅酸盐水泥养护温度可提高到 85 ~95℃。

4）用蒸汽加热法养护混凝土时，混凝土的升、降温速度不得超过表 5.2 的规定。

表 5.2　加热养护混凝土的升、降温速度

表面系数(m^{-1})	升温速度(℃/h)	降温速度(℃/h)
≥6	15	10
<6	10	5

5）梁（板）出池或撤除保温设施时，表面温度与环境温度之差不大于 20℃。

6）必须制作同条件养护试块，张拉前对同条件试块试压，并测定其弹性模量，以强度与弹模两项指标作为张拉控制条件，严格控制梁体起拱度。

5.3.10　其他混凝土

1　泵送混凝土

1）泵送混凝土必须进行单独的配合比设计。混凝土坍落度、集料粒径、水胶比、砂率等应特别控制。混凝土泵送施工工艺见现行《混凝土泵送施工技术规程》（JGJ/T 10）有关规定。

2）在浇筑混凝土开始之前，先泵送一部分水泥砂浆，以润滑管道。最先泵出的混凝土应废弃，直到排出质量一致、和易性好的混凝土为止。

3）混凝土泵送作业，应使混凝土连续不断地输出，且不产生气泡。泵送作业完成后，管道里面残留的混凝土应及时排出，并将全部设备彻底进行清洗。

4）泵机开始工作后，中途不得停机，如非停机不可，停机时间一般不应超过 30min，炎热气候下不能超过 10min。停机期间应每隔一定时间泵动几次，防止混凝土凝结堵塞管道。

2　大体积混凝土

1）在施工前应制订专项施工技术方案，进行温控设计和温控监测，有效控制混凝土内外温差，防止开裂。

2）浇筑前应根据水泥品种和规格、配合比、气温、浇筑方式等因素计算水化热，确定浇筑方式，宜采用分层浇筑。

3）采用优化配合比、改善集料级配、降低水胶比、添加掺合料、掺加外加剂等方法减少水泥用量，延长混凝土的凝结时间。

4）混凝土浇筑尽可能安排在气温较低季节或气温较低时间段施工，控制入模温度。减少浇筑层厚度或分块浇筑，厚度大于 1.5m 的应埋设浇筑体内循环水管，以加快混凝土的散热速度。

3　片石混凝土

1）片石混凝土中片石的掺入量不得多于结构体积的 20%，并不得超过设计规定的投放数量。

2）应选用质地坚硬、密实、耐久、无裂纹、无风化的片石，最小边尺寸不得小于

150mm，强度等级应符合规定要求，并应经监理单位认可后方可使用。

3）片石在使用前应清刷、冲洗干净，并完全饱水浸泡。

4）片石应埋入下层混凝土适当深度，应均匀放入，不得接触钢筋或预埋件，其净距不小于150mm，片石表面离开墙、墩、台及基础的表面距离不得小于150mm，严禁将片石抛入混凝土内。

5）混凝土应采用分层浇筑的方式，每层混凝土的浇筑厚度不应超过30cm，大致水平，分层振捣，边振捣边加片石，片石埋入混凝土的深度为片石尺寸的一半左右。

4 防腐蚀混凝土

1）常规使用高效减水剂或与矿物超细粉双掺配制高性能防腐蚀混凝土。

2）一般应掺入超细粉（硅灰、粉煤灰）以改善混凝土内部的孔结构，提高混凝土的密实性、强度、抗渗性，改善耐久性能。

3）防腐蚀混凝土应采用较小的坍落度。

4）混凝土振捣必须做到均匀密实，应使用中低频振捣棒，并控制振捣时间，防止过振、漏振。

5）混凝土振捣密实且泌水停止后，用抹板搓出水泥浆，分3～5次抹压平整为止，严禁洒水抹面，混凝土初凝时最后一遍应精细压光，确保大面平整、密实，无裂缝，满足抗渗要求。

5 高性能混凝土

1）高性能混凝土应具备高弹性模量和高抵抗有害介质侵蚀破坏的能力，具有低干缩和徐变以及低的热变形能力。通常掺加硅粉、粉煤灰或矿渣等超细粉，水灰比一般小于0.38。

2）高性能混凝土应具有低渗透性、高耐久性，应具有良好的工作性。

3）高性能混凝土配合比耐久性按结构在设计外力作用下，在设计使用年限内不超过容许劣化状态进行设计。劣化外力一般包括气温、湿度、太阳辐射、冻害、盐害、腐蚀性物质侵蚀等。

4）高性能混凝土需掺入引气剂以提高抗冻性，混凝土的抗冻性与含气量和气泡间隔系数有关，一般含气量为4%～5%，气泡间隔系数200～250μm，但必须考虑引气剂对强度降低的影响。

5）高性能混凝土的配合比宜委托专业单位通过试验确定。混凝土的坍落度宜根据施工工艺的要求确定，条件允许时选用低坍落度的混凝土。

5.3.11 硅烷浸渍

1 硅烷材料相关技术参数符合设计要求。产品应有出厂检验合格证书，并在有效期内使用。

2 宜采用辛基或异丁基硅烷等作为硅烷浸渍材料，对侧面或仰面，宜采用硅烷膏体作为浸渍材料。

3 混凝土达到设计强度后，及时进行硅烷浸渍处理。

4 进行硅烷浸渍前,对混凝土表面进行清理,使用鼓风机清除灰尘,用高压水冲洗表面。

5 硅烷浸渍的混凝土表面应为干燥状态,表面含水率应在80%以内,表面温度应为5~45℃。

6 硅烷浸渍应连续作业,自下而上喷涂2遍,每遍间隔时间至少为2~4h,且每次需均匀、等厚喷涂,每遍喷涂用量宜为250~300g/m^2。

7 硅烷材料必须采用原液喷涂,不得与其他材料混合或稀释后使用。

5.4 桥梁基础施工

5.4.1 明挖基础

1 基坑应封闭施工,周边设置围挡护栏。当基坑周边采用板桩时,钢管可打在板桩外侧。施工光线不足时,应设置足够照明,并设置安全指令标志、严禁抛物标志、夜间反光标志、警示灯等。

2 基坑必须按设计尺寸开挖和放坡,侧壁外应留有宽度不小于1.0m的护道,护道外设截水沟,基坑周边的地表堆载不得影响基坑的稳定性,动载较大时护坡道适当加宽。应设置足够的施工作业区域,垂直作业上下设牢固通畅的专用通道,宽度不小于80cm,并设隔离防护。

3 基坑开挖前应施划出基坑的开挖线,用石灰撒线作为标志。开挖时测量人员跟随配合,挖至基底设计高程以上20~30cm停止作业。在基础施工前,人工快速挖至设计基底高程并检验地基承载力,合格后进行基础施工。

4 基坑开挖应充分考虑侧壁土压力、防水、降水、施工开挖等影响因素,开挖顺序应按规定执行,必要时进行支护,确保基坑稳定。地基处理检验后方可进行工程转序。

5 基底为非黏性土或干土时,应加以润湿,铺一层2.0~3.0cm厚的水泥砂浆垫层(水胶比略小于混凝土),垫层顶面不得高于基础底面设计高程。

6 八字墙、围挡墙基坑必须与墙身基坑同步开挖,采用钢模板同步立模,同步浇筑混凝土。

7 基坑开挖后不得受水浸泡,不得长时间暴露。可在坑内周边(基础区域以外)设临时排水沟和集水坑,以降低地下水位,以免浸泡基坑。排水系统布置合理,不得乱排污染环境。

8 基坑回填必须在隐蔽工程验收合格后及时进行,基坑回填应对称分层填筑、分层压实,分层厚度不大于50cm。回填后,及时进行地面整形及生态恢复。

5.4.2 钻孔灌注桩

1 一般规定

1)灌注桩施工前,施工单位应进行充分的现场调查,熟悉了解设计地质勘察报告和设计意图,取得全面的工程地质和水文地质资料。对于地质情况复杂的重要桥梁结构物,应请设计单位进行专项设计交底。

2）施工现场临时排水设施健全，满足施工期排水、防洪需要。

3）搭设在陆地或水中的工作平台应牢固稳定，能承受施工作业时所有静、活荷载，保证施工人员、设备能安全进、退场。

4）桩基础的护筒应独立设置，不得受围堰偏位、倾斜和扭转的影响。成孔后需对孔位、孔深、孔径及倾斜度进行检查。

5）施工便道应能满足大型施工机械通行。每个墩位设一工作平台，必须满足钻机就位钻孔、安装钢筋笼、浇筑混凝土等施工需要。

6）储浆池和沉淀池周围应设立防护设施，制浆池、储浆池应打底，固边与池侧面土体隔离，钻渣应及时清除，满足环保要求。沉淀池开挖深度不得超过2.0m。施工完成后应及时清淤回填，分层填实。

2　护筒

1）护筒制作应坚固耐用，不变形，不漏水，易安装，起拔方便，并能重复使用。一般地质条件下中、小桩径使用不小于8mm厚的钢护筒；深水、复杂地质条件下，大桩径（桩径大于1.8m）应使用厚度不小于12mm的钢护筒。

2）当护筒长度小于6.0m时，有钻杆的正反循环钻护筒内径应大于桩径20cm；无钻杆导向的正反潜水电钻和冲抓、冲击锥护筒内径应大于桩径30cm；深水区且无钻杆导向的护筒内径应大于桩径40cm。

3）护筒的埋设应严格控制平面定位，护筒底口封堵严密，不漏泥浆，尤其水中护筒必须具备足够的抗拉（压）、抗拔能力，不漏水，水头压力较大时不向内涌水。埋设控制指标应符合现行《公路桥涵施工技术规范》（JTG/T F50）的规定。

4）施工控制应考虑护筒部分桩身的摩阻力损失，避免施工原因加长护筒导致与设计计算桩长不符。

3　钻孔

1）钻机必须准确就位，开孔的孔位必须符合设计要求。冲击钻机冲击成孔时，应小冲程开孔，使初成孔的孔壁坚实、竖直、圆顺，能起到导向作用。分级扩孔钻进施工应保持桩轴线一致。

2）钻孔施工过程中，每作业班开钻和钻进过程中，均应进行钻台水平位置、高程、钻杆倾斜度、钻头中心与护筒十字线中心对中、泥浆相对密度等项目的检查，发生异常及时纠正。

3）每钻进2m（接近设计终孔高程时每50cm）或在地层变化处，应有各层地质土样，并装盒，拍照存档，作为施工原始资料。

4）钻孔灌注桩在成孔过程中和终孔后，应检验孔径，检孔器外径应等于桩孔直径，长度不得小于孔径的4～6倍。

4　旋挖成孔

1）若施工地质条件稳定，可采用干挖法进行钻孔。

2）钻孔作业时应先慢后快，开始每次进尺宜为40～50cm，确认地下是否有不利地层。

进尺 500cm 后如钻进正常，可适当加大进尺，每次控制在 70 ~ 90cm。

3）对不同的地质情况，宜采用不同的钻进速度和钻压，在黏土层、砂层等一些松软地层应采用低压快速钻进，在卵石土、风化岩等坚硬地层应采用高压慢速钻进。钻进时应经常检查钻具，防止钻具损坏发生掉钻事故。

4）旋挖时，应适当控制回转斗的提升速度，提升过慢影响工效，提升过快泥浆在回转斗与孔壁之间高速流过，冲刷孔壁，破坏泥皮，对孔壁的稳定不利，容易引起坍塌。

5 清孔

应采取二次清孔法，即成孔检查合格后立即进行第一次清孔，并清除护筒上的泥皮。钢筋笼下好浇筑混凝土前，再次检查沉淀层厚度，若超过规定值，必须进行二次清孔，二次清孔后立即灌注混凝土。清孔排渣时必须保持孔内水头，防止坍孔。

6 钢筋笼施工

1）钢筋笼制作必须采取有效措施保证骨架的刚度。可在内部设置加劲撑，以防扭曲变形，但应避免与浇筑导管冲突。加强箍筋必须设在主筋的内侧，环形构造筋在主筋的外侧，并应与主筋进行点焊。

2）每节骨架均应有成品或半成品标牌，标明墩号、桩号、节号、检验状况，安装时按编号顺序连接。制作安装质量标准应符合现行《公路桥涵施工技术规范》（JTG/T F50）的规定。

3）安放钢筋笼前必须下检孔器，确保钻孔直径和垂直度。

4）钢筋笼现场存放，应按钢筋笼直径，安放在固定支架上，支架高于地面至少 20cm，间距不大于 6m。

7 水下混凝土灌注

1）首先应准确计算首批混凝土用量，确保导管埋置深度，满足规范要求。

2）单桩水下混凝土的灌注时间不得超过首批混凝土的初凝时间。

3）必须经过料斗灌注混凝土，严禁将泵管直接伸入导管内进行灌注。

4）为防止钢筋骨架上浮，当混凝土上升到接近钢筋笼下端时，应放慢浇筑速度，以免钢筋笼被顶托而上浮。当钢筋笼被埋入混凝土中有一定深度时，再提升导管，减少导管埋入深度，使导管下端高出钢筋笼下端有相当距离时再按正常速度灌注。

5）应加强灌注过程中混凝土高度和混凝土灌注量的测量与记录工作，按照每灌注 $8m^3$（约一罐车混凝土）测一次，及时绘制成曲线，确定桩的灌注质量。

8 桩头处理

1）灌注的桩顶高程应比设计高出一定高度，一般为 0.5 ~ 1.0m，以保证混凝土强度，多余部分接桩前必须凿除，桩头应无松散层。在灌注将近结束时，应核对混凝土的灌入数量，以确定所测混凝土的灌注高度是否正确。

2）灌注桩混凝土强度达到设计强度的 100% 后，方可破除桩头，严禁采用以掏代破、爆破破除桩头。应采用“基坑开挖→高程测量→无齿锯环切（桩顶高程 2 ~ 4cm）→断桩头→吊车吊出→桩头清理”的破除工序。

3）环切时不得伤及钢筋。桩头破除后，桩顶部分微凸。

4)在破桩头过程中,应保护好桩头钢筋和声测管。

5.4.3 挖孔灌注桩

1 一般规定

1)人工挖孔施工应制订专项施工技术方案,经监理单位审核认可、批准后,方能施工。

2)场地平整范围应满足最大机械操作需要。开工前应清除坡面危石浮土,坡面有裂缝或坍塌迹象的应进行必要的处理,铲除或夯实地表土层。施工作业区域采用防护栏进行封闭,并设置安全指令标志、禁止抛物标志、夜间反光标志、警示灯等。

3)需配足工程人员、机具设备,保证连续开挖。桩孔内的作业人员必须戴安全帽、系安全带,安全绳必须系在孔口,必须采用带闭锁装置的挂钩。作业井口保证有配合人员,并不得擅离职守。

4)挖孔内的空气污染物超过现行《环境空气质量标准》(GB 3095)规定的各项污染物的浓度限值三级标准时,必须采取可靠的通风措施。人工挖孔深度超过10m时,必须采取机械强制通风措施,人工挖孔孔深不应大于15m。

5)孔内遇到岩层需爆破时,应进行专门的方案设计。

2 护壁

1)一般土石地层应设混凝土护壁。土质较差时,应采用钢筋混凝土护壁。可采用等厚度混凝土支护方法,当桩身每挖掘不大于1m深时,即浇筑护壁,厚度为10~15cm,强度等级不应低于桩身混凝土级别。护壁高度应高出原地面不小于60cm,以防止杂物或流水进入孔中。

2)锁口外边缘围护应高出地面不小于30cm,孔口周边场地应硬化,不得堆积土渣等杂物,不得停放施工机具。暂停作业时,孔口必须罩盖,罩盖与孔周边搭接长度不小于60cm。

3)遇到有特别松散的土层或流沙层时,为防止桩壁塌落及流沙事故,可采用钢护筒作为护壁,用振动锤振动下沉。

4)挖孔如遇有水渗入,应及时排水和支护孔壁,防止水在孔壁流淌浸泡而造成塌孔。施工排水应井下人员升井后再合闸抽水。

5)挖孔及支撑护壁两道工序必须连续作业,其间不得停顿,以防塌孔。

3 挖孔及终孔检验

1)作业前应对施工机械、器具进行检查调试。作业中应定期检查桩径尺寸、平面位置和倾斜度。出渣时,必须采用具有闭锁装置的挂钩,卷扬机应慢速提升。孔内应设半圆形防护板,并随挖掘深度逐层下移。

2)桩孔内应有足够的照明(防水绝缘)、通风、排气设施,同时备有逃生安全爬梯,随桩孔深放长至作业面。井下作业人员上下井应乘坐专用安全吊笼,严禁攀爬护壁或乘坐吊桶、吊绳上下井。

3)作业中应随时检查有害气体浓度,当二氧化碳或其他有害气体浓度超过允许值、腐殖质土层较厚时,应采取加强通风等措施,保证施工作业人员安全。

4)吊运物料及清渣时,提升吊索(绳)必须与吊桶锁定。挖孔较深的应在井底设置专门的半圆形钢筋防护网。挖孔弃料应远离井口堆放,并及时清理出场。

5)挖孔到达设计深度后,应进行孔底处理。清除孔底松渣、污泥等。

6)应随进度做好地质记录,核对地质资料与设计是否相符,以确定终孔高程。对有渗水的孔桩还应测定渗水量的大小,相应确定混凝土浇筑方法。

4 灌注混凝土

1)灌注混凝土前,孔内有积水或渗水的,应进行机械排水。孔底积水不应超过5cm,灌注速度应尽可能加快,降低安全隐患。

2)当自孔底及孔壁渗入的地下水上升速度较慢(参考值≤6mm/min)时,可不采用水下混凝土灌注。干法灌注导管或串筒应靠近孔中心,混凝土在导管中自由倾落,辅以插入式振捣器振捣。

5.4.4 承台

1 承台施工前首先进行场地清理,填埋泥浆池,清运钻(弃)渣等,为承台施工提供场地。

2 承台的钢筋和混凝土应在无水条件下施工。承台边坡防护、水中围堰的设置形式及施工要求应符合现行《公路桥涵施工技术规范》(JTG/T F50)的规定。

3 伸入承台的墩柱与台身钢筋应准确预埋到位,接柱部位混凝土表面应进行拉毛,其余部分顶面应抹平压光。

4 承台混凝土原则上应一次性浇筑完成。大体积混凝土施工按技术指南第5.3.10条规定执行。

5.4.5 围堰

1 一般规定

1)应熟悉和分析施工现场的地质、水文、环境等相关资料,应排查清楚施工区域内的地下管线(管道、电缆)、地下构筑物、危险建筑等分布情况。

2)施工前应根据设计文件提供的地质资料,选择适宜的围堰方式。一般情况下,土石围堰适用于水深小于3m,透水性较小的河床;钢板(管)桩、套箱围堰适用于水深3m以上,覆盖较厚的砂类土、碎石土和半干性黏土等河床及软土地区,避免大开挖的承台施工。

3)应编制钢板(管)桩、钢套箱围堰等专项施工技术方案和安全专项施工方案,并经监理单位审核批准。

4)施工现场应进行平整,水中施工时应搭设工作平台,平台可结合钻孔平台一起设置,其刚度、强度及稳定应经过计算确定。

5)围堰施工一般应自上游开始至下游合龙,堰体外坡面有受冲刷危险时,应在外坡面设置防冲刷设施。

6)钢板桩、钢管桩运到现场后应进行检查、清理,清除锁口内的杂物,对缺陷部位进行修补，桩体应顺直、宽度一致、无扭曲，锁口处应涂混合油。同一围堰需要的钢板(管)桩除角桩和合龙段外应为同一规格。

7)围堰的外形和尺寸应考虑河流断面被压缩后流速增大导致水流对围堰本身和河床的集中冲刷，以及泄洪、通航和导流的影响等不利因素，堰内平面尺寸应满足基础施工作业的需要。

8)水中围堰筑岛施工，场地布置应密切结合河道水流情况和施工需要，以对河流影响最小为原则，做到场地布设合理、施工作业方便、安全设施健全可靠，同时满足自身稳定和防洪要求。

9)围堰位于通航区域时，应采取标准反力型橡胶护舷，作为围堰的柔性导向设施，减缓船只等偶然因素冲撞。

2　土石围堰

1)筑堰材料宜用黏性土、粉质黏土或砂夹黏土，填土应自上游开始至下游合龙，超出水面之后应进行夯实。

2)必须将堰底下河床底上的杂物、石块及树根等清除干净，保证填料坐落在坚实的基础上，起到较好的隔水作用。

3)填筑的围堰应具有密实度，满足一定的承载能力。必要时可在土体范围内注入水泥浆，防止透水。

4)堰顶宽度可为1～2m，机械挖基时不宜小于3m，堰外边坡迎水流一侧坡度宜为1:2～1:3，背水流一侧可在1:2之内，堰内边坡宜为1:1～1:1.5，内坡脚与基坑的距离不得小于1m。

5)土袋围堰袋中宜装不渗水的黏性土，围堰中心部分可填筑黏土及黏性土芯墙。堆码时土袋的上下层和内外层应相互错缝，搭接长度宜为1/2～1/3，堆码应密实平整。

6)各笼体围堰(竹笼、木笼、钢笼围堰)的制作应坚固，并应满足使用要求，围堰的层数应根据水深、流速、基坑大小及防渗要求等确定，宽度宜为水深的1.0～1.5倍，并宜在堰底外围堆填土袋，防止堰底渗漏。

7)围堰顶面的高程应高出施工水位(包括浪高)0.5～0.7m。

8)围堰沉降稳定后方可进行基坑排水，排水时应控制水位降速。

3　钢管(板)桩围堰

1)钢板桩可用锤击、振动、射水等方法下沉，但黏土中不宜使用射水下沉法。

2)钢板桩的机械性能和尺寸应符合规定要求。经过整修或焊接后，钢板桩应用同类型的钢板桩进行锁口试验、检查。接长的钢板桩，其相邻两钢板桩的接头位置应上下错开。

3)施打钢板桩前，应在围堰上下游及两岸设测量观测点，控制围堰长、短边方向的施打定位。施打时必须备有导向设备，以保证钢板桩的位置正确。

4)施打前应对钢板桩锁口用防水材料捻缝，以防漏水。

5)施工平面桩和角桩时必须保证板桩垂直，如发现偏斜必须予以纠正，施打过程中，应随时检查桩的位置是否正确、桩身是否垂直，并应纠正或拔出重打。

6)施打顺序应从上游向下游合龙。应随着土方开挖或排水深度的增加逐层安装围囹或内支撑,内支撑数量和焊接质量必须符合设计和规定要求。

7)钢板桩使用完成后,首先拆除内支撑,按照插打的反向顺序拆除板桩。

4 有(无)底钢套箱围堰

1)钢套箱应根据工程现场的实际情况进行专门设计,由专业单位制作,且宜先分块制作,再在现场拼装成型。

2)无底套箱下沉就位前,应利用灌注桩、钢管桩等调整位置,保证精确就位。就位后应立即设置锚固定位系统,确保套箱保持稳定。封底混凝土厚度应满足施工安全需要。

3)有底套箱封底混凝土施工前,应对套箱侧壁、底部和钢护筒壁(或桩身)进行清理,避免形成夹层漏水。

4)封底混凝土达到设计强度的75%后方可抽水,并对套箱四角及原施工平台进行沉降观测,同时应对套箱的变形进行监测。

5)承台、墩身施工完成后,即可拆除套箱。拆除时应先向套箱内灌水,然后逐步解除支撑系统,松开螺栓,拆除回收套箱侧板。

5.5 桥梁下部施工

5.5.1 墩台身

1 墩台身应采用大块组合钢模,浇筑前应对模板的定位、尺寸、接缝等进行全面检查。

2 墩台身施工的平面位置必须符合设计要求,垂直度应严格控制。模板在安装过程中应通过量测监控措施保证墩、台身的垂直度,并采取有效的防倾覆措施。

3 桥台背墙顶面的伸缩装置钢筋预埋高度、间距等应严格按照设计文件执行,不得有缺失。

4 桥台侧(耳)墙护栏钢筋预埋位置应准确,确保与主梁护栏线形顺适。

5 沉降缝自上而下竖直方向应严格对齐,定位牢固,否则应拆除重做。

6 沉降缝断缝板外露面应剔掉一定厚度,然后用沥青麻絮填塞。填缝应填满抹平,规整、顺直,无翘边、无变形,且不得污染墙身。

5.5.2 墩柱、系梁与盖梁

1 墩柱、盖梁施工立模的平面位置必须符合设计要求,垂直度应严格控制。模板在安装过程中应通过量测监控措施保证墩、台身的垂直度,并采取有效的防倾覆措施。对高墩且风力较大地区的墩身模板,应考虑抗风稳定性。

2 墩柱、盖梁模板应采用定型钢模。模板面板的最大变形量不应超过1.5mm,相邻模板间接缝应严密不漏浆。

3 柱接桩形式,墩柱钢筋与桩基钢筋必须按设计要求焊接连接。

4 位于曲线上的墩台,放样立模应严格按照设计超高确定盖梁顶面高程。

5 系梁、盖梁的施工应采用托架、支架或抱箍等临时结构，并进行受力分析计算和验算，严禁采用剪力销替代模板托架。

6 40m 以上高墩一般应安装电梯，定期对电梯预埋件和支架的稳固性、电梯的紧急制动装置、电梯的定点制动装置（上下端点制动）等进行检查，设专人驾驶。严禁人员乘坐运送施工料具的吊篮。

5.5.3 支座垫石

1 墩台帽（盖梁）模板和支座垫石模板应同步安装，保证牢固不变形。支座垫石内有钢板时，应在绑扎墩台帽（盖梁）和支座垫石钢筋时，将焊有锚固钢筋的钢垫板安设在支座的准确位置上，将锚固钢筋和墩台帽（盖梁）钢筋焊接固定。

2 支座预埋钢板必须按设计涂刷防腐漆，钢板宜由支座生产厂家配套生产。

3 浇筑墩台混凝土前应重新核定纵、横向轴心线，以确保墩台帽（盖梁）中心、支承垫石位置、方向与垫石顶面水平度（倾斜度）、高程等满足要求。

4 浇筑混凝土应从墩台帽下 25 ~ 30cm 处与支座垫石一次浇筑完成。支座垫石钢板预埋应保证位置准确，保持钢板顶面水平，钢板四角高程与混凝土顶面齐平，不得有凹陷或凸起。浇筑过程中应随时检查与校正钢板位置，钢板底部混凝土应振捣密实，不得出现局部脱空。

5 支座垫石混凝土应严格控制泌水率与收缩率，并应严格控制垫石抹面，保证平整光洁、密实，高程准确。

5.6 装配式混凝土梁桥

5.6.1 梁（板）预制

1 立模后应校核梁长，其长度及立面竖向、斜向偏转角度等均应符合设计要求。

2 箱梁钢筋骨架应在钢筋加工厂利用定位模架制作，然后整体吊装入模。

3 预应力锚具的材料硬度、规格应符合规定要求；锚垫板厚度、边长及锚下螺旋筋匝数、结构尺寸均应符合设计要求；应确保锚垫板与预应力束垂直，锚垫板中心应对准波纹管中心。

4 波纹管应采用环形或 U 形定位筋准确进行定位，波纹管定位环形或 U 形定位筋焊接时应位于腹板中心，不得贴在一侧，波纹管定位应准确。曲线每 40cm 设置一道定位筋，直线每 80cm 设置一道定位筋。

1）圆波纹管在浇筑前应穿入比其内径小 1.0cm 的有一定变形能力的塑料管，扁波纹管并排穿入合适根数的小塑料管，填充适当，防止波纹管挤压变形、漏浆。塑料衬管应在混凝土初凝后及时抽出。

2）波纹管连接应采用专用的管节接头，确保不漏浆。波纹管的材质、壁厚、环刚度等需满足有关要求。

3）端部负弯矩波纹管应伸出混凝土 5 ~ 10cm，不得过长或过短，并包裹进行保护，以便吊装后进行连接。

5 调平钢板应根据设计要求精确定位,确保支座安装后受力均匀。

6 对于曲线(斜弯)梁桥,梁体钝角边配筋密集,钢筋安装难度大,易产生冲突,应以保证受力主筋位置为原则,严禁私自减配钢筋。应配备适宜的振捣器保证振捣到位,不得出现漏振,保证钢筋(束)密集区混凝土密实。

7 预应力锚下及管道密集处混凝土应振捣密实,不得出现孔洞。

8 横隔梁钢筋预留长度、直径、定位必须符合设计要求。模板应独立设置,定位准确,不变形、不漏浆。

9 混凝土浇筑完成后,梁顶部位应抹平,并用专门的工具进行表面拉毛。应严格控制拉毛时间和拉毛深度,不得对顶板混凝土强度造成损伤,严禁作业人员对梁顶的踩踏等扰动损伤。

对需凿毛部位,拆模后应立即用专用凿毛机进行凿毛。重点是梁体端头、翼板边缘、横隔板侧面等,监理单位应进行专项检查。

10 箱梁预制完成后,应及时清理箱内垃圾,疏通泄水孔,保证箱内积水排出,避免冬季冻胀导致梁体破坏。

5.6.2 预应力施工

1 先张法施工

1)先张法的台座应进行专门设计,应具有足够的强度、刚度和稳定性,其抗倾覆安全系数应不小于1.5,抗滑移系数应不小于1.3。

2)锚固横梁应具有足够的强度、刚度和稳定性,受力后挠度应不大于2mm。

3)先张法预应力筋宜整体张拉,整体张拉前应先调整单根初应力,使之相互之间应力一致。

4)预应力筋放张时构件混凝土的强度和弹性模量(或龄期)应符合设计规定。设计未规定时,混凝土的强度应不低于设计强度等级值的80%,混凝土龄期不小于7d,弹性模量应不低于混凝土28d弹性模量的80%。

5)预应力筋放张之前,应将限制位移的侧模、翼缘模板或内模拆除。

6)放张顺序应符合设计规定。设计未规定时,应按照分阶段、均匀、对称、相互交错的原则进行放张。

7)长线台座上预应力筋的切断顺序应由放张端开始,依次向另一端进行。

2 后张法施工

1)梁体混凝土强度、弹性模量达到设计要求并相对均衡时进行预应力张拉,确保同类梁板起拱均匀协调。预应力应对称张拉,当布置千斤顶有冲突时,应按设计的顺序合理调整千斤顶布置,对称均匀张拉,避免梁体产生侧弯。采用智能张拉系统,张拉设备应能记录张拉力、自动计算伸长值、锚固回缩量,实现张拉数据溯源,自动控制两台或多台千斤顶同时、同步对称张拉,实现“多顶两端同步智能张拉”工艺。

2)预应力筋应在梁体张拉前穿入孔道,混凝土养护期间不得穿入预应力筋。

3）施工中应采取塑料布等对露出构件预应力管道外的预应力筋进行覆盖、包裹，且应避免雨水或养护用水进入预应力管道，防止钢绞线污染或锈蚀。

4）预应力筋应先编束，宜每隔1.0～1.5m绑扎一道，对每根预应力筋的首尾部应进行编号（每根预应力筋两端的编号应相同）。然后整束穿入管道，保证预应力筋的顺直，不扭转，相互平行。穿束前宜采用通孔器疏通预留管道，穿束安装时应严格控制每根预应力筋的相对位置（两端对应、平行）。

5）张拉时混凝土的强度应不低于设计强度等级值的80%，混凝土龄期不小于7d，弹性模量应不低于混凝土28d弹性模量的80%。

6）张拉后切割钢绞线时不得损伤锚具，切割后预应力筋的外露长度不应小于30mm，且不应小于1.5倍预应力筋直径。锚具应采用封锚混凝土保护，当需长期外露时，应采取防止锈蚀的措施。

3　孔道压浆

预应力孔道压浆应采用智能循环压浆工艺，压浆台车应带智能控制系统。预应力张拉后应及时压浆。

1）压浆材料应具有低水胶比、高流动度和零泌水的特性，应采用专用压浆料或专用压浆剂配制的浆液，其性能指标及压浆作业要求应符合现行《公路桥涵施工技术规范》（JTG/T F50）的规定。

2）水泥应采用性能稳定、强度等级不低于42.5级的低碱硅酸盐水泥或低碱普通硅酸盐水泥，水胶比、泌水率、浆体流动度等要求应满足现行《公路桥涵施工技术规范》（JTG/T F50）的有关要求。适量掺入微膨胀剂高强硅灰，弥补浆体硬化时的收缩，微膨胀剂不得降低混凝土强度，硅灰掺量为20.0kg/m^3。

3）浆体搅拌必须严格按照试验室的配合比进行施工，搅拌前所有材料包括用水必须精确计量，称量误差精确到±1%。

4）浆体流动度与水胶比由压浆台车上自带智能测试系统测试，初始流动度应满足10～17s的质量要求。水泥浆自拌制完成至压入管道时间间隔不得超过40min，且在使用前和压注过程中应连续搅拌，对因延迟使用所致流动度降低的水泥浆，不得通过额外加水增加其流动度。

5）智能循环压浆次序应自下而上，由下一管道进浆循环至上一管道出浆，使浆液在循环管道内满管路持续循环，排尽管道内空气，压浆过程浆液在管道内循环。压浆应连续进行，一次压完，避免孔道漏浆将临近孔道堵塞。压浆过程中应经常检查压浆管道是否堵塞和漏浆。压浆结束后，应留置压浆阀，待浆液终凝后方可拆除压浆阀。

6）施工时，应由具有智能循环压浆施工经验的预应力体系生产厂家进行技术指导。

4　封锚

1）压浆完成后，应及时对锚具按设计要求进行封闭保护或防腐处理，需要封锚的锚具，应在压浆完成后对梁端混凝土凿毛并将其周围冲洗干净，设置钢筋网浇筑封锚混凝土，封锚应采用与结构件同强度的混凝土并严格控制封锚后的梁体长度。长期外露的锚具，应采取防腐措施。

2)封锚混凝土水胶比不应过大,并振捣(插钎)到位,不得漏振出现孔洞,确保锚具周围混凝土密实。

5.6.3 梁(板)安装

1 一般规定

1)小于或等于30m跨径的预制梁(板),结合地形条件,可采用吨位符合要求的自行式吊车架设。吊装作业至少采用两台吊车,并应注意吊车相互配合。

2)大于30m(含)的梁应使用双导梁架桥机、跨墩龙门架或其他专用大型机具设备,不得使用单导梁架设。架桥机应经具有相应检测资格的检验机构检验并办理使用登记。

3)中途停工或架设完毕后,必须及时将架桥机移至专门的停放场地,严禁架桥机(具)在施工位置长时间停放。

4)跨越公路、铁路、航道时,应提前做好各项架设准备工作,尽可能缩短架设时间,快速安装到位,并设置有效的防护措施,减小对外界的影响,保证施工安全。

5)梁(板)安装施工期间及架桥机移动过孔时,严禁行人、车辆和船舶等在作业区域的桥下通行。

2 施工准备

1)应首先进行作业环境调查,针对运输、架设作业范围内的障碍物、高压输电(塔)线路等应制订专项避让作业方案。

2)认真进行下部结构及支座位置、高程、水平度等的复检工作,支座垫石顶面及梁底面必须清理干净。

3)对拟吊装的梁、板逐片进行检查,重点是泄水孔疏通、箱内废旧模板等垃圾清理,并核对梁体编号,确保准确就位。

3 施工要点

1)梁(板)一般应按设计要求进行架设安装。当采用其他方式架设时,应经监理单位同意。如需通过已架设的单梁运输架梁时,应对单梁进行施工荷载验算,验算通过方可施工,并采取有效的单梁固定及压力扩散措施,连接好横隔板、顶板预埋钢筋,并加铺轨枕等,保证梁体结构安全和运输吊装安全。

2)应严格按照设计吊装位置起吊,起吊点应设在梁体的理论支撑线上。

3)移梁、架设应缓慢进行。预制梁运输、起吊、安装应注意保持梁体的横向稳定,避免倾覆,移动过程中应防止外部作用(撞击等)损伤梁体,采用钢丝绳兜底吊装时应采用隔离措施(如加设护瓦)保护梁体。

4)架桥机过孔时必须严格按照规定程序操作,支撑横梁应保持水平,前后天车与主梁连接牢固,支腿稳定可靠,起重小车置于稳定最有利位置。尤其有曲线、纵坡时,不允许有溜车、滑行等现象。架桥机应一次过孔,不可中途停机,保证匀速平稳移位,避免出现失稳侧翻等事故。

5)应严格控制就位安装。安装在同一孔跨的梁(板),其预制施工的龄期差不宜超过10d。梁(板)上有预留孔道的,其中心应在同一轴线上,偏差应不大于4mm。支座应准确就位,应避免梁(板)的支承出现脱空现象。

6)梁(板)安装就位后,应及时设置保险跺或支撑将构件临时固定。对横向自稳性较差的T形梁和I形梁等,应与先安装的构件进行可靠的横向连接,防止梁体出现倾倒。应及早安排横隔板、顶板预埋钢筋的连接作业及后续施工。

7)梁(板)之间的横向湿接缝,应在一孔梁(板)全部安装完成后方可进行施工。钢筋连接应避免引起梁体移位。湿接缝底模应采用具有足够强度和刚度、平整密实的钢模板,横向尺寸适当,保证与梁翼板底面密贴。应减少接缝,局部接缝不严应用填缝剂填缝,不得漏浆。

8)梁(板)安装完毕后再次检查桥梁支座,应检查桥梁支座水平度、位置及受力状况等是否符合设计要求。对球型支座等应及时解锁,安装防尘罩。

5.6.4 简支转连续施工

1 混凝土施工

1)简支转连续梁的施工工序应严格按设计执行。

2)当采用砂箱作为临时支座时,应通过试验取得砂箱在受力以后的预留沉降量,预制梁的安装高程与设计高程一致,并保证砂箱密封。采用其他临时支座时,应保证稳定可靠,并便于拆除。

3)浇筑混凝土前应再次检查模板支撑、接缝、吊杆等,严防胀模、漏浆。连续端现浇混凝土浇筑前,应将对应的顶板负弯矩钢束预应力束孔道相接顺适,确保连接密封、不漏浆。

4)主梁间湿接缝底模应采用具有足够强度和刚度、平整密实的钢模板,横向尺寸适当,保证与梁翼板底面密贴。应减少接缝,局部接缝不严应用填缝剂填缝,不得漏浆。

5)用苯板等轻质可压缩材料将伸缩装置部位的梁端缝隙塞填严密,阻止浇筑混凝土下落,并能满足梁端自由伸缩。同时应做好伸缩装置预埋连接钢筋的保护,避免行车碾压、人为弯折等导致钢筋缺失、扭曲变形等。

6)逐梁检查支座位置、高程平整情况,支座与梁体、垫石接触情况等。

2 预应力施工与体系转换

1)负弯矩预应力施工前应做好孔道封口保护及锚垫板的检验清理。

2)端部负弯矩预应力波纹管预留长度为5~10cm,不得过长或太短,并密封包裹进行保护。

3)现浇混凝土强度达到设计要求后,方可穿束、张拉负弯矩预应力束。

不得先穿束后浇筑梁端连续段混凝土。穿束前,应对预留孔道用通孔器或其他可靠方法进行孔道检查。

4)张拉负弯矩钢束时,严禁随意切断张拉槽口处纵、横向钢筋。

5)预应力孔道压浆应采用智能循环压浆工艺,压浆台车应带智能控制系统,压浆工艺参照技术指南第5.6.2条规定执行。张拉后进行压浆。浆体强度达到设计要求后方可拆除临时支座,完成体系转换。

6)临时支座的拆除时间与拆除顺序应按设计要求执行。拆除临时支座应选择气温较低时段，防止高温、偏载、定位不准等因素导致支座变形。

7）临时支座拆除后，拆除连续接头段底模，并将垫石顶面清理干净。

5.7 现浇混凝土梁桥

5.7.1 悬臂现浇施工

1 一般规定

1）在预应力混凝土梁施工前，施工单位应将施工组织设计（包括拟采用施工工艺、施工控制，施工挂篮的说明、设计、静力及变形计算等资料）、专家评审通过的专项施工方案报请监理单位审批。未获批准不得施工。

2）悬臂浇筑应由具有成熟监控经验的监控单位对桥梁线形、应力等指标进行独立监控量测，指导现场施工。

3）挂篮制作、进场按照模板报验制程序执行，经试拼合格后方可使用，挂篮的最大变形量（包括吊带变形的总和）应不大于20mm。

4）悬臂浇筑混凝土配合比试验除强度指标外，还应做弹性模量指标试验，确定85%及100%弹性模量的龄期时间，以作为节段张拉时间的依据。

5）悬臂浇筑施工的预应力张拉、压浆控制应严格按设计及规定执行。

2 挂篮设计与安装

1）挂篮设计验算应包含设计依据、使用软件、原材强度取值及依据、原始数据及说明、计算结果及说明、细部结构验算结果及说明、工况分解使用说明书、拼装拆除作业指导书、预留孔位置示意图等。

2）挂篮行走系统应采用自锚结构，自锚行走系统必须满足局部应力集中的极端工况验算要求。

3）挂篮与悬浇梁段混凝土的质量比不宜大于0.5，且挂篮的质量应控制在设计规定的限重之内。

4）在浇筑混凝土状态和行走时的抗倾覆安全系数、自锚固系统的安全系数、斜拉水平限位系统的安全系数及上水平限位的安全系数均不应小于2。

5）挂篮主桁架应合理设置，不得影响竖向预应力张拉作业。

6）挂篮上应设计牢固的通向各个工作面的安全通道、临边防护护栏、照明接入点、喷淋养护水管接入点、张拉吊具吊点、小型机具及材料存放柜等配套设施。

7）挂篮应采用模块化设计，保证大多数构件的通用性，避免因使用中构件材料损坏影响施工。外模板应采用大块整体钢模，内模板可用钢木结合模板，对变横坡桥梁，模板应设计相应的调节顶杆，进行变坡调整。

8）构件连接宜用销接或栓接模式，宜减少焊连方式。吊杆连接应采用万向节，避免发生断裂事故。

3 静载试验

应选取对挂篮施工的最不利工况进行验算，静载试验报告应包括以下内容：

1)编制依据(设计、计算书);

2)方案执行程序;

3)加载等级计算结果列表及图示;

4)加载设备及各项荷载换算的配重或油表读数;

5)各级读数下的挠度测量结果(监理签认);

6)数据分析表及结论。

4　0号块施工

1)现浇连续梁、悬臂梁桥等非刚构桥均应设置临时梁墩锚固或支承措施,使0号块梁段能承受两侧悬臂施工时产生的不平衡力矩,不平衡力应满足设计规定值。

2)施工托架除考虑强度要求外,还应尽可能增大托架主桁的刚度与整体性,采用大型型钢、板梁、贝雷梁或节点较少的组合体系进行拼装,并采用预压、抛高(预留沉降度)及调整措施,以减少托架变形对混凝土质量的影响。

3)应采取配合比优化、增设冷却管等控制水化热温度的措施,以保证构件有足够的强度和耐久性。

5　悬臂段施工

1)挂篮就位后,安装并校正模板吊架,并根据实际情况进行抛高,以使施工完成后的桥梁符合设计高程。抛高值包括施工期结构挠度、因挂篮重力和临时支承释放时支座产生的压缩变形。

2)模板安装应核准中心位置及高程,模板与前一段混凝土面应平整密贴。如上一节段有所偏差,应在模板安装时予以调整。

3)安装预应力预留管道时,应与前一段预留管道严密对准,并采用专用的管节接头相接,防止灰浆渗入管道。

4)底板钢筋与腹板钢筋应连接牢固,应采用焊接。底板上、下两层钢筋网应采用两端带弯钩的竖向钩筋进行连接,使之形成整体骨架,并应在设计之外加密设置,以确保在预应力张拉过程中底板不致崩裂。腹板竖向两层钢筋网亦应按照底板同样处置。顶板底层的横向钢筋应采用通长筋。

5)加强对梁段内模(重点是箱内预应力齿板的异形模板)安装的质量控制,要求模板定位准确,拉杆悬吊控制得当,接缝拼装严密。防止箱内胀模、漏浆,梁段混凝土超方,导致线控高程偏离过大。

6)悬臂浇筑施工应对称、平衡地进行,两端悬臂上荷载的实际不平衡偏差不得超过设计规定值,且不超过梁段重的1/4。施工临时荷载严格按相关规定管控。

7)悬臂梁段应全断面一次浇筑完成。从悬臂端开始,向已完成梁段推进分层浇筑。浇筑时应加强振捣控制,尤其应加强角隅和管道密集部位的振捣,并注意对预应力预留管道的保护,保证预应力束管道(尤其是长束)和备用管道的有效性。

8)悬臂浇筑的施工过程控制应遵循变形和内力双控的原则,以变形控制为主。悬浇过程中梁体的中轴线允许偏差应控制在5mm以内,高程允许偏差为±10mm。

9)按照设计规定的工序和要求张拉预应力束。纵向预应力长束张拉持荷时间宜增加1倍。当钢束伸长值不满足要求时，可采取补张拉或反复张拉措施，但张拉力不得超过设计规定最大控制应力。横向预应力采用一端张拉时，其张拉端应在梁两侧交错布置。竖向预应力应采用反复张拉方式进行，以消除锚固预应力损失，反复张拉次数应以钢束的伸长值是否达到要求且是否可靠锚固而定。

10）梁段浇筑完成后应立即进行保湿养护，应采取固定喷淋与人工辅助洒水养护相结合的方法，采用土工布覆盖，确保梁体内外表面在养护期内保持湿润。

11）梁段拆模后，应对梁端的混凝土表面进行凿毛处理，以加强接头混凝土的连接。

6　悬臂施工挠度控制

由监控单位根据监控量测数据，对悬臂浇筑立模高程进行全过程控制。

误差纠偏的主要措施是调整浇筑梁段的高程。其他如改变预应力束张拉次序、改变拉力等方法应经充分的结构计算，不改变结构内力方可使用。

7　合龙段施工

1）一般应在低温合龙，夏季应在一天中气温最低且稳定时段内合龙，合龙温度应满足设计要求，混凝土浇筑后应及时覆盖，洒水养护。

2）合龙时在桥面上设置的全部临时施工荷载应符合施工控制的要求。对预应力混凝土连续梁，合龙后应在规定的时间内尽快拆除墩梁临时固结装置，按设计规定的程序完成体系转换和支座反力调整。

3）合龙段临时锁定可采用劲性型钢安装在合龙段上下部作支撑，然后张拉部分预应力钢束，待混凝土达到要求强度后，张拉其余预应力束，最后再拆除临时锁定装置。

4）合龙段混凝土中宜加入减水剂、早强剂，以便及早达到设计要求强度，及时张拉预应力束（筋），防止混凝土出现裂缝。

5）为保证合龙段施工时混凝土始终处于稳定状态，在浇筑之前各悬臂端应附加与混凝土的质量相等的配重，配重需依桥轴线对称施加，按浇筑质量分级卸载。如采用多跨一次合龙的施工方案，也应先在边跨合龙，同时需经严格计算，进行工艺设计和设备系统的优化组合。

8　体系转换

1）在拆除梁墩锚固前，应按设计要求，张拉部分或全部布置在梁体下缘的正弯矩预应力束，对活动支座还需保证解除临时固结后的结构稳定，如控制和采取措施限制单悬臂梁发生过大纵向水平位移。

2）梁墩临时锚固的放松，应均衡对称进行，确保逐渐均匀地释放。在放松前应测量各梁段高程。在放松过程中，注意各梁段高程变化，如有异常，应立即停止作业，找出原因。

3）在结构体系转换中，临时固结解除后，将梁落于正式支座上，并按高程调整支座高度及反力。

5.7.2　支架现浇施工

1　一般规定

1）支架现浇施工应编制专项施工方案，原则上支架现浇模板安装后不得越冬。

2）支架应结合受力要求和结构特点设置水平和斜向支撑连接杆件，增强整体刚度和稳定性。支架设计计算中应明确受荷杆件中的应力和挠度。

3）桥梁上部现浇施工应采用承插型盘扣式钢管支架。

4）在支架中应设有合适的千斤顶或楔块，以便调整在浇筑混凝土前或浇筑混凝土时支架和拱架的沉降，落架缓慢、均匀。内模支撑和翼板支架应具有足够的强度和刚度，保证在浇筑桥面混凝土时无明显沉降变形，翼板边线平顺无波浪，无局部沉降变形。

2　支架施工

1）支架地基应分层压实，并采用混凝土硬化，确保现浇施工安全。地基承载力应计算确定，且无软弱下卧层。地基的处理范围至少应宽出搭设支架之外50cm，施工排水通畅，以免积水浸泡地基。

2）支架立柱上端用可调节的槽型顶托固定纵、横向龙骨，底端应设置垫木或槽钢作为支承。

3）支架应设置纵、横向水平加劲杆及剪刀撑，并应与立柱钢管连成整体。

4）支架搭设完毕后应进行预压，分级加载。预压方案应包含加载过程的应急处理预案。加载应按时、准确进行量测，综合分析数据。出现变形量不收敛、局部失稳、锁扣变形、焊接部件开焊等现象，应立即采取卸载、加固处理或紧急撤离等措施。

3　预拱度设置

根据设计文件充分考虑梁的挠度和支架变形情况，计算预拱度最大值，可按二次抛物线设置梁底预拱度曲线。

4　现浇施工

1）安装腹板和底板钢筋时，应将腹板和底板钢筋连接牢固。

2）混凝土浇筑采用水平分层、斜向分段、横桥向全断面对称（以均匀消除沉降）推进式从低端向高端顺桥向连续浇筑。混凝土浇筑过程中，应对支架的变形、位移、节点和卸架设备的压缩及支架地基的沉降等进行监测，如发现超过允许值的变形、变位，应及时采取措施予以处理。

3）梁顶的负弯矩筋张拉槽锚下混凝土应加强振捣，保证混凝土密实。

4）表面平整度控制宜采用高程导轨。

5）混凝土浇筑过程中，应设专人对支架的变形、位移、节点、模板、卸架设备的压缩及支架地基沉降等进行监测，如发现有超过允许值的变形、变位，杆件松动以及节点焊口开裂等问题，应及时加固处理。

6）浇筑完成后，应铺设土工布洒水养护，养护时间不得少于10d。

5　模板、支架的拆除及卸架

1）模板、支架的拆除应遵循后支先拆、先支后拆的原则顺序进行。墩、台的模板宜在其上部结构施工前拆除。

2）梁的落架程序应从梁挠度最大处的支架节点开始，逐步卸落相邻两侧的节点，应对称、均匀、有顺序地进行；同时各节应分多次卸落，使梁的沉降曲线逐步加大。

3）拆除梁、板等结构的承重模板时，在横向应同时、在纵向应对称均衡卸落。简支梁和连续梁结构的模板应从跨中向支座方向依次循环卸落;悬臂梁结构的模板则应先卸落挂梁及悬臂部分,然后卸落主跨部分。

4)拆除模板、支架时,不得损伤混凝土结构。

6 疏通泄水孔时,应首先确定孔道准确位置,清除堆积物。严禁钻(凿)孔损伤梁体混凝土。

5.7.3 节段梁预制与悬臂拼装

1 一般规定

1)本条适用于预制节段采用悬臂拼装方法施工的预应力混凝土连续梁和连续刚构桥,采用逐跨拼装施工的,亦可参照执行。

2)施工前应熟悉设计文件,复核预制节段梁长度、细部尺寸、角度等技术指标,开工前应完成专项施工技术方案和安全专项施工方案,并应通过审批。

3)节段梁的预制质量直接关系到梁段拼装的速度和质量,预制时应严格控制梁段的断面及形体的精度,并应充分注意场地的选择与布置、台座和模架的制作、工艺流程的拟定,以及养护和储运的每一个环节。

4)节段预制前,应在预制场地建立精密测量的平面控制网和高程控制网,并设置测量控制点、测量塔及靶标。为使成桥后的线形符合设计要求,预制时对其预制线形进行控制。节段预制控制测量宜采用专用线形控制软件进行。

5)预制节段梁应按照设计要求的方式进行拼装架设。当采用其他方式架设时,需经设计单位同意。

6)安装前应首先进行作业环境调查,针对运输、架设作业范围内的障碍物、高压输电(塔)线路等应采取避让措施。

2 预制节段梁

1)悬臂拼装节段预制施工前应准备短线法或长线法台座,预制场地的布置应便于节段的预制、移运、存放及装车(船)出运。预制台座稳定、坚固,在荷载作用下,其顶面的沉降应控制在2mm以内。

2)节段预制宜采用专门设计的钢模板,钢模板及其支撑除应满足强度、刚度和稳定性要求外,尚应满足多次重复使用不变形及保证节段预制精度的要求。采用长线法预制节段时,同一连续匹配浇筑的梁段应在同一长线台座上制作;采用短线法时,应在台座上匹配预制,并应符合下列规定:模板与匹配节段的连接应紧密、不漏浆。安装质量应符合现行《公路桥涵施工技术规范》(JTG/T F50)的规定。内模系统应是可调整的,且宜安装在可移动的台车支架上。端模应铅直、牢固,外侧模与底模应能适应节段的线形变化要求。

3)测量控制点应设在远离热源和震动源的位置,且应具有良好的通视条件,必要时应设置备用的测量控制点。

4)节段的钢筋宜在专用胎架上制成整体骨架后,吊入模板内进行安装。吊装整体骨架时应设置吊架,吊点的布置应合理,且宜采用多点起吊,防止变形。对预埋件的安装和预留孔的设置,应采用定位钢筋将其准确固定;当有体外预应力钢束转向器时,其安装必须准确可靠。

5)节段预制混凝土的性能除应符合技术指南相关规定外,尚应符合设计对其弹性模量、收缩和徐变等性能的要求。节段预制混凝土的浇筑应符合技术指南相关规定,并应根据环境温度、水泥品种、外加剂、施工进度及对混凝土性能的要求等制订养护方案,总体养护时间不宜少于10d,对节段的外立面混凝土宜采用喷湿或其他适宜的方式进行养护。

6)节段的脱模时间应符合设计规定;设计未规定时,应在混凝土强度达到设计强度等级的75%后方可脱模并拆除。在脱模、拆除或移动节段时,应采取措施防止损伤节段混凝土的棱角和剪力键。

7)模板拆除后应及时对节段进行检查验收,测量其外形尺寸,并标出梁高及纵横轴线。节段预制施工质量应符合现行《公路桥涵施工技术规范》(JTG/T F50)的规定。

3 节段的起吊、移运、存放

1)节段从预制台座起吊时,混凝土的强度应符合设计规定。

2)节段的移运应满足运输安全和施工安全的要求。在移运时,应采取措施防止对节段产生冲击或碰撞。

3)节段在存放台座的叠放层数不宜超过两层,并应对存放台座及其地基的承载力进行验算。节段支点的位置应符合设计规定,且宜采用垫木或橡胶板等弹性支撑物进行支承。

4)节段的存放时间应符合设计要求;设计未要求时,不宜少于28d。对未达到养护时间的节段,应在存放时继续养护。

4 节段梁悬臂拼装

墩顶及相邻梁段采用现浇方式施工时,应符合本章相关规定,且应使其与预制梁段匹配良好。连续梁、墩顶的现浇梁段与墩之间应按设计要求临时固结。悬臂拼装施工应符合下列规定:

1)预制节段梁安装前应在盖梁顶面弹线确定安装位置,确保定位准确,同时应按设计和规范要求严格控制伸缩装置位置宽度。

2)应对拟安装的预制节段梁逐件进行检查,重点是核查预应力孔道的疏通、压扁变形及匹配胶接面的清理,同时应核对编号、方向,确保准确就位。

3)节段拼装施工前,应对预制节段的匹配面进行必要的处理,并应确定接缝施工的方法和工艺。在悬臂拼装施工过程中,应跟踪监测各节段梁体的挠度变化情况,控制其中轴线及高程。当实测梁体线形与设计值有偏差时,应及时进行调整。

4)施工前应按施工荷载对起吊设备进行强度、刚度和稳定性验算,其安全系数应不小于2.0。节段起吊安装前,应对起吊设备进行全面的安全技术检查,并应分别进行1.25倍设计荷载的静荷和1.1倍设计荷载的动荷起吊试验,经检查及起吊试验符合要求后,方可正式进行节段的起吊拼装。

5)节段悬臂拼装时,桥墩两侧的节段应对称起吊,且应保证桥墩两侧平衡受力,最大不平衡力应符合设计规定。

5 接缝的处理

1)各节段间的接缝施工应符合设计规定。

2)采用胶接缝拼装的节段,涂胶前应就位试拼。胶黏剂进场后应进行力学性能及作业性能的抽检,其各项性能应满足结构设计与节段拼装施工的要求。节段的匹配面应平整,对尘土、油脂等污染物及松散混凝土和浮浆应清除干净。涂胶前的匹配面应进行干燥处理。

3)胶黏剂宜采用机械拌和,且在使用过程中应连续搅拌并保持其均匀性。胶黏剂应涂抹均匀,覆盖整个匹配面,涂抹厚度不宜超过3mm。对胶接缝施加临时预应力进行挤压时,挤压力宜为0.2MPa,胶黏剂应在梁体的全断面挤出,且胶接缝的挤压应在3h以内完成。当施工时间超过明露时间的70%时,在固化之前应清除被挤出的胶结料。胶黏剂在涂抹和挤压时,应采取措施对预应力孔道的端口处进行防护,防止胶黏剂进入孔道内。

6 节段预应力

1)对采用胶接缝的节段,在拼装工作结束并经检查符合要求后,应立即施加预应力对接缝进行挤压。采用湿接缝的节段,应在接缝混凝土强度达到设计强度的80%以上时方可对其施加预应力。

2)临时预应力钢束的布置和张拉控制应力应符合设计规定,并应满足多次重复张拉的作业要求。临时预应力钢束在结构永久预应力施工完成后方可拆除。

3)节段对称悬臂拼装完成并施加预应力后,方可放松起吊吊钩,并应立即对预应力孔道进行压浆和封锚。

4)对梁顶面明槽内已张拉的预应力钢束应加以保护,严禁在其上堆放物体或抛物撞击。

7 合龙及体系转换

合龙及体系转换的程序应符合设计要求,施工应符合本章的相关规定。

8 质量控制

1)预制节段梁混凝土应振捣密实,外形尺寸准确,表面光滑,匹配拼接面吻合度好,剪力齿分明、完整。

2)悬拼块件前,必须对桥墩根部的高程、桥轴线作详细复核,符合设计要求后,方可进行悬拼。

3)梁体不得出现宽度超过设计和规范规定的受力裂缝。胶接材料的性能应符合设计要求。相邻块颜色应保持一致,接缝填充应密实、平整,无明显错台。

5.8 施工监测与控制

5.8.1 一般规定

采用悬臂浇筑的大跨径预应力混凝土连续梁(刚构)桥、斜拉桥等复杂体系桥梁应进行施工监测与控制。

5.8.2 目的和内容

1 施工监控的目的

桥梁施工监控是施工→量测→识别→修正→预告→施工的循环过程,其目的是确保施工中结构的安全,保证结构内力和成桥线形达到最优状态。

2 施工监控的内容

桥梁施工监控的内容主要包括成桥理想状态确定,理想施工状态确定和施工适时控制分析。应针对不同的结构体系及施工过程确定相应的控制指标,以实现系统控制的最优。一般应包含以下控制指标:

1)几何(变形)监控指标

连续梁(刚构)桥:成桥后线形(预抛高)、合龙相对高差、轴线等。

2)应力控制指标

结构自重应力、结构施工荷载应力、结构预加应力、斜拉桥拉索张力、温度应力、其他应力(基础变位、风荷载等引起的结构应力)等。其他控制指标如结构的稳定控制、安全控制等内容应结合桥梁施工的特点合理选择。

5.8.3 现场施工监测

1 现场控制测量

现场控制测量工作一般应包括以下内容:建立精确控制测量系统、主塔变位测量(斜拉桥)、梁体线形测量、选择量测时机、应力与索力测试、温度场监测等。

2 施工控制误差分析

施工控制误差分析应包括以下内容:结构刚度误差、浇筑混凝土误差、桥面临时荷载影响、挂篮及模板定位误差、挂篮变形误差、温度影响、预应力束张拉力误差等。

3 监控指令的实施

监控方依据现场量测与误差分析,将各阶段的监控成果转换成现场施工控制指令。

5.9 桥梁拼宽

5.9.1 一般规定

1 应进行必要的勘测和现场调查,了解既有桥梁的结构形式和现状,收集水文、地质等相关资料。

2 应对桥位处地下管线和隐蔽物等的位置、尺寸进行调查,采取保护、避让及处理的措施。

3 应根据现场的具体情况,制订专项施工方案,确定施工顺序和施工工艺,合理配备施工机具设备。

4 应在对交通流量调查的基础上,协调交管部门,提出交通导流和安全防护方案,保证施工安全和交通安全。

5 拆除原有结构时,应采取可靠措施,以确保原有结构的完好性与受力性能。

5.9.2 钻孔与植筋

1 钻孔放样应严格按设计要求进行,钻孔前采用探测仪查明原结构主筋、预应力管道位置,钻孔应避开主筋、管道。

2 钻孔应严格按照设计要求控制植筋埋深和孔径,采用振动较小的施工工艺,避免对原有结构造成伤害。

3 植筋前应彻底清孔,保证孔内干燥。

4 植筋与拼接处相应预埋的钢筋采用焊接,焊接长度按设计取值。焊接时采用冷水浸渍的湿毛巾包裹外露钢筋的根部,以防止植入梁内的钢筋过热而影响植筋的效果。

5 植筋前应对所用胶剂进行黏结抗拔破坏试验,验证胶凝固化时间。植筋胶体配置和使用方法应按照厂家要求进行。植筋完成后抽取5%进行抗拔力检测。

5.9.3 桥梁拼接

1 施工中应加强新建及原有桥梁的变形沉降观测,发现异常应及时上报。

2 拼宽桥梁加宽部分建成后,宜放置1~2个月,待新桥收缩、徐变基本完成后,再进行新、老桥连接处湿接缝的浇筑。在条件允许的情况下,可以在新、旧梁体钢筋焊接前,对新桥结构进行荷载预压,以减少非弹性变形对拼接部位的影响。

3 旧混凝土结合面的凿毛应凿至完全露出新鲜密实混凝土的粗集料,并应清洗干净。

4 新混凝土浇筑前,应采用清水冲洗旧混凝土的表面使其保持湿润。必要时涂刷界面剂。

5 湿接缝补偿收缩混凝土应进行专门的配合比设计,控制外加剂掺量及混凝土膨胀率,以保证桥梁在施工、运营状态下结合面不出现收缩裂缝。

5.10 桥面及附属工程

5.10.1 一般规定

1 支座、伸缩装置等应由专业厂家制造,严禁使用贴牌、仿冒产品,采购前应报建设单位认可,在进场时应按相应产品标准的要求进行抽样检测。

2 桥面防水材料的进场抽样检测应按相应产品标准的要求进行。

3 桥面铺装施工时,运料车辆的等候排队应按施工组织设计的规定保持足够的距离,应避免车辆过于集中导致超载或偏载,损伤桥梁结构。

5.10.2 混凝土桥面铺装

1 钢筋与模板施工

1)首先应对基面进行清理,采用凿毛机凿除梁顶混凝土表面的浮浆、浮石,保证75%以上露出新鲜混凝土面,并用清水冲洗。

2）整体化混凝土钢筋定位必须准确，湿接缝钢筋与主梁预埋筋必须按设计要求调直连接，无缺漏现象，采用混凝土垫块，保证其保护层厚度。

3）纵向通长钢筋应穿过梁顶预埋门筋（门筋不得切断），横向分布钢筋数量、位置符合设计要求。现浇湿接缝部位受拉区通长钢筋必须安放到位，保护层厚度符合规范要求。

4）桥面铺装钢筋网片安装时应根据测量成果采用支撑钢筋（如马凳筋），支撑点每平方米不少于6个，并应保证保护层厚度符合规范要求。

5）应做好伸缩装置预埋连接钢筋的保护，避免行车碾压、人为弯折等导致钢筋缺失、扭曲变形等。

2　混凝土施工

1）桥面高程测量放样采用5m网格法。结合现场测量结果，综合控制桥面整体化铺装层厚度，桥面中心线及两侧边线的高程在铺装前后都应严格控制，在满足横纵坡度要求的条件下，保证最小厚度与最大厚度均不突破误差允许范围。

2）对于曲线（斜弯）梁桥，中支点及外边梁（尤其钝角边）配筋密集，应以保证主筋位置为原则，严禁私自减配钢筋。混凝土浇筑应配备适宜的振捣设备，振捣到位，不得出现漏振。

3）混凝土浇筑采用轨道式振捣梁配合平板振捣器全幅施工。在桥面两边每米各设置一个高程定位钢筋，用于控制振捣梁的行走轨道，曲线段根据需要加密。设专人控制振动行驶速度、铲料和填料，边角等不易振实的部位采用平板振捣器补振，保证铺装密实、平整。

4）混凝土的水胶比和坍落度不宜过大，可加入适量膨胀剂，防止混凝土收缩产生裂缝。混凝土施工应从下坡向上坡方向，连续不间断进行，应避开高温时段和大风天气，以免混凝土表面失水过快而干缩开裂。

5）水泥混凝土桥面铺装直接作为行车路面的，应采取防滑措施。在水泥混凝土浇筑、抹平后，沿横坡方向采用机具刻纹。

6）混凝土浇筑完成后，必须及时用土工布覆盖，保湿养护不少于10d。同时加强现场管护，控制收缩裂缝。

7）空心板梁铰缝应在桥面铺装前单独施工。应首先对铰缝剔缝，安装铰缝钢筋。采用PVC圆管做吊模，吊点间距满足要求，必须与板底面贴紧，用腻子抹缝，防止漏浆。铰缝采用细石混凝土，应用插入式振捣棒振捣密实，不得人工插捣。混凝土中可加入适量膨胀剂，防止铰缝混凝土与主梁混凝土间出现收缩裂缝。

5.10.3　桥面防水与排水

1　一般规定。

1）桥面防水层施工之前应首先进行基面清理，清除外露钢筋、凸出的混凝土块等，并清洗和清理表面的油污、锈迹、脱模剂、杂物、尘土等附着物。

2）采用精细铣刨工艺，对表层不密实的混凝土浮浆等做进一步处理。

3）按设计要求施作桥面防水层。

4)桥面防水施工作业应全程封闭交通,并做好覆盖、防雨、防尘等工作。

2 精细铣刨施工。

1)精细铣刨应在晴天施工,雨天不得施工。

2)施工前应对铣刨区域进行划线,清除桥面杂物。

3)铣刨设备应采用智能式设备。正式施工前,先进行试验段铣刨施工,将铣刨设备参数调整到铣刨效果满足铣刨质量控制要求后,再正式施工。

4)应采取有效措施严防设备漏油,及时清理残渣,避免污染桥面。

5)处理后露出的表面裂缝应及时用环氧树脂封闭。

6)铣刨施工后未马上进行后续施工的,应用防雨布覆盖,避免二次污染和防止雨水渗入,并应尽快安排后续施工。

3 防水层施工。

1)防水层不得在雨天或低温条件下铺设。喷涂前应对护栏底座等用塑料薄膜覆盖,防止污染。

2)首先由人工使用棕刷等工具涂刷泄水口、护栏底座等阴角部位,然后采用喷嘴雾化程度高的智能型沥青洒布车进行大面喷涂。要求喷洒均匀,表面不流淌,无堆积现象。

3)必须在前层料风干后进行后一层料的喷涂施工。防水层从喷涂至完全干燥期间不得受雨水等淋湿。喷涂结束24h以内及经检查风干前,严禁人车通行。

4)防水层的全部表面应黏结牢固、平整均匀,无空鼓、脱落、破损、翘边等现象,发现问题应立即进行人工修补。

4 应排查桥面排水系统,泄水管施工应符合设计规定。泄水孔口高程必须低于桥面铺装层高程。

5.10.4 支座

1 一般规定

1)支座在使用前,应对其型号、规格、技术性能等进行核对检查,不符合设计和规范要求的不得使用。橡胶类支座的抗老化性能应满足使用年限要求。

2)支座安装前应对支座垫石的混凝土强度、平面位置、顶面高程、预留地脚螺栓孔和预埋钢垫板等进行复核检查,确认符合设计要求后方可进行安装。

3)支座安装后应与梁体顺桥向中心线相平行或重合,且支座应保持水平,不得有偏斜、不均匀受力和脱空等现象。支座安装时应检查核对设计文件,应特别注意支座在顺桥向和横桥向的方向、位置以及安装方向,确认无误后方可安装,避免反置。

4)在桥面铺装和护栏完成后,应检查支座承压情况,确保支座均匀受力。

5)不同类型支座的技术标准应符合国家和行业有关标准的规定,支座安装质量应符合现行《公路桥涵施工技术规范》(JTG/T F50)的规定。

2 板式橡胶支座

1)四氟乙烯板应采用原生纯料模压而成,严禁使用再生料、回头料模压加工的板材。

2)四氟乙烯板式支座安装前应仔细检查滑动面有无破损,保证满足滑动要求,不得上下面安放颠倒。四氟滑板支座滑动上钢板必须为同一厂家生产的配套产品。

3）当顺桥向有纵坡导致两相邻墩（台）的高程不同时，支座安装对高程的控制应符合设计规定，且同一片梁（板）在考虑坡度后，其相邻墩（台）垫石顶面高程的相对误差不得超过3mm。

4）梁（板）吊装时，就位应准确且其底面应与支座密贴，否则应将梁（板）吊起，重新调整就位安装。安装时严禁采用撬棍移动梁（板）的方式进行就位。

3　盆式支座

1）盆式支座的钢盆必须为整体铸造，严禁使用焊接构件。

2）活动支座的聚四氟乙烯板和不锈钢板不得有划伤、撞伤。橡胶板块应密封在钢盆内，应排除空气，保持紧密。

3）支座安装前应将支座各相对滑移面及有关部分擦拭干净，应在四氟滑板的储油槽内注满硅脂类润滑剂，并及时敷设防尘罩。

4）梁、板底面和垫石顶面的钢垫板应埋置稳固。垫板与支座间应平整密贴，四周间隙不得大于0.3mm，并保持清洁。

5）支座锚固螺栓应保证支座正常变位。

6）对于跨数较多的连续梁，支座顶板纵桥向的尺寸，应考虑温度、预应力、混凝土收缩与徐变等影响因素引起的梁长变化，根据安装温度调整预偏量，保证支座能够正常工作。

5.10.5　伸缩装置

1　一般规定

1）伸缩装置应由厂家或专业队伍到现场负责安装，厂家供货和施工作业队伍数量必须保证施工高峰期的需要，施工单位不得私自变更品牌或厂家。

2）施工现场负责人必须对每道缝施工全过程监管。

3）施工现场采取封闭管理，设置限制通行措施和明确的警示标志。

4）伸缩装置混凝土必须采用抗盐冻防腐蚀混凝土。

2　伸缩装置

1）异型钢必须为整体热轧成型或整体热轧机加工成型，不得使用焊接成型的异型钢，同一批次伸缩装置异型钢应进行随机抽样切头检验。异型钢原则上不得出现横向接缝，特殊情况下至多允许出现一个横向接缝，且不得设在行车道范围内。

2）伸缩装置连接钢板几何尺寸、套筋长度、位置、数量、焊接长度等应满足设计及规范要求。

3）钢构件应外观光洁、平整，无毛刺或砂眼，不得扭曲变形。

4）应采用性能优良的天然橡胶密封带，不得使用再生橡胶或粉碎的硫化橡胶。橡胶密封带规格与异型钢必须配套，密封带严禁拼接。

3　施工要点

1）伸缩装置位置开槽前应做好标识，应设立标识牌、反光标志或警示灯。

2）伸缩装置应在桥面铺装完成后，采用反开槽的方式进行安装，开槽前在伸缩装置槽口两端沿桥纵向铺设长度不小于3m的垫板，避免开槽污染桥面，及时清理弃料。

3）应先理顺、调整槽内预埋筋，全面除锈，对缺失的钢筋应进行修复。采用植筋方式进行钢筋补植，补植深度不小于15cm，经抗拔力试验确定，并经监理单位认可。

4）模数式伸缩装置应按照安装时的气温确定安装的定位值，并用专用卡具将其固定。

5）以缝体两侧的沥青路面为基准，用起重设备将伸缩装置放在槽口内，使缝体中心线与相邻两幅梁端间隙中心线重合，并调整使其顶面与桥面高程相同，其纵坡、横坡应与桥面相符。在吊装过程中应防止缝体扭曲变形。

6）伸缩装置安放完毕应进行高程复测（不得出现正误差，低于路面1～2mm），确认无偏差后，由中间向两端对称焊接，防止焊接应力引起缝体变形，伸缩装置与预埋筋焊接定位间距不大于100cm。定位焊接过程中应对缝体位置、高程进行控制和调整。

定位焊接后进行复测，确认合格后焊接其他全部连接钢筋，并随时用3m直尺、塞尺检测异型钢的平整度，应控制在2mm以内。

7）对于梁体预埋筋与异型钢梁锚固筋不相符的情况，应采用U形筋或相应的钢筋进行加固连接，以确保缝体与梁体的牢固连接。严禁出现点焊、跳焊、漏焊等现象。

8）按设计绑扎钢筋，布设防裂钢筋网片。设计无防裂钢筋网片时，应在距混凝土表面40～50mm的位置加设一层10cm×10cm的带肋钢筋网片。所有连接钢筋焊接完毕后，用专用机具解除缝体锁定。

9）模板安装应坚固、严密，防止砂浆流入伸缩装置内或渗入位移箱内。应采取有效措施防止缝体底部漏浆。

10）模板安装完成后应彻底清理预留槽，用大功率吹风机清除浮沉杂物，必要时用高压水清洗，经监理单位验槽后浇筑混凝土。

原则上采用低水胶比混凝土，混凝土应在施工现场用强制性拌和机拌和，依据批准的配合比提前分袋称量各种原材料用量，现场备用。

11）混凝土浇筑应选用合适的振捣棒，确保缝体底部及边角部位混凝土密实、无孔洞。

12）混凝土振捣密实且泌水停止后，用抹板搓出水泥浆，分3～5次抹压平整为止，严禁洒水抹面，混凝土初凝时最后一遍应精细压光，确保大面平整、密实，无裂纹，满足抗渗要求。

13）伸缩装置施工完成后必须采用土工布和塑料布配合覆盖，保湿养护10d后方可开放交通。

14）施工时产生的切缝料及时清除，严禁乱扔乱弃。伸缩装置完成后，应对桥面系、盖梁、台帽、桥下进行彻底清理。

5.10.6　护栏底座（防撞墙）

1　护栏底座（防撞墙）所处的除冰盐环境，必须采用防腐蚀混凝土。

2　模板工程。

1)必须采用整体式钢模板(倒角与侧模整体加工成型),钢模板由专业生产厂家制作,各部尺寸精准控制,不翘曲变形。伸缩装置及施工断缝处端模宜采用钢模,应安装牢固,不移位、不变形。

2)模板安装应采用多布点、高精度放样,一般5m设置一个控制点,平曲线时2m设置一个控制点,保证内、外边线标准、顺畅。

3)钢板厚度不小于6mm,加劲肋间距不大于50cm。模板设计应综合考虑桥面平、竖曲线及梁体上拱等因素,一般单片模板长度不得小于200cm,平曲线半径较小时采用100cm,以保证纵向线形顺适。接头处用螺栓固定,模板拼缝加工成楔口,便于咬合。

4)模板板面平整,应具有良好的光洁度,接缝严密不漏浆,保证护栏外露面美观,线条流畅。内侧模板底面安装与桥面间密贴,并采用砂浆封模。外侧模板下端应与主梁翼缘板搭接重合不小于10cm,高出底座10cm以上,以保证安装能够密贴梁板外侧,不漏浆。

3　预埋钢筋、预埋钢板的焊接强度必须符合设计要求,并保证钢板无翘曲变形,双面焊缝应饱满无漏焊,定位准确、牢固。预埋的U形高强螺栓不得焊接在主梁钢筋上。护栏预埋钢板定位需考虑横梁的安装,钢板平面的四角高程与混凝土面齐平,不得凹陷或凸起。沿桥轴向钢板控制点应连线顺适。混凝土浇筑28d后应检测预埋螺栓抗拔力。

4　混凝土选用较低水胶比和坍落度。浇筑分层厚度不得超过15cm,对于边角等部位应加强振捣,并采取适当措施保证弧面部位的气泡逸出。

5　混凝土振捣密实且泌水停止后,分3~5次抹压平整,严禁洒水抹面,混凝土初凝时最后一遍应精细压光,确保表面平整、密实,无裂缝,满足抗渗要求。

6　施工中应按设计要求设置假缝。

7　花岗岩贴面石。

1)花岗岩贴面石应工厂定制。

2)贴面石砌筑顶面挂线施工,贴面石砌缝宽度均匀,满足设计要求。

3)防撞墙模板安装应严格控制模板与贴面石的交角,立面无错位。

4)贴面石拼接缝应采用专用防水材料进行填塞。

5)后续施工应对贴面石进行遮挡,防止污染。

6)防撞墙拆模后应对贴面石进行清理,去除浮浆并剔缝,采用封闭胶勾缝。

5.11　钢混组合梁

5.11.1　一般规定

1　钢梁在制造前,厂家应对设计文件进行严格的工艺性审查,应结合施工现场情况绘制加工图,编制制造工艺。钢梁应严格按照加工图和制造工艺生产。

2　钢梁加工和制造时,监理单位应进行驻厂监造。钢梁探伤检测应由第三方具有相应资格的单位承担。

3　钢梁制造的所有焊工和无损检测人员均应持证上岗,且仅能从事资格证书中认定范围内的工作。

4 钢梁的制造、验收和工地安装除应符合技术指南的规定外，尚应符合现行国家标准和行业标准的相关规定。

5.11.2 材料

1 钢桥制造使用的材料必须符合设计要求和国家标准规定。材料除应有生产厂家的产品合格证外，制造厂尚应按相关标准进行抽样复验，复验合格后方可使用。

2 焊接与涂装材料应按有关规定抽样复验，复验合格后方可使用。

3 当钢材表面有锈蚀、麻点或划痕等缺陷时，其深度不得大于该钢材厚度允许负偏差值的1/2。钢材端边或断口处不应有分层、夹渣等缺陷。

4 剪力钉(圆柱头焊钉)、焊接瓷环材料、高强度螺栓连接副材料等应符合设计要求及现行国家标准规定。

5.11.3 钢梁制造

1 应按设计的钢梁制造标准温度加工钢梁。

2 钢材零件加工应严格控制精度，应采用精密切割下料。剪切仅适用于次要零件或切割后仍需加工的零件，手工切割仅适用于工艺特定的或切割后仍需加工的零件。

3 钢梁的制造工艺应通过专家评审，并按评审通过的制造工艺组织钢梁制造。杆件的组装应在工作台上或工艺装备内进行。

4 焊接工艺评定试验应通过专家评审，并按评审通过的焊接工艺组织施焊。焊接性能应与基材相匹配，焊接材料、接头焊接工艺应根据设计要求进行评定。

5 在工厂或工地首次焊接工作之前，或材料、工艺在施工过程中遇有应重新评定的变化，必须分别进行焊接工艺评定试验。焊接材料应通过焊接工艺评定确定，没有生产厂家质量证明书的材料不得使用。二氧化碳气体保护焊的气体纯度应大于99.5%。工厂制造应优先采用焊接机器人进行制动焊接，小型构件可采用人工焊，焊接工人应持有资格证书。

6 所有焊缝必须进行外观检查，不得有裂纹、未熔合、夹渣、未填满弧坑、漏焊和超限缺陷。外观检查合格后，还应进行无损检测。

7 钢梁杆件成品经检验符合要求后，应进行钢梁试拼装。试拼装应采用具有代表性的局部试拼装法，经试拼装合格方可成批生产。

8 试拼装应根据试件加工图进行。每拼完一个单元(或节间)应检查并调整好几何尺寸，再继续进行。连续梁试拼装应包括所有变化节点。每批试拼装的梁段数不应少于5段，试拼装检查合格后，留下最后一个梁段并前移参与下一批次试拼装，其余梁段吊运出台架。

5.11.4 钢梁涂装

1 表面和摩擦面的除锈应在制作质量合格后进行。表面除锈方法和除锈等级设计无规定时,采用机械除锈应达到现行《涂覆涂料前钢材表面处理　表面清洁度的目视评定　第1部分:未涂覆过的钢材表面和全面清除原有涂层后的钢材表面的锈蚀等级和处理等级》(GB/T 8923.1)规定的Sa2.5级,表面粗糙度 R_a 应达到25~60μm;采用手工除锈应达到St3级,粗糙度应达到35~80μm。

2　涂装应在防锈处理符合要求后尽快进行,并于4h内开始,8h内完成。涂装方案应符合设计文件要求,并应符合现行《公路桥梁钢结构防腐涂装技术条件》(JT/T 722)规定。

3　涂装层数、涂层厚度应符合设计要求。涂装工艺应严格按照设计文件、现行《公路桥涵施工技术规范》(JTG/T F50)及《铁路钢桥保护涂装及涂料供货技术条件》(TB/T 1527)执行。钢梁在制造厂内应完成全部底漆、中间漆及第一道面漆,钢梁安装完成后外表面第二道面漆必须严格到位,各涂层厚度必须达到设计要求。

4　工地涂装前应进行质量检查,表面处理合格方可进行涂装。涂装时发现漏涂、流挂发白、皱纹、针孔、裂纹等缺陷,应及时进行处理。每层涂装前,应对上一层涂层进行检查。涂装后,应进行涂层外观检查,表面应均匀,无气泡、裂纹等缺陷。

5.11.5　钢梁安装

1　杆件宜采用预先组拼、栓接或焊接,扩大拼装单元进行安装,对容易变形的构件应进行强度和稳定性验算,必要时应采取加固措施。

2　杆件组拼前应清除杆件上的附着物,摩擦面应保持干燥、整洁。应根据外界环境和焊接等变形因素的影响,采取措施,保证钢梁结构的线形、拱度及中心线位置。

3　钢桥安装过程中,每完成一节间应测量其位置、高程和预拱度,并及时调整校正。

4　支架安装。

1)支架应经过计算验证,安装施工应参照规范及技术指南相关规定执行。

2)在支架上拼装钢梁时,冲钉和粗制螺栓总数不得少于孔眼总数的1/3,其中冲钉不得多于2/3。孔眼较少的部位,冲钉和粗制螺栓总数不少于6个或将全部孔眼插入冲钉或粗制螺栓。

5　悬臂安装。

1)采用悬臂或半悬臂法拼装钢梁时,连接处所需冲钉数量应按所承受荷载计算确定,但不得少于孔眼总数的一半,其余孔眼布置精制螺栓,冲钉和精制螺栓应均匀地布置。

2)采用高强度螺栓栓合梁拼装时,冲钉数量应符合规定,其余孔眼布置高强度螺栓。吊装杆件时,必须待杆件完全固定后方可松钩卸载。

6　顶推安装。

1)顶推系统主要由承重墩、滑道、顶推牵引索及动力系统组成。

2)牵引动力系统由连续顶推千斤顶、顶推泵站、主控台及连接系统的高压油管组成。牵引反力座可设置于临时墩,也可设置于桥墩或桥台,若设置于桥梁墩台,应通过设计验算。

牵引索数量和强度应经过验算确定,锚点布置于桥梁或钢梁上时,应经设计验算,并保证有足够的储备系数。

侧向限位装置的作用是引导、限制钢梁梁体沿中线方向滑动,当发生横向偏移时,通过它来纠偏。

3)顶推施工落梁至滑道后,顶推钢绞线穿过钢梁底后锚装置,并设初张力以检验钢绞线与锚具之间是否夹紧,然后进行横向限位装置安装。

4)试顶。打开主控台及泵站电源,启动泵站,用主控台控制千斤顶同时施力试顶。试顶时,记录试顶时间和速度,根据实测结果与计算结果比对进行调整速度。

5)正式顶推。首先选择手动模式,在不同牵引力状态下,检查各受力结构变形情况,如有异常立即上报。检查油泵、顶推千斤顶、前后夹持器、压力表、钢绞线是否异常。手动操作顶推系统牵引主梁滑移启动后,转换至自动运行模式,进行自动连续顶推。顶推过程中必须保证所有参与牵引的千斤顶同时作业。

6)顶推就位控制及落梁。主梁中线的控制采用横向纠偏装置来进行左右调整。安装永久支座及落梁就位。

5.11.6 桥面板

1 桥面板预制

1)桥面板预留预埋件应仔细核对,不得漏埋、错埋。

2)桥面板预制应按设计要求和有关规范进行,桥面板平整度符合规定。

3)预制板存放临时支点位置与安装后永久支点位置一致。

4)桥面板存放期间,应对外露钢筋采取保护措施,存放时间不得少于6个月。

2 桥面板安装

1)桥面板安装前应清除外露钢筋的水泥浆等杂物,并进行除锈处理,对每块预制板进行核查。

2)预制板安装先将橡胶条牢固粘贴在钢梁上翼缘板外侧。安装后应检查橡胶条四周是否压紧,避免浇筑接缝混凝土出现漏浆现象。

3)采取有效措施保护好预留预埋件。桥面板吊装就位过程需准确、轻缓,不得损坏剪力钉,更不允许因对位不准确而切割钢筋或剪力钉。

4)接缝混凝土浇筑前,应对安装过程中变形的连接钢筋予以校正和调直,对损伤的连接件予以修补。

5)接缝侧面应凿毛露出粗集料,浇筑接缝和剪力槽混凝土前应清除浮浆、浮石等杂物,并用水湿润。

6)混凝土浇筑顺序为先剪力钉预留槽,后接缝。每道混凝土接缝需一次完成。

7)混凝土各部分应均匀、充分振捣,确保混凝土的密实性,对新老混凝土接触面处重点控制。保持养护期10d以上方可解除封闭。

5.12 涵洞工程

5.12.1 一般规定

1 涵洞在开工前应根据设计文件进行现场核对,当设计文件与现场的实际情况差别较大,确需变更时,应及时办理变更手续。

2 盖板必须集中预制。外购圆管必须符合设计要求,混凝土强度、管径、壁厚、钢筋布设等均应符合设计要求,并经监理单位认可。

3 片(块)石砌筑,砌体勾缝应勾凹缝,砌筑时要求边砌边剔缝,剔缝深达2.5~3.0cm。砌体砌筑结束应立即覆盖保持潮湿的覆盖物,洒水养护7d以上。

4 涵洞进出水口的沟床应修正顺适,与上下游导流、排水设施的连接应圆顺、稳固、无淤积,顺水流方向满足排水要求,保证流水顺畅。

5 涵洞基坑开挖应符合设计和施工要求,满足涵背回填作业需要。施工期间应做好基坑防排水,严禁浸泡基坑。

6 涵洞背墙、管节和接缝处应按设计和相关要求做好防水。

5.12.2 混凝土管涵

1 由于配合比、拌和、浇筑和养护不当造成成型不良、成品尺寸超过允许偏差等的圆管不得使用。圆管破损的严禁使用。

2 管涵基础的顶面应设置混凝土管座,管座的弧形面应与管身紧密贴合,使管节受力均匀。当管节直接放置在天然地基上时,应按照设计要求将管底的土层夯压密实或设置砂垫层,并做成与管身弧度密贴的弧形管座。

3 各管节顺水流方向安装平顺。当管壁厚度不一致时,应调整基础高度,使下部内壁齐平。各管节应垫稳坐实,安装后管内不得遗留杂物。

4 圆管顶面及侧面设防水层,防水层施工应在干燥温暖的天气进行,圬工表面应洁净。油毛毡等防水材料应在热沥青尚未凝固时铺设,使防水层和结构物黏成一体,设计无要求时采用两油三毡。

5 管节的接缝不得有间断、裂缝、空鼓和漏水等现象,沥青麻絮填缝应饱满,不得有凸起、脱落、空洞等情况。

5.12.3 波形钢管涵

1 波形钢管节、块件及连接螺栓应采用定型产品,其管节和块件除应满足强度要求外,尚应具有足够的刚度,在运输和安装过程中应具备抵抗冲击的能力,并具在安装就位后填土夯实时仍可保持不产生较大变形的能力。

2 管节的形式、规格、直径和管壁厚度应符合设计规定,管节、块件及连接螺栓等均应防腐处理,满足使用年限要求。

3 在运输、装卸、堆放和安装管节或块件时,应采取措施防止损坏,不得对管节和块件进行敲打、撞击或碰撞硬物。管节在搬运、安装时不得滚动。块件在运输、堆放时,相互间应设置适宜的柔性材料予以隔离。对在施工过程中损伤的防腐涂层,应及时涂刷防锈漆进行修补。

4 管节地基应分层压实,并做成与管身弧度密贴的弧形管座。波形钢管不得直接置于岩石地基或混凝土基座上,应在管节和地基之间设置砂砾垫层等适宜的隔离材料。在寒冷地区,应对换填深度以及砂砾垫层材料的最大粒径和粉黏粒含量进行控制。

5 各管节应顺水流方向安放平稳,垫稳坐实,安装完成后管内不得遗留泥土等杂物。拼接管节时,上游管节端头应置于下游管节的内侧,不得反置。采用法兰盘或管箍环向拼接时,应将螺栓孔的位置对准,并按产品设计规定的扭矩值进行螺栓的施拧。

6 管节或块件之间的接缝应采用不透水的弹性材料进行嵌塞,宽度宜为 2 ~5mm。接缝嵌塞不得有漏水现象。

7 管涵两侧的填土应对称、均匀进行。填土材料、回填工艺要求以及管涵施工质量标准等应符合现行《公路桥涵施工技术规范》(JTG/T F50)的规定。

5.12.4 盖板涵

1 盖板的预制施工应注意检查盖板上、下面的方向,对斜交涵洞应注意斜交角的方向,避免发生反向错误。

2 盖板涵墙身与八字墙必须同步浇筑。

3 墙身立模应平整稳定,断缝板顺直,定位准确,具有足够的强度与刚度,无翘曲变形。应采取有效措施保证断缝板与墙身模板相接处不漏浆。

台阶式墙身端头模板必须定位准确,保证浇筑混凝土过程中不胀模变位。

4 用沥青浸过的木板当作变形缝或沉降缝时,涵墙内侧外表 5cm 必须将木板剔掉,之后用沥青麻絮填塞。填缝应填满抹平、顺直,且不得污染墙身。严禁做假缝。

5 盖板安装时必须控制盖板接缝与涵身沉降缝位置严格对齐。

6 盖板安装应首先在台墙顶面铺设一层砂浆找平(砂子必须过筛),盖板与涵台间用砂浆或小石子混凝土灌缝。

7 盖板安装严禁局部脱空,板缝间用砂浆灌缝。

8 边板预制或现浇时,必须与帽石同步浇筑。

5.12.5 箱涵

1 严格按设计布设钢筋,不得随意割断或弯折预埋筋,并做好防锈。

2 底板混凝土强度达到设计强度的 85% 以上,方可在底板上立模浇筑侧板及顶板混凝土。

3 按沉降缝划分单元浇筑混凝土时,侧墙沉降缝处模板应牢固、不变形,确保沉降缝顺直。

4 混凝土强度达到设计强度的 85% 时,方可拆除支架;达到设计强度后,方可进行涵背回填。

5.12.6 涵洞及箱式通道拼接

1 洞口拆除

1)涵洞、通道拼接前应将洞口的一字墙、八字墙、锥坡、洞口铺砌、挡水墙等原有构筑物拆除。

2)拆除洞口构筑物可采用切割、凿除等方法,严禁爆破拆除。

3)填土高、孔径大的暗涵、通道,拆除洞口构筑物时,应兼顾洞口两侧路基的稳定性。对于存在病害的暗涵、通道,必要时应采取临时支护,确保结构安全和施工安全。

2　涵洞、箱式通道拼接施工

1)原有涵洞、箱式通道的混凝土基础在拼接施工前凿开,并设置沉降缝。

2)宜避免在雨季和农田灌溉高峰期进行涵洞拼接施工。

5.12.7　装配式钢筋混凝土箱形通道

1　装配式钢筋混凝土箱形通道的侧墙、盖板为预制安装,底板为现浇,施工流程为:开挖基坑(基槽)→安装标准节段侧墙、顶板→布设底板钢筋,浇筑底板→现浇端节段、翼墙,现浇八字墙(设置锚碇板)→处理结构各铰缝、连接缝、沉降缝。

2　构件预制应符合技术指南第5.6.1条的规定。

3　构件组装要点:

1)构件组装应制订结构稳定和定位调整方案,并进行试拼。

2)主体拼装前清理垫层顶面,设置拼装基准线、起始点。

3)主体节段安装顺序应由高向低、由一端向另一端顺序进行。

4)侧墙拼装时,底座与垫层应密贴,纵向拼接应平顺。

5)顶板吊装就位前应与侧墙凹槽设置满足设计要求的接缝材料。

6)施工时必须严格控制预制构件尺寸、安装,确保构件精准定位,不得混淆构件及节段的安放顺序和位置。

7)橡胶止水带应向专业厂家采购,技术指标应符合相关国家标准,并具备耐低温、耐腐蚀性能。正式使用前需进行试验以检验其遇水膨胀性能,并提供检验合格证后方可使用。

5.13　冬期施工及管理

5.13.1　一般规定

1　吉林省地处严寒地区,应避免冬期施工,严寒期不得施工。桥涵施工和养护均不得受冻。

2　冬期施工必须预先做好施工组织计划及充分的前期准备工作。对各项设施和材料,应提前采取防雪、防冻、防火及防煤气中毒等防护措施;机械设备做好保养和维护,对钢筋的制作、加工及张拉还应专门制定施工工艺要求、安全技术方案和防护措施。

3　施工单位应于10月10日前向监理单位提交冬期施工方案,经审批认可后,方可实施。

4　进入冬期施工前,应收集工地附近气象台(站)历年气象资料,设置工地气象观测点,建立观测制度,及时掌握气象变化情况;落实有关工程材料、防寒物资、能源和机具设备;编制详细的施工技术方案,对有关人员进行专项技术交底或培训。

5 冬期施工必须搭设暖棚,暖棚应坚固、不透风,内墙为非易燃性材料。棚内温度不低于10℃。混凝土浇筑后的前7d环境温度不得低于10℃。

6 钻孔桩施工桩位不需搭设暖棚。泥浆池、循环池应设在暖棚内,拌制泥浆用土应至少提前7d入棚,拌和水宜加热到60℃以上。各类管道应采取有效的保温措施,防止冻结堵塞。孔内泥浆温度不应低于5℃。

7 硅酸盐水泥或普通硅酸盐水泥混凝土抗压强度达到设计强度的40%,浸水冻融条件下达到设计强度的75%,且强度达到5MPa前不得受冻。

8 在寒冷天气情况下施工单位应对混凝土进行有效保护,任何由于保护不善导致受冻而损坏的混凝土都必须清除后重新施工。

9 冬期施工期间,应采取有效的防火、防冻、防滑、防触电和防煤气中毒等安全保障措施。

5.13.2 钢筋工程

1 钢筋的制作、安装与张拉均应在暖棚内进行。

2 钢筋冷拉设备、预应力钢材张拉设备及仪表和液压工作系统油液应根据环境温度选用,并应在使用温度条件下进行配套校验。

3 钻孔桩钢筋笼在吊装现场必须采用直螺纹机械连接,严禁焊接。

5.13.3 混凝土施工

1 拌和设备应安装在气温不低于10℃的厂房或暖棚内,拌和混凝土前及停止后,应用热水冲洗机鼓筒。

2 混凝土原材料应至少提前7d存入暖棚内。水泥、矿物掺合料、外加剂等只进行自然预热,不得直接加热。

3 定期检测水、外加剂、集料加入拌和机时的温度,以及混凝土浇筑时的环境温度,每一工作班至少检测4次。

4 混凝土拌和投料顺序应先为集料、水,稍加后再加入水泥,时间应比常温时延长50%。骨料中不得混有冰雪、冻块及易被冻裂的矿物质。

5 混凝土运输设备应有保温措施,保证混凝土的入模温度不低于10℃。

6 混凝土浇筑前,应清除模板及钢筋上的冰雪和污垢等。

7 混凝土浇筑应采用分层连续的方法浇筑,分层厚度不得小于20cm。

8 钻孔桩灌注混凝土前,应对混凝土料斗、导管等用热水(蒸汽)清洗加热,以减少混凝土的热量损失。

9 预应力混凝土的孔道压浆应在10℃以上进行,其强度达到25MPa前,不得受冻。

5.13.4 混凝土养护

1 混凝土的养护温度不得低于10℃。

2 采用外部热源加热法养护时,养护方式应通过试验确定,升、降温速度应符合现行

《公路桥涵施工技术规范》(JTG/T F50)的规定。

3 暖棚法养护混凝土,底部、角隅处温度不得低于8℃,且混凝土表面应保持湿润。

4 检测混凝土养护温度时,除主要结构面布设测温点以外,在结构隅角、突出、迎风和细薄部位应均匀布置测温点,编号并绘制测温曲线。

5 桩基在冬季施工时,混凝土不得掺加抗冻剂。钻孔桩混凝土浇筑完成后,应及时对桩头进行盖土保温养护,盖土厚度不小于2m,并应做好泥浆池、循环池等的填埋处理。

6 冬期施工的混凝土除应按规定制作标准混凝土试件外,尚应制取相同数量与结构同条件养护的试件。对采用蒸汽加热法养护的混凝土结构,除应制取标准养护试件外,尚应同时制取与混凝土结构同条件蒸养后,再在标准条件下养护到28d的试件,用以检查经过蒸养后混凝土28d的强度。

5.13.5 越冬工程管护

1 设置必要的宣传警示(告)标志,外部人员、车辆等不得进入施工区域,不得使用施工便道,严禁在结构物附近停留。

2 施工场地和结构物周围应做好排水。在山区坡地建造的工程,入冬前应根据地表水流动设置截水沟,不得在结构物底部设暗沟和渗沟疏水。

3 入冬前桥涵基坑内部的积水应排净,基础回填土应填至设计高程。当不具备回填条件时,应填埋至最大冻结深度以上,最大冻结深度一般按2.0m控制。

4 已开挖的基坑(槽)原则上不得越冬,确需越冬的不得挖至设计高程,应预留50~100cm,以保证基底承载力,待复工后挖至设计高程,且基坑不得被水浸泡,并应做好安全防护措施,防止人、畜等跌落。

5 已施工的各类地上结构物,在越冬前必须采取有效的隔离措施加以保护,如设置围栏、截断进出通道等,防止人、畜、机械等损伤。

6 上部安装必须综合考虑工期因素,一般应整孔架设完成,及时进行固定及梁间连接,严防倾覆、倒塌等事故发生。对于采用预应力盖梁的结构,应严格按设计要求完成预应力张拉压浆。

7 上部安装中途停工时,架设机具必须全面撤离桥位现场。严禁架桥机停放在墩台顶面越冬。

8 应充分做好各类桥涵结构预埋钢筋、管件的监管和保护,严防丢失。

9 高墩台和上部悬浇结构越冬应具备足够的安全储备,越冬前必须撤除各类不利的施工临时荷载,设置必要的安全防护措施。充分考虑模板、挂篮以及风荷载对结构强度和稳定性的影响,确保结构安全越冬。

10 春季复工前,应组织人员对已完成的桥梁结构物进行冻害、病害排查,并应进行恢复定线等复测工作。

6 隧道工程

6.1 施工准备

6.1.1 一般规定

1 施工前应编制实施性施工组织设计和专项施工方案,专项方案应附安全验算结果,以及需要专家论证审查的结论。根据现行《公路工程施工安全技术规范》(JTG F90)规定,对施工危险源进行有效辨识和施工安全风险评估。

2 隧道施工前应做好现场调查,核对设计文件,领会设计意图,做好技术准备和组织落实工作。

3 隧道施工必须全过程进行跟踪地质调查、监控量测、有害气体监测与超前地质预报。监控量测和超前地质预报应由具有相应资质的第三方单位承担。应将监控量测、超前地质预报、有害气体监测结果于隧道洞口公示并每日更新。

4 隧道施工应加强信息化建设,安装视频监控系统、门禁系统等。在隧道洞口外设置值班室和进洞施工作业告示牌,告知进洞施工人员和作业动态情况。

5 隧道施工安全应符合下列规定:

1)作业队及相关人员证照齐全,严禁无资质施工、转包、违法分包和人员不经教育培训上岗作业。

2)按照标准规范和设计要求编制专项施工方案,确保按方案组织实施,严禁擅自改变施工方法。

3)强化施工工序和现场管理,确保支(防)护到位,严禁支护滞后和安全步距超标。

4)落实超前水文地质探测预报各项规定,监控量(探)测数据超标立即停工撤人,严禁冒险施工作业。

5)对有毒有害气体进行监测监控,加强通风管理,严禁浓度超标施工作业。

6)严格控制现场作业人数,掘进作业面应实施机械化作业,严禁超员组织施工作业。

7)按照规定设置逃生通道,严禁在安全设施不到位的情况下施工作业。

8)按照规定严格民用爆炸物品管理,严禁在施工现场违规运输、存放和使用民用爆炸物品。

9)按照规定制订应急预案、配备救援装备,严禁事故发生后违章指挥、冒险施救。

6.1.2 技术准备

1 施工单位应根据设计和施工控制网,对交付使用的隧道轴线桩、平面控制三角网基点桩以及高程控制的水准基桩等,进行详细的测量检查和核对。

2 开工前应对钢筋、水泥等重要材料进行全面调查,对碎石等地产材料进行详细比选分析,优选施工原材料。

3 隧道施工中出现的地下水,经化验确认对衬砌结构有侵蚀作用时,应针对不同情况采取不同类型的抗侵蚀混凝土。

4 水泥混凝土粗集料应采用颚式和反击式破碎机联合加工,粗集料加工分级筛孔宜与拌和设备筛孔匹配。必要时粗集料加工应增加整形工艺。

5 中空注浆锚杆必须采用成品锚杆,施工单位不得自行加工。其产品性能应满足设计要求。

6 防水板、止水带、止水条等产品应结合工程实际提前到专业生产厂家订购,施工单位签订采购合同确定供应厂家应经试验检测机构认可和建设单位同意,相应技术指标满足设计规定。

6.1.3 设备配置

1 施工设备及试验检测设备配置应不低于合同要求,性能稳定可靠,生产能力满足施工需要,并具有一定的生产富余储备。易损件的备品、备件应齐全。

2 隧道进洞前,二次衬砌模板台车、湿喷机、锚杆机必须进场。凿岩台车、雾炮机、施工台架、管棚机、风水电供应设备等配备齐全。

6.1.4 施工供风、供水、供电

1 施工供风。

1)空气压缩机站应在洞口旁选址修建,并宜靠近变电站,应有防水、降温、保温和防雷击设施。

2)空气压缩机站供风能力应满足隧道正常施工需要,供风管路布置应避免压力损失,保证工作面使用风压不小于0.5MPa。

3)掘进100m以上时,洞内必须强制通风。当主风流的风量不能满足隧道掘进要求时,应设置局部通风系统。

4)供风管道前端至开挖面距离不应大于20m。

2 施工供水。

1)应确保施工和生活用水设施的提供、安装和保养满足施工及生活需要,必要时采用变频高压供水装置,水质应达标。

2)供水管道前端至开挖面一般不超过20m。

3 施工临时供电。

隧道施工临时供电的施工组织设计、建设及维护除应符合技术指南第2.4.5条的要求外,尚应符合以下要求:

1)对于短隧道应采用高压至洞口,再低压进洞;长隧道及特长隧道应考虑高、中压进洞,以满足施工需要。

2)隧道施工供电应采用380/220V三相五线供电系统;动力设备应采用三相380V;照明电压一般作业地段不宜大于36V,成洞段和不作业地段可采用220V,瓦斯地段不得超过110V,手提作业灯为12～24V;选用的导线截面应使低压线路末端电压降不大于10%,36V及24V线不得大于5%;高压分线部位应设置明显危险警告标志;所有配电箱和开关应全部进行责任人和用途标识。

3)洞外变电站应设置防雷击和防风装置,且宜设在靠近负荷集中地点和电源来线一侧;当变电站电源线需跨越施工区时,其最低点距人行道和运输线路的最小高度应满足:电压35kV时7.5m,电压6～10kV时6.5m,电压400V时6m;变压器容量应按电气设备总用量确定,当单台电动设备容量超过变压器容量的1/3时,宜适当增加启动附加容量。

4)洞内变电站应设置在干燥的紧急停车带或横通道内,变压器与周围及上下洞壁的最小距离,不得小于30cm,同时应按规定设置灯光、轮廓标等安全防护设施;洞内高压变电站之间的距离宜为1 000m,由变电站分别向相反两方向供电,每一方向供电距离宜采用500m;洞内高压变电站应采用井下高压配电装置或相同电压等级的油开关柜,不应使用跌落式熔断器,应有防尘措施。

5)成洞地段固定的电线路,应采用绝缘良好的胶皮线电缆架设;施工地段的临时电线路应采用橡套电缆;瓦斯地段的输电线必须使用密封电缆,不得使用皮线;涌水隧道的电动排水设备应采用双回路输电,并有可靠的切换装置;动力干线上每一分支线,必须装设开关及保险装置;严禁在动力线路上加挂照明设施。

6)照明和动力线路安装在同一侧时,必须分层架设。电线悬挂高度应满足:110V以下电线离地面距离不应小于2m,380V时应大于2.5m,6～10kV时不应小于3.5m。供电线路架设一般要求高压在上、低压在下,干线在上、支线在下,动力线在上、照明线在下。

4 施工期间"三管两线"架设、安装应顺直、整齐,各类管线路应接头严密,无扭曲、褶皱、漏风,悬挂牢固,破损及时修复。一般按图6.1所示布置。

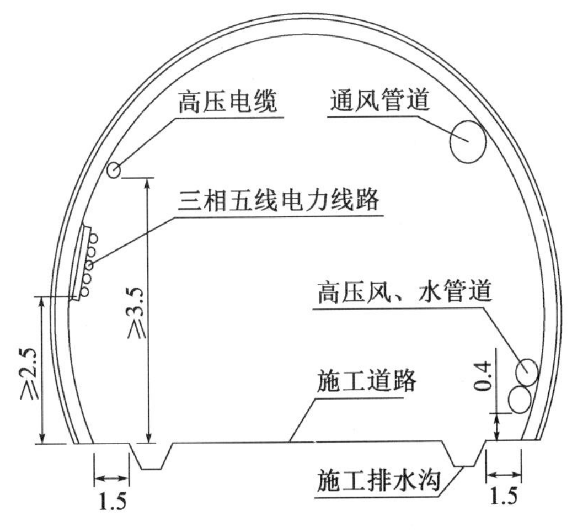

图6.1 三管两线布置示意图(尺寸单位:m)

6.1.5 自办料场

1 当隧道弃渣强度等指标符合规范要求、可作为结构用材料时，可在现场建碎石场以充分利用隧道弃渣，加工碎石设备应采用带除尘装置的反击破碎石机，并有配套的联合重筛分设备。

2 隧道碎石场生产喷射混凝土碎石料应专门配备锤式碎石机。日产量在 100m^3 以上的碎石场应配置自动或半自动水冲洗设备，以提高碎石质量。碎石原料母材必须精选。

3 碎石场的选址及生产不得影响正常的施工组织，且必须满足环保及不影响路侧景观的要求。

6.2 洞口、明洞工程与浅埋段工程

6.2.1 洞口与明洞工程

1 一般规定

1)隧道洞口开挖前，应对洞口段地形地貌进行详细复测，认真调查地质情况，并编制隧道进洞专项施工方案。洞口施工前，监控量测人员必须进场并埋设好监测点。严禁大开大挖，原则上不采用临时砌筑防护边仰坡，尽可能放缓坡脚，保护原生态地貌。

2)隧道洞顶截水沟以内植被严禁砍伐破坏，分离式隧道中间山体应尽可能保护。洞顶临时截水沟采取生态沟形式，一般不得采用圬工防护，需圬工防护时应经建设单位批准。进洞开挖必须进行锚喷防护仰坡时，施工范围应严格控制在不改变原有地形地貌景观，并在可恢复的范围内。

3)推广“零开挖”进洞理念，严格执行“早进晚出”原则，按设计完成超前支护后方可开始正洞的施工，洞口段应及时形成封闭结构，严禁采用长台阶施工。

4)洞口设有明洞，且洞口地质情况相对较好的隧道，可按先进暗洞，由内向外施作洞口明洞模筑衬砌，再进行洞身段开挖、初支、二衬施工。当洞口围岩条件较差时，应严格控制进洞施工顺序。应在完成套拱和超前大管棚后，立即进行明洞主体模筑衬砌施工，然后再进行暗洞浅埋段施工。

5)应在隧道二次衬砌施工完成 50m(含明洞)后立即进行洞门及边仰坡防护及绿化工程的施工。

6)隧道洞口场地必须进行混凝土硬化处理。

7)洞口附近的桥梁、涵洞等应提前安排施工，尽早完成。及时完成洞口前的路基施工。

2 洞口土石方开挖

1)洞口边坡、仰坡土石方的开挖应随挖随支护，随时监测、检查边、仰坡稳定情况，减少对岩、土体的扰动，严禁采用大爆破。边坡和仰坡上可能滑塌的表土、灌木以及边坡和仰坡上的浮石、危石应清除或加固，坡面凹凸不平应予整修平顺。洞口永久性支挡工程应紧跟土石方开挖及早完成。

2)应在进洞前按设计要求对地表及边、仰坡进行加固防护。洞口地层存在滑坡、崩塌危险隐患时,应及时采用地表砂浆锚杆、地表注浆等辅助工程措施,确保施工安全。

3)偏压洞口施工应做好支挡、反压回填等工作后再开挖;开挖方法应结合偏压地形情况选定,不得因人为因素加剧偏压。

4)洞口边坡及仰坡采用明挖法施工,自上而下分阶段、分层进行开挖,做好现场监测。进洞前开挖的土石方应堆放在指定的地点,边、仰坡上方不得堆放弃方。明洞基坑开挖后,基坑内必须采取有效排水措施,不得积水。

5)洞口仰坡上方洞身范围内严禁修建水池。

3　排水工程

1)隧道洞顶截水沟或排水沟应于洞口土石方开挖前完成,防止地面水冲刷而导致边坡、仰坡落石、塌方。如坡体含水率较大或有地下水且坡面渗漏水较多时,应增设泄水孔或平孔排水。

2)边仰坡上方积水时,应及时疏导引排,路堑两侧边沟应与排水设施妥善连接,确保排水畅通。

3)反坡施工洞口,施工期间洞口应设置渗水沟,并将两侧排水沟于洞口隐蔽部位设置保温出水口排出。洞外路堑向隧道内为下坡时,应在洞口3~10m范围设置横向截水设施,引排至线外,阻止地表水流入洞内。

4)隧道洞内排水应与洞外排水系统合理连接,不得浸泡隧道边墙基础,不得冲刷洞口前路基边坡及桥涵锥坡等设施。

4　明洞工程

1)洞门端墙的砌筑(或浇筑)与墙背回填,应两侧同时进行,防止对衬砌产生偏压。基础施工完成后应及时回填,避免积水等浸泡地基。

2)明洞拱圈外模拆除且拱圈混凝土达到设计强度的50%后,应及时按设计要求施作防水层及拱脚纵向排水管、环向渗沟,防水卷材接头搭接长度不小于10cm,并应向隧道内延伸不小于50cm,与暗洞防水板连接应良好。

3)拱圈混凝土达到设计强度、拱墙背防水设施完成后,方可回填拱背土方。需先用人工填筑夯实回填至拱顶以上100cm后,方可使用机械施工。石质地层中墙背与岩壁空隙可采用与墙身同级混凝土或片石混凝土回填密实。

4)明洞段顶部回填土方应对称分层夯实,每层厚度不得大于30cm,两侧回填的土层高差不得大于50cm;回填至拱顶后应分层满铺填筑,顶层回填材料应采用黏土以利于隔水。明洞黏土隔水层应与边坡、仰坡搭接良好,封闭紧密。

6.2.2　浅埋段工程

1　根据围岩及周围环境条件,选择合适的开挖方法,控制围岩变形。爆破开挖时,应短进尺、弱爆破、早支护,减少对围岩的扰动;设置锁脚锚杆,提高拱脚处围岩的承载力;及时施工仰拱或临时仰拱。

2 地质条件差或有涌水时,可采用地表预注浆结合洞内环形固结注浆。

3 围岩自稳能力差时,可采用地表锚杆、管棚、超前小导管、注浆等加固围岩稳定地层的措施。开挖后尽快施工喷射混凝土、锚杆、敷设钢筋网或钢支撑等支护措施。

4 应严格控制地表沉降,减小循环开挖进尺和防止塌方。应加强对地表沉降、拱顶下沉的量测及反馈。

5 穿越覆盖层薄的土石地层时,应结合地表防排水措施,进行有效的地层注浆加固。如出现开裂、涌水激增、支护变形等问题,应及时反馈,并及时采取加固措施,防止冒顶、压溃等事故的发生。

6 注浆施工前,施工单位应提交注浆施工专项方案。注浆过程应保留影像资料。

6.3 洞 身 开 挖

6.3.1 一般规定

1 洞身开挖前应进行测量放样。开挖过程中,应随时测定隧道轴线位置和高程,在洞内每隔 50m 设置一个水准点,严格按设计方向和坡度施工。

2 根据设计及地质情况,按设计开挖方法进行开挖,因地质变化需要变更开挖方式时,应履行变更程序。如需变换开挖方法时应有过渡措施,并按以下原则进行控制:

1)Ⅰ~Ⅲ级围岩的中小跨度隧道可采用全断面法施工。

2)Ⅲ~Ⅳ级围岩的中小跨度隧道、Ⅴ级围岩的中小跨度隧道在采用了有效的预加固措施后可采用台阶法开挖。

3)Ⅳ~Ⅴ级围岩或一般土质围岩的中小跨度隧道宜采用环形开挖留核心土法施工。

4)围岩较差、跨度大、浅埋、地表沉降需要控制的隧道应采用中隔壁法(CD 法)或交叉中隔壁法(CRD 法)施工。两车道土质和类土质、含水率大、承载力低的围岩必须采用中隔壁法或交叉中隔壁法施工。

5)浅埋大跨度隧道及地表下沉量要求严格而围岩条件很差时应选用双侧壁导坑法施工。

3 开挖作业应符合下列规定:

1)确定合理的开挖步骤和循环进尺,保持各开挖工序相互衔接,均衡施工。

2)开挖断面尺寸应满足设计要求,应采用有效的测量手段控制开挖轮廓线。边沟、电缆沟及边墙基础应同时开挖,所有开挖应按设计标明的开挖线并加入预留变形量后的尺寸进行施工,开挖质量应符合设计及规范要求,严禁二次爆破开挖。在开挖过程中,施工单位应随时测定隧道轴线位置和高程。

3)开挖后应做好地质构造的核对,及时做好监控量测工作,地质变化处和重要地段,应有相应照片或文字描述记载。

4)开挖作业必须保证安全,不得危及初期支护、二次衬砌和设备的安全,并应保护好量测用的测点,减少对围岩的扰动。

5)开挖爆破作业应在上一循环喷射混凝土终凝不少于 4h 后进行。

4 隧道爆破应采用光面爆破,必要时采用预裂爆破技术;爆破作业及爆破物品管理必须符合现行《爆破安全规程》(GB 6722)的有关规定;施工中应优化钻爆设计、提高钻孔效率和爆破效果,降低工料消耗。开挖爆破应采用合理的起爆方式,选用适当的炸药品种和型号,在漏水和涌水地段应采用非电导爆管起爆。

5 隧道双向开挖的贯通应选择在Ⅳ级以上围岩地段,双向开挖距离25m时,两端施工应加强联系、统一指挥,并采取浅眼低药量,控制爆破震动。当两开挖面间的距离为15m时,应改为单向开挖,一端必须停挖、将人员机具撤走,并在安全距离处设立警告标志;开挖侧每次爆破作业时应提前30min通知停挖侧,停挖侧施工人员及机械设备应撤至安全距离以外。单向开挖时应反打不少于30m且不小于洞口超前管棚长度。严禁在隧道洞口处贯通。

6 双洞开挖时,应根据两洞的轴线间距、洞口里程距离、地质条件及其他自然条件,选择适当的开挖方法,确定好两洞开挖的时间差和距离差,并采取措施防止后行洞开挖对先行洞周壁产生不良影响。

7 在施工过程中,应根据对开挖面的直接观察、围岩变形的量测结果,辅以超前地质预报,结合岩层构造、岩性及地下水情况,提出围岩分类的修改意见,并判定隧道围岩稳定性,提出相应的处理措施。

8 应采取综合防尘防毒措施,定期检查粉尘及有害气体浓度,保证隧道作业环境空气中含有的有害气体、瓦斯、粉尘等的浓度不超标。瓦斯地层隧道施工应按现行《煤矿安全规程》的有关规定执行。

9 洞内不得存放汽油、煤油、柴油、炸药、雷管等危化品。

6.3.2 开挖方法

1 中隔壁法(CD法)

CD法是在软弱围岩大跨度隧道中,先分部开挖隧道的一侧,并施作中隔壁,然后再分部开挖另一侧的施工方法。其施工步骤参见图6.2。

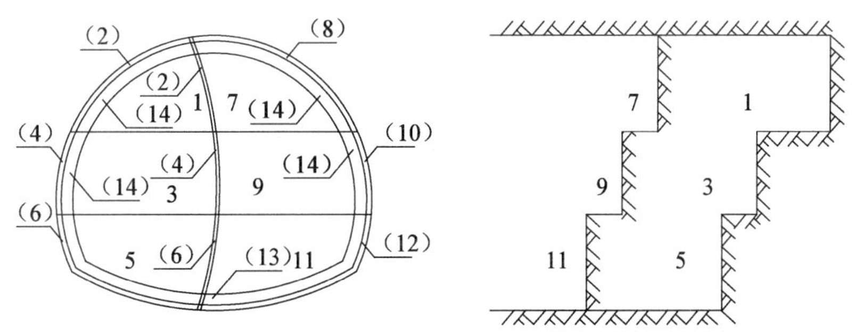

图6.2 中隔壁法(CD法)施工工序横断面及纵断面示意图

施工顺序说明:1.先行导坑上部开挖;(2)先行导坑上部初期支护;3.先行导坑中部开挖;(4)先行导坑中部初期支护;5.先行导坑下部开挖;(6)先行导坑下部初期支护;7.后行导坑上部开挖;(8)后行导坑上部初期支护;9.后行导坑中部开挖;(10)后行导坑中部初期支护;11.后行导坑下部开挖;(12)后行导坑下部支护;(13)仰拱超前浇筑;(14)全断面二次衬砌。

1)上部导坑的开挖循环进尺控制为1榀钢架间距,下部导坑的开挖进尺可依据地质情况适当加大。

2)中隔壁法或交叉中隔壁法施工时,初期支护完成后方可进行下一分部开挖,地质较差时,每个台阶底部均应按设计要求设临时钢架或临时仰拱;各部开挖时,周边轮廓宜圆顺;应在先开挖侧喷射混凝土强度达到设计要求后再进行另一侧开挖;左右两侧导坑开挖工作面的纵向间距不宜小于15m;当开挖形成全断面时,应及时完成全断面初期支护闭合。

3)导坑开挖孔径及台阶高度可根据施工机具、人员等安排进行适当调整。应配备适合导坑开挖的小型机械设备,提高导坑开挖效率。

4)中隔壁的拆除应滞后于仰拱,并应于围岩变形稳定后才能进行,一次拆除长度应根据量测数据慎重确定,一般不应超过15m,拆除后应立即施作二次衬砌。

2　交叉中隔壁法(CRD法)

CRD法是在软弱围岩大跨度隧道中,先分部开挖隧道一侧,施作中隔壁和横隔板,再分部开挖隧道另一侧并完成横隔板施工的施工方法。其施工步骤参见图6.3。

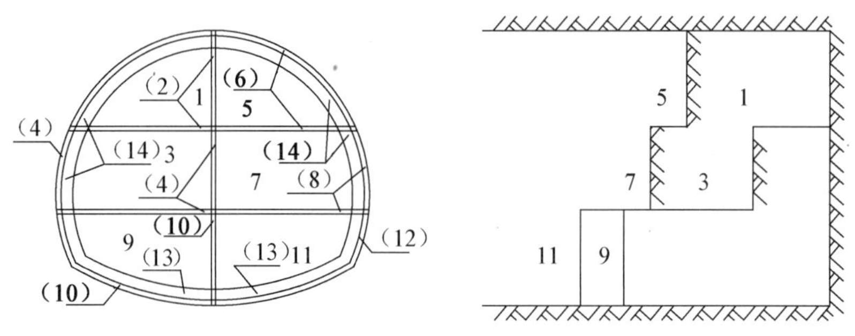

图6.3　交叉中隔壁(CRD法)施工横断面及纵断面示意图

施工顺序说明:1.左侧上部开挖;(2)左侧上部初期支护;3.左侧中部开挖;(4)左侧中部初期支护;5.右侧上部开挖;(6)右侧上部初期支护;7.右侧中部开挖;(8)右侧中部初期支护;9.左侧下部开挖;(10)左侧下部初期支护;11.右侧下部开挖;(12)右侧下部初期支护;(13)仰拱超前浇筑;(14)全断面二次衬砌。

1)为确保施工安全,上部导坑开挖循环进尺控制为1榀钢架间距(0.6~0.75m),下部开挖可依据地质情况适当加大,仰拱一次开挖长度依据监控量测结果、地质情况综合确定,一般不宜大于6m。

2)中间支护系统的拆除时间应考虑其对后续工序的影响,当围岩变形达到设计允许的范围之内,并在严格考证拆除的安全性之后,方可拆除。中隔壁混凝土拆除时,应防止对初期支护系统造成大的振动和扰动。

3)中隔壁的拆除时间要求同CD法。

4)应配备适合导坑开挖的小型机械设备,提高导坑开挖效率。

3　双侧壁导坑法

双侧壁导坑法为分部开挖隧道两侧的导坑,并进行初期支护,再分部开挖分部剩余部分的方法。其施工步骤参见图6.4。

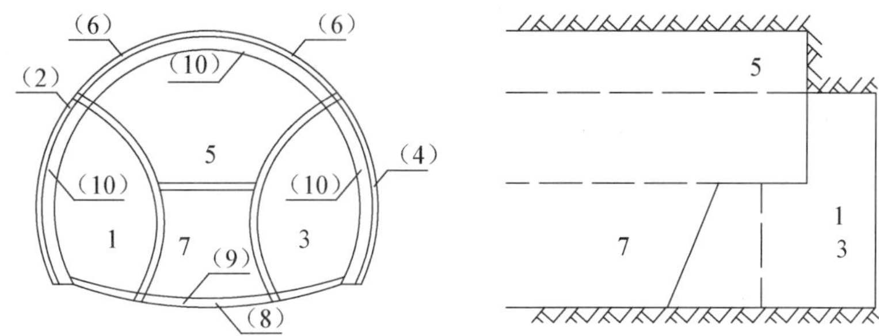

图 6.4 双侧壁导坑法施工横断面及纵断面示意图

施工顺序说明:1. 左(右)导坑开挖;(2)左(右)导坑初期支护;3. 右(左)导坑开挖;(4)右(左)导坑初期支护;5. 上台阶开挖;(6)上台阶初期支护、导坑隔壁拆除;7. 下台阶开挖;(8)仰拱初期支护;(9)仰拱超前浇筑;(10)全断面二次衬砌。

1)围岩开挖宜采用挖掘机和人工配合无爆破施工,局部需爆破施工时,宜弱爆破施工,以减少对地层的扰动。

2)开挖应严格按规定做好监控量测工作,随时掌握围岩及支护的变形情况,以便及时修正支护参数,改变施工方法;同时,应有较准确的超前地质预报。

3)开挖过程中严格做好施工排水,应对两侧临时排水沟铺砌抹面,防止钢支撑基底软化。

4)侧壁导坑开挖后,应及时施工初期支护并尽早形成封闭环;侧壁导坑形状应近于椭圆形断面,导坑跨度宜为整个隧道跨度的 1/3;左右导坑施工时,前后拉开距离不宜小于 15m;导坑与中间土体同时施工时,导坑应超前 30 ~ 50m。

4 环形开挖留核心土法

环形开挖留核心土法是指先开挖上部导坑成环形,并进行初期支护,再分部开挖剩余部分的施工方法。其施工步骤参见图 6.5。

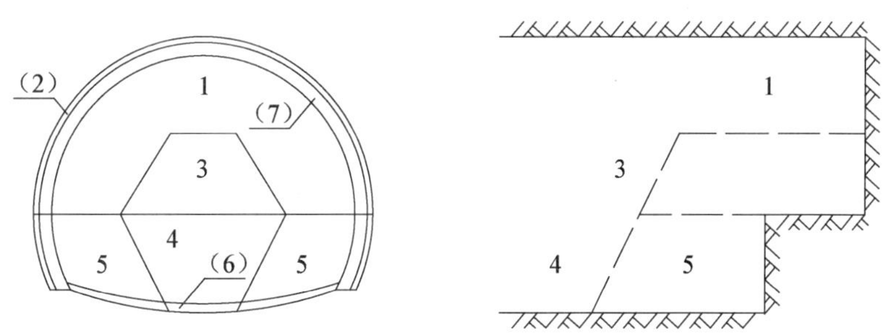

图 6.5 环形开挖留核心土法施工工序示意图

施工顺序说明:1. 上弧形导坑开挖;(2)拱部初期支护;3. 预留核心土开挖;4. 下台阶中部开挖;5. 下台阶侧壁部开挖;(6)仰拱超前浇筑;(7)全断面二次衬砌。

1)环形开挖留核心土法,将开挖断面分为上、中、下及底部 4 个部分逐级掘进施工,核心土面积应不小于整个断面面积的 50%。上部宜超前中部 3 ~ 5m,中部超前下部 3 ~ 5m,下部超前底部 10m 左右。上部开挖高度控制在 2.5 ~ 3.0m,中部台阶高度也控制在 3 ~ 5m,下部台阶高度控制在 3.5m 左右。

2)核心土与下台阶开挖应在上台阶支护完成后、喷射混凝土强度达到设计强度的

70%后进行。钢架底部应按设计要求设置锁脚锚杆,锚杆布设俯角宜为45°。为防止上台阶初期支护下沉、变形,可采取扩大拱脚、加强锁脚及加设临时仰拱等措施。

3)每一台阶开挖完成后,及时喷射4cm厚混凝土对围岩进行封闭,设立型钢钢架及锁脚锚杆,分层复喷混凝土到设计厚度,必要时各台阶设临时仰拱加强支护,完成一个开挖循环。

4)对土质的隧道应以核心土为基础设立3根临时钢架竖撑以支撑拱顶和拱腰,核心土应根据围岩量测结果适当滞后开挖。

5　台阶法

台阶法是指开挖上半断面,待开挖至一定长度后同时开挖下半断面,上、下半断面同时并进的施工方法。其施工步骤参见图6.6。

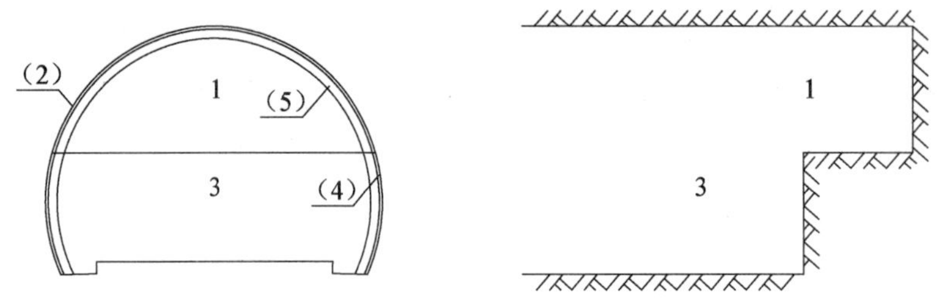

图6.6　台阶法施工工序示意图

施工顺序说明:1.上台阶开挖;(2)上台阶初期支护;3.下台阶开挖;(4)下台阶初期支护;(5)全断面二次衬砌。

1)一般分两级或三级台阶开挖,上、下台阶之间的距离尽可能满足机具正常作业,并减少翻渣工作量;当顶部围岩破碎,需支护紧跟时,可适当延长台阶长度。

2)施工亦应先护后挖,宜采用超前锚杆或超前小钢管辅助施工措施。开挖宜采用微震光面爆破技术。

3)初期支护应紧跟开挖面;上台阶施工时,钢架底脚应设锁脚锚杆以利下台阶开挖安全。下台阶在上台阶喷射混凝土强度达到设计强度的70%后开挖。

4)隧道两侧的沟槽及铺底部分应和下台阶一次开挖成型。

5)台阶分界线不得超过起拱线,上台阶长度不得大于30m,下台阶马口落底长度不大于2榀钢拱架的长度,应一次落底,并尽快封闭成环。

6)台阶长度不宜过长,应尽快安排仰拱封闭间,改善初期支护受力条件。

6　全断面开挖法

全断面开挖法为采用全断面一次开挖成形的施工方法。循环进尺宜控制在3~4m。采用大型机械配套作业;超前开挖导洞时,应控制好开挖距离。其施工步骤参见图6.7。

7　竖井

1)竖井口的锁口圈应于井身掘进前完成,并配备井盖。只有在升降人员、物料时,井盖方可开启。

2)钻爆作业前应清理工作面并排除积水,装药孔应采取适当封堵措施,防止碎石掉入。竖井开挖每掘进5~10m,核对一次中线,及时纠正偏斜。

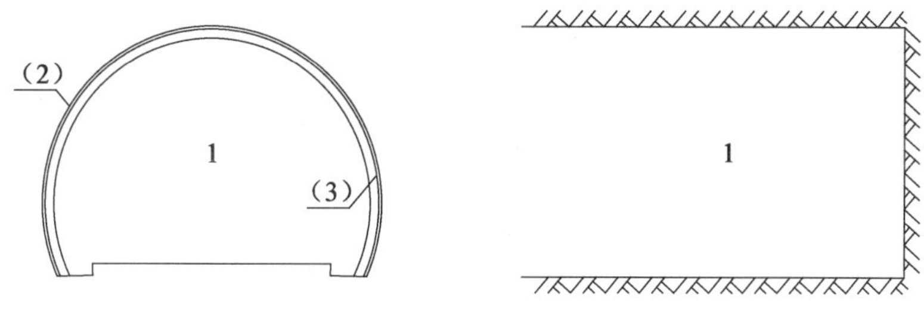

图6.7 全断面开挖法施工横断面及纵断面示意图
施工顺序说明:1.全断面开挖;(2)初期支护;(3)全断面二次衬砌。

8 斜井

1)斜井口应设在地质条件较好和不受水淹的地方,并应便于布置井口车场和弃渣场地。在井底变坡点处用竖曲线与井底车场连接。

2)斜井开挖除应符合技术指南洞身开挖有关规定外,尚应符合下述要求:钻孔方向应与斜井倾角一致;底眼应较井底高程略低,避免出现台阶。每一循环进尺应用坡度尺放线控制井身斜度;每隔20~30m应用仪器复核中线、水平,保证斜井位置正确。

3)斜井施工应根据坡度不同采用箕斗运输、矿车运输或自卸汽车运输方式。

4)斜井施工应做好施工排水。斜井洞内管道排水一般每300m设一抽水泵站,每100m设置储水仓,并根据围岩性质及渗水情况布置集水坑,分段截排,防止已支护段水流流向掌子面而影响施工。掌子面附近设集水坑,潜水泵通过阶梯排水将水排至洞外。

6.3.3 钻爆设计

1 隧道掘进施工前,应按照现行《公路隧道施工技术细则》(JTG/T F60)进行详细的钻爆设计,并应根据实际爆破效果及围岩变化情况分析各相关影响因素,及时调整爆破设计参数。推荐采用水压光面爆破技术。

2 石质隧道应采用光面爆破。光面爆破控制标准应符合表6.1的规定。

表6.1 光面爆破控制标准

序号	项目	硬岩	中硬岩	软岩
1	平均线性超挖量(cm)	10	15	10
2	最大线性超挖量(cm)	20	20	15
3	两炮衔接台阶最大尺寸(cm)	10	10	10
4	残眼率(%)	≥90	≥75	≥55
5	局部欠挖量(cm)	5	5	5
6	炮眼利用率(%)	90	95	100

3 光面爆破参数应通过试验确定。当无试验条件时,可参照表6.2选用。

表 6.2 光面爆破参数

岩石类别	周边眼间距 E (cm)	周边眼抵抗线 V (cm)	相对距离 E/V	装药集中度 q (kg/m)
硬岩	50～60	55～75	0.8～0.85	0.25～0.305
中硬岩	40～50	50～60	0.8～0.85	0.15～0.25
软岩	35～45	45～60	0.75～0.8	0.07～0.12

4 周边眼应沿隧道开挖轮廓线布置，保证开挖断面符合设计要求，硬岩开眼位置在开挖轮廓线上，软岩可向内偏5～10cm。

6.3.4 钻爆作业

1 应严格控制欠挖，尽量减少超挖，不同地质围岩超挖允许值应符合表6.3的规定。

表 6.3 平均和最大允许超挖值

项目		规定值或允许偏差(mm)	检查方法和频率
拱部	破碎岩、土(Ⅳ、Ⅴ级围岩)	平均100，最大150	水准仪或断面仪，每20m一个断面
	中硬岩、软岩(Ⅱ、Ⅲ、Ⅳ级围岩)	平均150，最大250	
	硬岩(Ⅰ级围岩)	平均100，最大200	
边墙	每侧	+100，0	尺量，每20m检查1处
	全宽	+200，0	
仰拱、隧底		平均100，最大250	水准仪，每20m检查3处

注：1. 最大超挖值系指最大超挖处至设计开挖轮廓切线的垂直距离。
2. 表列数值不包括测量贯通误差、施工误差。

2 一般隧道大断面开挖可采用多层钻孔平台配风动凿岩机等凿岩机具钻孔；长大隧道推荐采用性能先进的多臂液压钻孔台车施工。

3 钻孔前应定出开挖断面中线、水平线，用红油漆准确绘出开挖断面轮廓线，并标出炮眼位置(误差不超过5cm)，经检查符合设计要求后方可钻孔。除掏槽眼外的所有炮眼眼底应在同一垂直面上。

4 一般应用直眼掏槽，斜眼掏槽时的炮眼方向，宜与岩层节理面垂直。钻孔作业应做到准、直、平、齐，周边眼外插角精确，两茬炮交界处台阶不大于15cm。根据眼口位置岩石的凹凸程度调整炮眼深度，保证炮眼底在同一平面上。钻孔完成需经监理认可后方可转序。

5 应配备专用炮泥机加工炮泥，保证装药堵塞质量。装药需分片分组，按炮眼设计图确定的装药量自上而下进行，雷管应"对号入座"，应定人、定位、定段别，严禁乱装药。已装药的炮眼应及时堵塞密封。人员疏散至安全地点后才能引爆。爆破后通风排烟时间不得少于15min。

6 炸药引爆后，按爆破作业规定检查有无瞎炮及可疑现象，有无残余炸药或雷管，有无松动石块，支护有无损坏与变形，并及时排除隐患。

6.3.5 小净距隧道

1 小净距隧道施工应结合中岩墙厚度、围岩条件及埋深等编制专项施工方案，该方案严格贯彻设计意图，并包括以下内容：先行洞和后行洞开挖方法；先行洞和后行洞爆破设计和爆破震动控制；先行洞和后行洞开挖错开距离；先行洞衬砌与后行洞开挖错开距离；中岩墙保护方法；各相互影响工序的滞后时间；非小净距隧道施工方案中的其他内容等。

2 小净距隧道选择开挖方法应以减小对中岩墙的扰动、控制中岩墙的围岩变形、保证开挖过程中围岩的稳定为原则，合理安排施工方法及施工工序。Ⅴ级围岩应以机械开挖为主，辅以微量的弱爆破。

3 小净距隧道爆破应进行专门设计，并进行试爆，测定震动值，严格控制爆破震动；先行洞与后行洞掌子面错开距离应大于2倍隧道开挖宽度。应重点控制爆破对中岩墙的危害。相邻爆破分段起爆间隔时间宜不小于100ms。

4 先行洞开挖可采用与分离式隧道相同的施工方法，严控爆破震动对中岩墙的影响；后行洞开挖当采用CD法或CRD法开挖时，先开挖靠近中岩墙侧。

5 每个开挖面必须各配备一台衬砌台车。先行洞衬砌宜在围岩变形基本稳定后进行，宜落后于后行洞掌子面2倍隧道开挖宽度以上，且在初期支护变形基本稳定（参考值：周边位移速率小于0.2mm/d，拱顶下沉速率小于0.15mm/d）后尽早施工；后行洞衬砌按规定要求及时施作。

6.3.6 出渣与运输

1 出渣运输方式应根据隧道长度、断面大小、开挖方法、机械设备配套能力、经济性及施工进度等因素综合考虑确定，保证作业安全。

2 出渣运输设备的选型配套应保证机械设备充分发挥其功能，并应使出渣能力、运输能力与开挖能力相适应，应使装运能力大于最大的开挖能力。

3 隧道内施工车辆、设备应靠边停放，远离爆破点；停放点处岩石完整性好、无渗水；停放点前后应架设红色警示灯，显示限界。

4 运输道路应进行专门维修和养护，使其处于平整、畅通状态。道路两侧的废渣和余料应随时清除。

5 出渣运输车辆必须处于完好状态，制动有效，严禁人料混载，不得超载、超宽、超高运输。运装大体积或超长料具时，应有专人指挥，专车运输并设置显示界限的红灯。

6 进洞的各类施工机械和车辆，宜选用带净化装置的柴油机动力设备，洞内运输车辆行驶速度不得大于15km/h。在洞口、平交洞口及施工狭窄地段应设置缓行标志，倒车与转向时应由专人指挥。

7 装渣前及装渣过程中，应检查开挖面围岩的稳定情况。发现有松动岩石或塌方征兆时，必须先处理后装渣。

8 装渣作业应由专人指挥。应注意爆后残留在掌子面上和埋在爆渣之中的拒爆残药，发现拒爆残药，必须立即通知专业人员进行处理。

9 装载机械应能在开挖断面内安全运转,装渣机操作时其回转范围内不得有人通过;机械装渣作业应严格按操作规程进行,并不得损坏已有的支护及设施。

10 轨道运输等参照有关规定执行。

6.4 初期支护与辅助工程措施

6.4.1 一般规定

1 初期支护应配合开挖作业及时进行,确保围岩稳定及施工安全。当掌子面自稳能力差时,应采取增加辅助工程措施或改变开挖方法等措施。

2 软弱围岩地段施工必须坚持“先支护(强支护)、后开挖(短进尺、弱爆破)、快封闭、勤量测”的施工原则,初期支护紧跟掌子面。Ⅳ~Ⅵ级围岩初期支护必须保证尽早封闭成环。

3 隧道支护应根据现场监控量测结果,分析施工中的各种信息,及时调整支护措施和支护参数。

4 在浅埋、严重偏压、自稳性差的地段,以及大面积淋水或涌水地段施工时,应采用稳定地层和处理涌水的辅助工程措施,结合实际情况综合运用。岩面有渗水出露时,应先引排处理。当局部出水量较大时,可采用埋管、凿槽、树枝状排水渗沟等措施,将水引导疏出后再喷射混凝土。

5 初期支护完成后应及时进行检测,发现背后存在空洞及时压注水泥砂浆,保证初期支护与围岩贴合密实。

6 初期支护的混凝土强度、厚度、空洞情况、锚杆质量和钢架间距应经监理单位检查确认,达到设计及规范要求方可转序。

6.4.2 喷射混凝土

1 喷射混凝土应采用湿喷工艺施工。喷射混凝土配合比应通过试验确定并满足设计强度和喷射工艺的要求,坍落度宜控制在80~120mm。液体速凝剂应环保无碱,对作业人员身体无害。

2 隧道开挖后及时初喷,硬岩地段复喷作业距离掌子面不得大于60m,软岩地段初期支护应紧跟掌子面,爆破作业距喷射混凝土作业完成时间的间隔不小于4h。

3 喷射混凝土均匀密实,表面平顺,无明显拱肋突出及坑凹。表面不平顺需补喷。施工过程可采用直尺进行平整度检查。

4 喷射混凝土与围岩黏结强度按设计要求执行,设计无规定时,Ⅰ级和Ⅱ级围岩不低于0.8MPa,Ⅲ级及以下围岩不低于0.5MPa。

5 喷射作业应分段、分片依次进行,喷射顺序自下而上进行,每次作业区段纵向长度不应超过6m。喷射混凝土混合料应随拌随喷,回弹料不得二次利用。

6 一次喷射厚度应根据设计厚度和喷射部位确定,初喷厚度不小于4~6cm。复喷一次喷射厚度拱顶不得大于10cm,边墙不得大于15cm。

7 湿喷机喷嘴距岩面距离以60~120cm为宜,喷射料束与受喷面垂线成5°~15°夹角,使喷射料束螺旋形运动;喷射机工作压力应控制在0.1~0.15MPa。

8 钢架与岩面之间的间隙应用喷射混凝土充填密实,由两侧拱脚向上对称喷射,保证钢架背面喷射填满,黏结应良好。拱脚基础喷射混凝土应密实,严禁悬空。

9 喷混凝土终凝2h后,采用雾炮机养护,养护时间不少于7d;隧道内环境温度低于5℃时,不得喷水养护。

6.4.3 锚杆

1 为保证拱部锚杆的施作质量,要求对拱部锚杆采用锚杆机进行施作,锚杆机性能必须适合硬岩条件下的钻孔要求。侧墙及拱腰部位可采用一般气腿式凿岩机钻孔。

2 锚杆施工在初喷后及时进行,钻孔应保持直线,系统锚杆钻孔方向宜与开挖面垂直。当岩层层面或主要结构面明显时,应尽可能与其成较大夹角,但与其开挖面的垂直偏差不应大于20°。局部锚杆应尽可能与岩层层面或主要结构面成大角度相交。

3 锚杆都必须安装垫板,垫板应与喷射混凝土紧密接触。Ⅳ、Ⅴ级围岩系统锚杆尾端应预留足够长度,确保锚杆垫板能够在复喷后安装,以便于锚杆质量检测。锚杆施作位置用红漆进行标识。

4 水泥砂浆锚杆孔深允许偏差为±50mm;药包不应有受潮结块现象。砂浆的初凝不得小于3min,终凝不得大于30min。早强药包锚杆孔深应与杆体长度配合适当。砂浆锚杆杆体插入到设计深度时,孔口应有砂浆流出,若孔口无砂浆流出,则应拔出杆体重新灌浆。

5 全长黏结式锚杆安设后不得敲击,其端部3d内不得悬挂重物。

6 中空注浆锚杆应有锚头、垫板、螺母、止浆塞等配件。注浆压力应保持在0.3MPa左右,严禁不注浆行为。中空注浆锚杆注浆时,待排气口出浆后,方可停止注浆。

7 锚杆抗拔力按照设计指标控制,设计无规定时,普通砂浆锚杆抗拔力不得小于80kN;中空注浆锚杆不得小于100kN。锚杆用的各种水泥砂浆强度不低于M20。

6.4.4 钢筋网

1 钢筋在使用前应调直、清除锈蚀和油渍。钢筋网应与锚杆或钢架连接牢固,在喷射混凝土时不得晃动。钢筋搭接长度不得小于30倍钢筋直径,并不得小于一个网格长边尺寸。

2 在初喷一层混凝土后进行钢筋网的铺设。钢筋网宜随受喷面起伏铺设,并在锚杆安设后进行,与受喷面的最大间隙控制在20~30mm。钢筋网每个交叉点都应进行焊接或绑扎。

6.4.5 钢架

1 型钢及配件应按设计要求的材质、规格、型号采购进场,非标产品严禁进场。

2 钢架制作要求如下：

1）钢架节段应采用工厂化加工制作方案，型钢钢架采用冷弯法成型；格栅钢架应按1∶1胎模控制尺寸，所有钢筋节点必须采用焊接。每片节段应编号，注明安装位置。

2）拱架接头钢板厚度及螺栓规格必须符合设计要求；接头钢板螺栓孔必须采用机械钻孔，并清除毛刺和钢渣，严禁采用气割冲孔。

3）不同规格的首榀钢架加工完成后，应放在平地上试拼，周边拼装允许偏差为±30mm，平面翘曲应小于20mm，并与开挖断面相适应。经试拼合格的单元钢架应编号挂牌，分单元堆码。

3 钢架安装要求如下：

1）钢架安装应确保两侧拱脚必须放在牢固的基础上。分段安装前应将底脚处的虚渣及其他杂物彻底清除干净；拱脚超挖时，应用喷射混凝土填充；拱脚高度应低于上半断面底线15～20cm，当拱脚处围岩承载力不够时，应向围岩方向加设钢垫板、垫梁或浇注强度不低于C20的混凝土以加大拱脚接触面积。

2）钢架应分节段安装，节段之间应按要求连接。连接钢板平面应与钢架轴线垂直，钢板连接紧密。相邻两榀钢架之间必须用纵向钢筋连接。

3）钢架安装时应垂直于隧道中线，竖向不倾斜，平面不错位、不扭曲，纵向间距符合规定指标，用定位筋和纵向连接筋固定牢靠。上下左右的允许偏差为±50mm，钢架倾斜度应小于2°。

4）钢架安装应尽可能与围岩或初喷面密贴，用喷射混凝土将缝隙填充密实，严禁采用片石填塞空隙。喷射混凝土应由两侧拱脚向上对称喷射，钢架临空一侧混凝土保护层厚度不小于20mm。

5）施工中如出现钢架破裂、倾斜、弯曲、变形以及接头松脱、填塞露空等异状，必须立即加固。

6）钢架安装后应及时安装锁脚锚杆，确保锁脚锚杆与钢架有效连接，控制钢架沉降变形。

7）钢架的抽换、拆除应本着“先顶后拆”的原则进行，防止围岩松动坍塌。

6.4.6 超前锚杆支护

1 测量开挖面中线、高程，标记出锚杆孔位，孔位允许偏差为±20mm。

2 应采用钻孔台车或锚杆机按设计孔位成孔，清孔注浆后及时安装锚杆。

3 超前锚杆搭接长度应大于1.0m，锚杆插入孔内的长度不得小于设计长度。

6.4.7 超前小导管预注浆支护

1 超前小导管直径应按设计要求选用和加工，长度应满足设计要求，纵向搭接长度应不小于1.0m。

2 导管和钢架联合支护时，应从钢架腹部穿过，尾端与钢架焊接，超前小导管沿隧道纵向开挖轮廓线向外以10°～15°的外插角钻孔。

3 钻孔、安装小导管后，管口用麻丝和锚固剂封堵钢管与孔壁间空隙，管口安装封头和孔口阀，并能承受规定的最大注浆压力和水压。

4 注浆前，应对开挖面及5m范围内的坑道喷射厚为50～100mm混凝土或用模筑混凝土封闭，以防止注浆作业时发生孔口跑浆现象。

5 注浆顺序应由下至上，浆液先稀后浓，注浆量先大后小。

6 结束标准以终压控制为主，以注浆量校核。当注浆压力达到1.0MPa时，持荷时间不小于10min。

7 注浆后至开挖的时间间隔，应视浆液种类决定。当采用单液水泥浆时，开挖时间为注浆后8h，采用水泥—水玻璃双液浆时为4h左右。

6.4.8 超前管棚支护

1 超前管棚支护的长度和钢管外径应满足设计要求，纵向搭接长度应不小于3m。孔径比管棚钢管直径大20～30mm，钻孔顺序由高孔位向低孔位进行。

2 管棚以套拱内预埋的孔口管定向、定位，严格控制其上抬量和角度。

3 管棚施工应采用履带式潜孔钻机，根据工程地质情况选择跟管钻机或引孔顶入法施工，长管安装一次完成。应选在拱脚部位做试验孔，找出地层特点，并进行注浆和砂浆充填试验。

4 安装钢管时，先打有孔钢花管，注浆后再打无孔钢管，每钻完一孔便顶进一根钢管。

5 钢花管安装后，管口用麻丝和锚固剂封堵钢管与孔壁间空隙，钢管自身利用孔口安装的封头将密封圈压紧，压浆管口上安装三通接头。

6 管棚注浆应采用袖阀管分段注浆方式，不得采用全管一次注浆。用双液注浆泵按先下后上，先单液浆再双液浆，先稀后浓的原则注浆。注浆量以压力控制，初压0.5～1.0MPa，终压为2.0MPa。持荷结束后中止注浆。

6.4.9 超前预注浆

1 注浆材料及浆液配合比应根据地质条件、注浆目的、注浆工艺等确定。注浆过程中应根据浆液扩散情况、注浆量、注浆压力等参数调整注浆材料和配合比。

2 在细小裂隙岩层、断层泥、砂层中，可采用超细水泥类浆液或渗透性好、无毒及遇水膨胀的化学类浆液。

3 注浆后必须对注浆效果进行检查，未达到设计要求应进行补孔注浆。一般可通过分析法、检查孔法等进行检验，必要时可通过物探无损检测。

4 注浆应采用袖阀管分段注浆方式，保证对地层均匀加固。

6.4.10 地表注浆

1 注浆钢管宜垂直地表面或坡面设置。

2 考虑到加固带的厚度，钢管按梅花形、深浅不同错落布置。

3 应合理进行注浆施工组织，制定严格的现场施工环境保护措施和预案，防止注浆施工破坏和污染环境。

6.5 仰拱与铺底

6.5.1 一般规定

1 洞口段进洞30m后应及时施工仰拱。隧道仰拱、铺底应及时安排施工，尽快封闭支护结构，改善围岩受力状况、约束和控制围岩变形，保障施工安全，改善洞内交通状况和施工环境。

2 Ⅴ级围岩仰拱纵向一次开挖长度控制在2榀钢架间距以内，一次混凝土浇筑长度不应大于5m。Ⅳ级围岩仰拱纵向一次开挖长度控制在3榀钢架间距以内，一次混凝土浇筑长度不应大于8m。

3 仰拱开挖后，应结合拱墙施工抓紧进行仰拱封闭和模筑混凝土施工；仰拱回填保持超前3倍以上二衬循环作业长度；仰拱与掌子面的距离，Ⅲ级围岩不得超过90m，Ⅳ级围岩不得超过50m，Ⅴ级及以上围岩不得超过40m。仰拱应整断面一次浇筑成型，不得左右半幅分次浇筑；铺底混凝土可半幅浇筑，但接缝应平顺，且应做好防水处理。

4 浇筑仰拱应采用大样板，并由仰拱中心向两侧对称进行，仰拱与边墙衔接处应捣固密实。

5 仰拱、铺底施工时，应按设计要求预埋路面下横向渗沟，拱脚纵、横向排水管等排水设施，并注意设置与二衬贯通的变形缝。

6 仰拱、铺底施工过程中应采取措施保证洞内临时交通通畅。可采用搭过梁或便桥施工方案，设临时车辆通行平台，保证施工管理车辆运行。便桥两侧应设置防护栏杆。

7 隧道底部(包括仰拱)超挖应采用混凝土回填，严禁回填洞渣。仰拱混凝土浇筑完成后，养生期内不得开放交通。

6.5.2 施工要点

1 开挖

1)仰拱开挖应以人工配合机械开挖为主。仰拱开挖不得欠挖，仰拱应全断面一次开挖到位，及时跟进施工。

2)隧道底两隅与侧墙连接处应平顺开挖，严禁欠挖，杜绝被预埋排水管道占位导致边墙厚度不足，避免引起应力集中形成薄弱环节。边墙钢架底部杂物应清理干净，应保证与仰拱钢架连接良好。

3)仰拱开挖遇变形较大的膨胀性围岩时，底面与两隅应预先打入锚杆或采取其他加固措施后，再行开挖。

4)软岩地段(特别是处于洞口部位或洞内断层破碎带)的隧道仰拱开挖必须严格按审批方案进行施工，应跳格开挖，严防由于开挖范围过大，造成隧道侧墙部位收敛变形过大,影响施工安全。

2 初期支护

1)对于围岩稳定性较差的Ⅴ级、Ⅵ级围岩段,仰拱部位初期支护封闭成环,距离掌子面不得大于35m。

2)当仰拱底无初期支护层时,应先夯实被扰动表层后施作混凝土垫层,形成良好的作业面,以利于进行仰拱钢筋安装、立模等作业。

3)仰拱钢支撑的数量、间距必须符合设计要求,与边墙拱架的牛腿应进行焊接,确保焊接质量。

3 钢筋

1)仰拱两侧二衬边墙部位的预埋钢筋伸出长度应满足和二衬环向钢筋连接要求,且接头错开,同一截面的钢筋接头数不大于50%。

2)仰拱钢筋绑扎应采用定位架施工,钢筋层距和间距符合要求,层距应通过焊接定位钢筋固定。

3)混凝土保护层控制必须采用定制的高强砂浆垫块。

4)仰拱二衬两侧边墙部位预埋钢筋的弯曲弧度应与隧道断面设计的弧度相符,伸出长度应满足和二衬环向钢筋连接的要求,钢筋间距、位置、数量符合设计要求。

4 仰拱混凝土

1)仰拱和铺底施工前应清除虚渣、杂物、排除积水。必须保证仰拱和铺底与围岩之间密贴,严禁将仰拱和铺底浇筑在虚渣上。

2)仰拱混凝土必须全断面一次浇筑成型,不得左右半幅分次浇筑。

3)仰拱、仰拱回填及铺底混凝土必须振捣密实。拱架模板应定位准确,安装牢固。仰拱应定制专用端头钢模板,仰拱和填充层一次立模施工时,应先按设计完成仰拱混凝土施工,仰拱混凝土强度达到设计强度的70%以上,再进行填充层混凝土施工。

6.6 防水与排水

6.6.1 一般规定

1 隧道施工防排水设施应与营运防排水工程相结合,遵循"防、排、截、堵相结合,因地制宜,综合治理"的原则,保证隧道结构和运营设备的正常使用和行车安全。对地表水和地下水妥善处理,形成一个完整通畅的防排水系统。

2 防排水不得污染环境,隧道排水不得直接排入饮用水源。

3 洞顶上方如有探坑或沟谷且岩层裂缝较多时,若地表水渗漏对隧道施工有较大影响,应及时填平密闭或采用工程防护。

4 应加强衬砌背后的防排水设施,强调结构自身防水,对出水点及时进行封堵及引排。隧道侧沟、横向渗沟等排水设施应配合衬砌等进行施工。有围岩注浆时,不得堵塞排水设施。

5 开挖、钢筋绑扎及焊接、衬砌施工作业等不得损坏防水层。

6　紧急停车带、横通道与正洞连接处的防排水工程应与正洞同时完成，其搭接处应平顺，不得有破损和折皱。

6.6.2　施工防排水

1　总体要求

隧道施工防排水必须全面考虑洞外、洞内、辅助坑道，临时和永久排水系统相结合，建立起一个完整通畅的排水系统，既要能够保证施工期洞内积水顺畅排出洞外，又要能够防止洞外积水倒灌洞内。确保工程结构安全和人员施工生产安全。

2　洞内顺坡排水

一般采用临时排水沟，并应经常清理排水设施，防止淤塞，确保畅通。不良地质地段隧道中的排水沟可用管槽代替或采用浆砌片石铺砌，排水沟中不得有积水，严禁漫流浸泡下台阶。水沟位置应远离边墙，距边墙基脚不小于150cm。

3　洞内反坡排水

反坡排水可根据距离、坡度、水量和设备等因素布置排水管道，可采用分段接力将水排出洞外。接力排水时应在掌子面设置临时集水坑，并每隔200m设置集水坑，通过水泵逐级抽排至洞外。

抽水机功率应大于排水所需功率的1.5倍，并应有备用抽水机。集水坑容积应按实际排水量确定，其设置的位置不得影响洞内运输和安全。

4　洞内较大涌水处理

洞内有大面积渗漏水或水流集中时，宜集中汇流引排。明挖基坑和隧道洞口处应保持地下水位稳定在基底开挖线50cm以下，可采取必要的降水措施，如钻孔集中汇流引排等。

5　承压水的排放

隧道开挖工作面前方有承压水时，在保证不影响围岩稳定的条件下，可采用超前钻孔或辅助坑道排放承压水。超前钻孔及辅助坑道应保持10～20m的超前距离。

6　地下水的处理

一般情况下，地下水应引入临时排水沟排出；特殊情况下，应结合现场实际，采用地面预注浆或开挖面预注浆处理。

7　高压涌水的处理

隧道施工中遇有高压涌水危及施工安全时，应先采用排水的方法降低地下水的压力，然后用注浆法进行封堵。封堵应先周围注浆切断水源，然后顶水注浆，堵住涌水。

6.6.3　结构防排水

1　防排水材料

1）隧道防水卷材应具有足够强度及延伸率、易操作、易焊接，且焊接时无毒、无害。

2）防水板与土工布应严格按照设计要求分层铺挂，不得采用复合式防水板。

3）防水板要求耐刺穿、耐老化、耐腐蚀，并且进行全断面切边检测，保证厚度一致。

4)防水板、土工布、止水带、排水盲沟、排水管等特殊材料,应经试验检测机构统一现场抽检,执行"盲样"送检制度。送检项目应包含外观质量、规格尺寸、常温拉伸强度、常温扯断伸长率、撕裂强度、低温弯折、不透水性能等指标。

2 衬砌背后防排水设施

1)排水管系统应严格控制排水管道的连接,管路连接采用三通方式,连接牢固、畅通,安装坡度符合设计要求。纵向排水管与三通接头连接后,应用土工布进行包裹。应做好纵向排水管的高程控制,确保排水通畅。纵向排水管底部必须按设计要求设置混凝土基座,严禁将纵向排水管置于虚渣之上。

2)环向排水管在地下水较大的地段应适当加密;环向排水盲管应紧贴支护表面或渗水岩壁安设,排水盲管布置应圆顺,不得起伏不平。

3)洞内灌筑混凝土或压浆时,浆液不得浸入沟管内,确保预埋的透水盲管不被堵塞。

4)中心排水管(沟)施工前必须对基底进行清理,必须按设计要求设置混凝土基座,严禁将中心排水管置于虚渣之上。基础的总体坡度、段落坡度、单管坡度应协调一致,并符合设计要求,不得高低起伏,应和仰拱、铺底同步施工。沟管节间连接必须采用防水土工布严密包裹,防止泥沙从节间流入阻塞水沟。

5)中心排水沟完成后必须进行通水试验,发现积水、漏水应及时处理,施工期保持沟管畅通,不得因施工等因素(如钻渣流入并沉淀)堵塞沟管。

6)隧道洞内路面铺筑前,应采用专业设备对中心排水沟进行彻底疏通。

7)应严格按设计要求施工保温出水口,保温出水口根据地形设置,尽可能设置在阳面,采取有效措施避免冬季结冰堵塞。

3 防水板铺设

1)防水板铺设应采用专用台车(架),铺设进度应超前二次衬砌施工1~2个衬砌段,并宜减少接头。

2)初期支护表面应平整,无空鼓、裂缝、酥松,对于初支表面外露的锚杆头、钢筋网头等坚硬物应齐根切除,并用1:2水泥砂浆抹平,以防止顶破防水板。

3)初期支护表面平整度应满足拱脚$D/L \leqslant 1/6$,拱顶$D/L \leqslant 1/8$(D为初期支护表面相邻两凸面间的距离,L为该两凸之间凹进去的深度),不满足要求应进行补喷处理。

4)基面明水应提前设盲管引排。

5)防水板拼接采用热合机双焊缝焊接,接头板面洁净,不得黏有土工布等杂物。焊接时应避免漏焊、虚焊、烤焦或焊穿。焊接完毕后必须采用"充气法"检验,充气压力达到0.25MPa,持压15min内压力下降小于10%。

6)对于结构边角等特殊部位的丁字焊缝等不易焊接处,应采取焊胶打补丁等方法补强处理。修补(补强)防水板的补丁不得过小,形状剪成圆角,不得有长方形、三角形等尖角,修补后必须采用真空法检验。

7)防水板需采用无钉铺挂工艺。应先进行试铺定位,固定点间距拱部50~70cm,侧墙100~120cm,在凹凸处应适当增加固定点,布置均匀。防水板环向松弛率经验值一般取10%,纵向松弛率一般取6%。根据初期支护表面平整程度适当调整。

8)防水板的接头处不得有气泡、折皱及空隙,接头处应牢固,焊缝强度不低于母材强度。推荐采用电磁焊机或超声波焊机焊接。

9)沿隧道纵向一次铺挂长度宜比二次衬砌施工长100cm,同时防水层接缝与衬砌混凝土接缝错开。

4 施工缝的处置

1)仰拱(底板)与边墙水平施工缝应按设计要求设置,宜减少施工缝。

2)垂直施工缝设置宜与变形缝相结合。施工缝应近于垂直,清除表面浮浆和杂物。端头模板应支撑牢固,严防漏浆。

5 变形缝的处置

1)变形缝的设置位置应使拱圈、边墙和仰拱在同一断面处贯通。变形缝应满足密封防水、适应变形的要求。沉降变形缝的最大允许沉降差值应符合设计要求,设计无规定时,宽度宜为20~30mm。

2)变形缝嵌缝施工时,缝内两侧应平整、清洁、无渗水;缝内应设置与嵌缝材料无黏结力的背衬材料,嵌缝应密实。

6 止水带施工

1)止水带埋设位置准确,其中间空心圆环应与变形缝的中心线重合。止水带不得设置接头。

2)止水带定位时,应使其在界面部位保持平展,防止止水带翻滚、扭结,不被钉子、钢筋和石子等刺破。可采用定位钢筋精确定位,防止偏移。

6.7 二次衬砌

6.7.1 一般规定

1 二衬施工必须采用全断面模板台车和泵送作业,混凝土一次浇筑成型。

模板台车的定制预拼装必须采用全断面整体形式(带拱脚弧面模板,严禁后期加挂转角模板或止浆板)。两侧拱脚必须下落至设计二衬底部,有仰拱段直接与仰拱相连。严禁单独施作矮边墙或加作混凝土垫层。

2 二次衬砌的施作时间,应满足下列条件:

1)各测试项目所显示的位移率明显减缓并已基本稳定。

2)已产生的各项位移已达预计位移量的80%~90%。

3)周边位移速率小于0.2mm/d,或拱顶下沉速率小于0.15mm/d。

4)软弱围岩及不良地质隧道的二次衬砌应及时施作。二次衬砌距掌子面的距离,Ⅳ级围岩不得大于90m,Ⅴ级及以上围岩不得大于70m。

3 二衬施工前监理单位需组织施工单位对初期支护进行全面验收,重点对断面进行激光测量,每10m一个断面,不符合要求的进行处理,并报建设单位核备。

4 二衬混凝土完成后,应继续观察结构的稳定性,注意变形、开裂等现象。

5 隧道内的台架、工作平台应搭设牢固,留足施工净空。平台上满铺底板,周边应设置栏杆。跳板、梯子应安装牢固并防滑,应设明显的限界及缓行、警示、承载等标志。

6 在隧道所有作业台架上安装警示灯并粘贴反光标志,二衬上挂灯箱,确保车辆通行安全,在台架底部配置消防器材。

6.7.2 衬砌台车

1 台车制作

1)二次衬砌施工(含加宽段)应采用全液压自动行走的整体衬砌台车,衬砌台车应结构尺寸准确,各种伸缩构件、液压系统、电气控制系统运行应良好,合理设置各支承机构,同时设置边墙混凝土逐窗入模浇筑系统。应满足自动行走要求,便于整体移动,有上下爬梯,并有闭锁装置,保证定位准确。

台车制作过程中,同步加工边墙混凝土滑槽逐窗入模装置,通过设置混凝土主料斗、分流槽、三通分流槽、分流串筒、入窗分流槽等一整套装置,通过抽插阀门,控制混凝土流向各级工作窗口,实现混凝土逐窗入模。

2)每一开挖面必须至少有一部二衬台车,并能够满足工程进度及施工要求,确保结构安全。对加宽段处在Ⅳ、Ⅴ级围岩段落的,应专门配备加宽段整体衬砌台车,以确保加宽段二衬及时施作。

3)台车模板及支架应具有足够的强度、刚度、稳定性和抗上浮能力,能安全地承受所浇筑混凝土的重力、侧压力以及在施工中可能产生的各项荷载,保证混凝土浇注过程中不变形、不跑模、不移位。弧面板无凹凸、支架不偏移、不扭曲,多次重复使用不变形。当衬砌断面较大,所承受荷载较大时,支撑骨架应制成桁架结构,并宜减少板块接缝数量。

4)台车支撑桁架门下净空应满足隧道衬砌前方施工所需大型设备通行要求;桁架各层平台的高度应满足混凝土施工要求,必须有上下行的爬梯。

5)两车道二衬台车面板钢板厚应不小于10mm;三车道隧道二衬台车面板钢板厚应不小于12mm,板间接缝按齿口搭接或焊接打磨。

6)为确保二衬台车的刚度和强度,两车道台车每延米质量应不小于6.8t,三车道台车每延米质量应不小于8.5t。

7)应在拱脚以上3.0m、5.3m和拱顶处设置作业窗,作业窗口间距纵向不大于3m,横向不大于2.5m,窗口尺寸50cm×50cm,且应整齐划一;作业窗周边应加强,防止变形,窗门应平整、严密、不漏浆。

8)周转使用的二衬台车,应对各种伸缩构件、液压系统、电气控制系统运行状况进行严格的调试,委托专业厂家更换全新外弧模板,整修合格,确保使用状态良好,否则必须更换。

2 台车的审批验收

台车的审批验收分为进场前验收和进场拼装验收,由监理单位审批验收。验收标准应符合表6.4的规定。

表 6.4 衬砌台车验收标准

内 容	要 求
衬砌台车长度	一般为 10m;平曲线半径小于 1 200m,二衬台车不大于 9m
模板外观尺寸	满足设计要求
两端的结构尺寸相对偏差	不大于 3mm
梁体模板厚度	两车道不小于 10mm,三车道不小于 12mm
每块模板宽度	不小于 1.5m,推荐为 2.0m
边墙拱脚弧面板	弧面长度满足要求,向底部延伸到位,与仰拱(底板)曲面吻合良好,纵向施工缝避开最大弯矩、剪力区,接缝不漏浆
每延米台车质量	两车道不小于 6.8t,三车道不小于 8.5t
行走机构	行动自如、制动应良好,带有液压推杆制动器
台车架、液压、支撑系统	足够的刚度和强度;液压缸采用液压锁锁定,同时采用支撑丝杠进行机械锁定
工作窗口	布局合理,封闭平整

1)进场前验收:施工单位进场后应立即进行二衬台车进场前的准备工作,向监理单位上报拟进场二衬台车的数量、台车长度、外观几何尺寸、新旧程度、面板厚度及面板宽度、台车质量等主要参数,经监理单位批准许可后方可组织进场。

2)进场拼装验收:监理单位根据进场前验收结果,对施工单位进场的二衬台车部件进场及拼装过程进行全过程跟踪把关。拼装调试成功后,报监理单位组织验收,若验收发现问题及时整改,经监理单位验收合格后才能移入洞内进行二衬施工。

3 端头模板

1)台车端部的挡头模板应按衬砌断面制作以保证设计衬砌厚度,可适当调整以适应其不规则性,其单片宽度不小于 300mm,厚度不小于 30mm。

2)挡头模板结构应能保证衬砌环接缝榫接,以保证接头处质量,增强其止水功能。

3)挡头板应定位准确、安装牢固,其与岩壁间隙应嵌堵紧密,保证浇筑混凝土时不变形、不漏浆。

4)挡头板顶部应留有观察小窗口,以观察封顶混凝土情况。

6.7.3 二衬钢筋

1 二衬钢筋应工厂化加工,统一配送。

2 二衬钢筋的安装必须采用专用台车(架)。应首先定位受力主筋,再绑扎其他钢筋。片网间距、保护层厚度、纵横向连接、定位钢筋数量及位置应符合设计要求。

3 钢筋保护层应全部采用高强砂浆垫块来控制,不得使用塑料垫块。

4 二衬纵向钢筋在施工缝、沉降缝处断开设置,钢筋交叉处不得漏绑漏焊。

6.7.4 二衬混凝土

1 混凝土性能要求

1)二衬混凝土采用拌和厂集中拌制,强度和耐久性能满足设计要求。

2)二衬应采用干缩性小的抗渗混凝土,抗渗指标满足规定要求。

3)应有较好的流动性,坍落度衰减慢,初凝时间较长,终凝时间相对较短。

4)混凝土坍落度一般控制在13~18cm,根据部位不同,墙部坍落度宜小,拱部坍落度宜大。在保证可泵性的情况下,宜减小混凝土的坍落度,并提高和易性和保水性,减少结构收缩裂纹,保证抗裂性能。

5)夏季施工时混凝土的入模温度不得高于25℃。

2　混凝土浇筑

1)二衬台车定位后,应对钢筋、防水板、排水(盲)管、止水带、预埋管件等进行全面复查,清理拱脚的混凝土基面,不得积水。调试施工机具、振捣设备和混凝土传输管路。

2)配备足够数量的混凝土运输车,保证混凝土连续浇注。泵送混凝土作业前应使用水泥浆润滑管道。

3)混凝土由下至上分层、左右交替、从两侧向拱顶对称浇筑。为防止浇筑过程中两侧压力偏差过大造成台车移位,应均匀布料,两侧浇筑面高差控制在50cm以内,并合理控制浇筑速度。

4)浇筑混凝土应尽可能直接入仓,输送管端部应设接软管控制管口与浇筑面的垂距,混凝土不得直冲防水板板面流至浇筑位置,垂距应控制在120cm以内,严禁混凝土沿台车面板下落,以防混凝土离析。

5)施工过程中输送泵应连续运转,尽可能避免停歇造成"冷缝"。如因故中断,其中断时间应小于前层混凝土的初凝时间或能重塑时间,当超过允许时间时,应按施工缝处理,在初凝以前将接缝处的混凝土振实,并使缝面具有合理、均匀稳定的坡度。

6)混凝土浇至作业窗下50cm,应将作业窗口附近的混凝土浆液残渣及其他杂物清理干净,涂刷脱模剂,关紧窗门,避免漏浆。

7)应加强隧道衬砌起拱线以下的反弧部位施工控制,对混凝土性能、坍落度及捣固方法进行有效控制,以减少反弧段气泡,有效改善衬砌混凝土表面质量。

8)混凝土浇注过程中应确保台车稳定,避免钢筋、防排水设施、预埋件等松动、移位。

9)封顶采用顶模中心封顶器接输送管,逐渐压注混凝土封顶。当挡头板上观察孔有浆溢出,即标志着封顶完成。

10)拱部混凝土衬砌浇筑时,应在拱顶预留注浆孔(应为T形注浆孔),注浆孔间距应不大于3m,且每模板台车范围内的预留孔应不少于4个。

采用带模注浆工艺进行拱顶注浆回填,注浆压力应控制在1MPa以内。在台车端头模板上部安装摄像头,实时监控混凝土在台车顶部的流动状态及饱满情况,有效防止投料口填塞。

11)二次衬砌完成后,应采用地质雷达等方法对衬砌后密实情况进行检测,发现问题及时处理。

12)预留洞室周边、挡头板部位浇筑时应加强振捣控制,避免过振或漏振,保证棱角整齐。

6.7.5 拆模与养护

1 采用最后一盘封顶混凝土试件强度来控制拆模时间。不承受外荷载的拱、墙混凝土强度应达到5MPa以上,或确保混凝土表面和棱角不被损坏,能承受自重时拆模。

2 二衬施工缝采用弧度尺画线、切割机切缝处理,缝深约2cm。必要时进行局部打磨,用高强度水泥砂浆修饰抹平,使施工缝圆顺整齐。

3 应配备混凝土养护专用的雾炮机或养护喷管。养护时间不少于7d。

6.8 隧道路面

隧道路面施工应符合技术指南第4章规定并满足以下要求:

1 隧道路面施工过程应保证排水设施完好,排水畅通。

2 隧道路面施工应设置满足施工要求的照明系统,保持良好通风。

3 施工机具应符合隧道净空的要求,摊铺机、运料车能适应摊铺及卸料,并具有足够的行车通道。

4 洞内铺筑混凝土结构层时,接缝的制作、传力杆的设置等应满足设计要求,做到接缝平整、传力效果好。混凝土强度到达设计强度前不得开放交通。

5 复合式路面施工时,沥青混凝土面层应在水泥混凝土路面达到设计强度80%以后铺筑。铺筑前应清洗水泥混凝土表面,平整度不达标时,应精细铣刨,干燥后施工防水层及黏结层。

6 温拌阻燃沥青路面施工应通过试验路段确定工艺参数。

7 上面层应结构密实、路面平整,具有良好的耐久性、抗磨耗性,具有足够的粗糙度,较高的抗滑能力。

8 隧道水泥混凝土路面采用三辊轴机具施工时,铺筑沥青混凝土路面前应对水泥混凝土路面进行精细铣刨,保证层间黏结及平整度。

6.9 附属工程

6.9.1 设备洞、横通道及其他

1 消防洞、设备洞、车行或人行横通道及其他各类洞室的设置应满足设计要求,洞室不得设在衬砌断面变化及衬砌接缝处。当原设计位置地质条件不良时,施工单位应及时上报变更调整。各类洞室的设置应满足结构安全及使用功能要求,外观整齐规范。

2 隧道边墙内的各类洞室以及消防洞、设备洞和横通道等与正洞连接地段的开挖,宜在正洞掘进至其位置时将该处一次挖成。

3 设备洞、横洞、斜(竖)井、地下风机房等应采用定制钢模板。设备洞、横通道及其他各类洞室的永久性防排水工程,应与正洞一次同时完成。各类洞室及横通道与正洞连接的折角处,防水层应根据铺设面的形状平顺铺设,不得漏铺或损伤。

4 衬砌中各类预埋管件、预留孔、槽及边墙内的各类洞室应按设计位置定位;模板架设时应将经过防腐与防锈处理后的预埋管件绑扎牢固,留出各类孔、槽及边墙内的各类洞室位置。浇筑混凝土时应确保各类预埋管件、预留孔、槽不产生移位。

5 设备洞、横通道与正洞连接处的钢筋应互相连接可靠,绑扎牢固。人行横通道洞口内长5m及行车横通道洞口内长10m范围内的衬砌应与该处正洞衬砌一次同时完成,且混凝土在浇筑过程中不得中断。

6.9.2 水沟、电缆沟

1 水沟、电缆沟开挖应与边墙基础开挖同时进行。

2 电缆沟和水沟外侧钢模必须采用全尺寸(圆弧面与竖向钢板整体成型)整体式钢模,电缆沟壁与边墙应连接牢固,推荐采用自行式整体液压台车。

3 边沟接头应保证紧密、不渗漏,与衬砌排水、路面排水的管路保持顺畅,与相邻路面接缝平整。

4 电缆沟盖板应平顺、整齐、无翘曲;盖板铺设应平稳。盖板、路侧边沟等构件应统一预制。

5 检查井壁混凝土的质量及尺寸应严格按设计要求施工,采用防腐混凝土,达到抗盐蚀、抗冻的要求。井盖的强度、刚度及耐久性能满足规定要求。检查井推荐采用预制结构。

6.9.3 装饰工程

1 装饰工程应进行装饰试验,验证装饰敷设和喷涂的质量、颜色以及与基底层黏结牢固程度。装饰前检查衬砌表面的渗漏水情况,必要时应采取措施做好装饰前的防、排水工作。装饰作业应选择适宜的温湿度环境。

2 二衬壁面粘贴装饰前应清理基面。内墙涂料应按设计要求色调均匀,不得出现色斑或杂色,原材料应经建设单位确认后方可进场使用。

3 饰面砖施工应先行对基面进行凿毛。饰面砖吸水率及抗冻性指标应符合设计要求,经建设单位确认后方可进场使用。铺贴应横、竖缝通直,外表面应平整、牢固、美观,严禁背后脱空。具体施工工艺应符合现行《建筑装饰装修工程质量验收规范》(GB 50210)及技术指南第8.7.4条的规定。

4 各类洞室的防护门框及门扇骨架应在平整的场地上先放样;各种钢材应调直、调平后下料加工成所需的形状,且不得产生裂纹,并按现行《钢结构工程施工质量验收规范》(GB 50205)的有关规定与要求办理,构件应做防腐蚀处理。

5 洞口装饰应表面平整、清洁,隧道铭牌字样应美观、醒目,符合国家相关规定。

6.9.4 隧道防火保温

1 进场的保温板及系统组成材料应附有出厂合格证书和相关性能检测报告,并按规定进行复验,复验不合格严禁使用。

2 保温材料导热系数、吸水率等性能指标应满足设计要求,燃烧性能等级不低于B1级。

3 保温层表面防护板应外表平整光洁,柔韧性好,具有足够强度、刚度、耐火性能和抗老化性能;燃烧性等级达到A级要求,各项性能指标应满足设计要求。

4 龙骨、膨胀螺栓、U形卡及螺钉等连接件应具有足够的强度及防腐蚀性能,确保安装可靠。

5 保护板应由生产厂家按设计外观颜色制作,不得现场喷涂。

6 龙骨安装应自下而上进行,安装偏差不应超过5mm;镀锌膨胀螺栓与二次衬砌连接牢固,并与保温板牢固连接,随二次衬砌表面平滑过渡,保温板安装应牢固耐久,不得出现剥落、开裂等病害。保温板材料应经建设单位确认后方可进场使用。

6.10 超前地质预报与监控量测

6.10.1 超前地质预报基本要求

1 承担超前地质预报工作的单位应具备相应的资质。

2 超前地质预报单位开工前应编制超前地质预报实施方案,按程序审查和批准后实施。主要内容应包括:

1)超前地质预报的目的、方法和技术等;

2)根据工程勘察设计资料分析隧道工程地质及水文地质环境条件,重点说明隧道施工存在的主要工程地质问题及地质灾害风险;

3)方案的编写原则、预报的具体实施内容、预报方法选择及不同方法的结合关系、各种预报方法的具体技术要求、物探及钻探仪器设备的选择;

4)超前地质预报实施技术要求;

5)超前地质预报组织机构设置及投入的人力、设备资源;

6)施工单位的配合要求;

7)超前地质预报工作安全措施;

8)地质预报成果报告的提交时限,信息传递方式等。

3 超前地质预报实施单位应根据预报方案与合同配备足够的专业人员和仪器设备,仪器设备的性能、精度及效率应能满足预报和工期的要求,对预报成果的真实性、准确性负责。

4 超前地质预报应主要查明(预测)下列内容:

1)断层及其影响带和节理(结构面)密集带的位置、规模和性质;

2)软弱夹层(含煤层)的位置、规模及其性质;

3)岩溶发育位置、规模及其性质;

4)不同岩性间的接触界面与位置;

5)采、废弃矿巷分布及其与隧道的空间关系;

6)不同风化程度的岩性分界位置;

7)其他不良地质体(带)的分布位置;

8)隧道涌水位置、水压及水量;

9)岩爆的可能性与区域。

5 超前地质预报的成果应体现及时性,超前地质预报实施单位应及时将预报成果报送有关各方。超前地质预报成果“送达时限”,应根据预报推断的工作面前方围岩情况,在预报区段内,按下列规定时限送达:

1)无明显地质危害情况的,应在48h内送达;

2)有较轻微地质危害情况的,应在24h内送达;

3)发现重大地质问题(如岩溶、突水、突泥、较大的破碎带等),应立即送达。

6 具有下列条件之一的隧道均应全程实施隧道超前地质预报工作:

1)深埋长大隧道;

2)水下隧道;

3)查明或推测存在大断层、岩溶、大量涌水涌泥、岩爆、废弃矿巷、瓦斯突出等严重工程地质灾害的隧道;

4)隧址区全程或者大部分通过可溶岩,特别是强溶岩层(灰岩、白云岩、盐岩等)的隧道;

5)可能因开挖造成环境生态破坏的隧道;

6)监理单位认为有必要的其他隧道。

6.10.2 超前地质预报主要方法

超前地质预报工作采用的方法参照表6.5执行。

表6.5 超前地质预报工作及方法的步骤及顺序

步骤	满足条件之一的隧道或地段	主要方法	辅助方法
第一步	所有隧道全过程	地质调查法	
第二步	1.全程实施超前地质预报的隧道; 2.设计标示的需进行超前地质预报的地段; 3.通过地质调查法推断的不良地质地段; 4.Ⅳ、Ⅴ级围岩地段; 5.监理单位认为有必要的地段	弹性波反射法	富水地段应辅助高分辨直流电法
第三步	通过第二步推断的以下不良地质地段: 1.断层破碎带地段; 2.软弱夹层地段; 3.岩溶地段; 4.瓦斯地段; 5.含水围岩地段; 6.监理单位认为有必要的其他不良地质地段	地质雷达法	含水地段辅助红外探测法

续表6.5

步　骤	满足条件之一的隧道或地段	主要方法	辅助方法
第四步	通过第三步推断的以下不良地质地段： 1. 软弱夹层地段； 2. Ⅴ级围岩地段； 3. 监理单位认为有必要的其他不良地质地段	炮孔加长探测法	
	通过第三步推断的以下不良地质地段： 1. 富水软弱断层破碎带； 2. 富水岩溶发育区； 3. 煤层瓦斯发育区； 4. 重大物探异常区； 5. 监理单位认为有必要的其他不良地质地段	超前地质钻探法	

1　地质调查法

1)地质调查法适用于各种地质条件下隧道的超前地质预报,应在隧道施工全过程进行,为隧道施工地质预报提供基础地质资料。

2)地质调查法包括隧道地表补充地质调查和隧道内地质素描等。

3)隧道地表补充地质调查应包括下列主要内容:

对已有地质勘察成果的熟悉、核查和确认;地层、岩性在隧道地表的出露及接触关系,特别是对标志层的熟悉和确认;断层、褶皱、节理密集带等地质构造在隧道地表的出露位置、规模、性质及其产状变化情况;地表岩溶发育位置、规模及分布规律;煤层、石膏、膨胀岩、含石油天然气、含放射性物质等特殊地层在地表的出露位置、宽度及其产状变化情况;人为坑洞位置、走向、高程等,分析其与隧道的空间关系;根据隧道地表补充地质调查结果,结合设计文件、资料,核实和修正超前地质预报重点区段。

4)隧道内地质素描是将隧道所揭露的地层岩性、地质构造、结构面产状、地下水出露点位置及出水状态、出水量、煤层、溶洞等准确记录下来并绘制成图表。

5)隧道地表补充地质调查应在实施洞内超前地质预报前进行,并在洞内超前地质预报实施过程中根据需要随时补充,现场应做好记录,并于当天及时整理。

2　弹性波反射法

1)适用于预报地层特征、地层界线、地质构造及探测不良地质体的厚度和范围。

2)应配备具有一定专业知识和经验的人员,以提高探测的准确度。

3)每次探测距离100~150m,连续探测搭接长度不小于20m。

3　地质雷达法

1)地质雷达法主要用于岩溶探测,亦可用于断层破碎带、软弱夹层等不均匀地质体的探测。

2)隧址区内不应有较强的电磁波干扰;现场测试时应清除或避开测线附近的金属物

等电磁干扰物;当不能清除或避开时应在记录中注明,并标出位置。

3)现场记录应注明观测到的不良地质体与地下水体的位置与规模等。

4)重点异常区应重复观测,重复性较差时应查明原因。

5)每循环探测 20 ~ 25m,连续探测搭接长度不小于 5m。

4 红外探测法

1)适用于定性判断探测点前方有无水体存在及其方位,但不能定量给出水量大小等参数。

2)探测时间应选在爆破及出渣完成后进行。

3)全空间全方位探测地下水体时,需在拱顶、拱腰、边墙、隧底位置沿隧道轴向布置测线,测点间距一般为 5m,发现异常时,应加密点距。

4)每次探测距离 20 ~ 25m,连续探测搭接长度不小于 5m。

5 高分辨直流电法

1)适用于探测任何地层中存在的地下水体位置及相对含水率大小,如断层破碎带、溶洞、溶隙、暗河等地质体中的地下水。

2)每次探测距离 80 ~ 100m,连续探测搭接长度不小于 10m。

6 超前地质钻探法

1)适用于各种地质条件下的隧道超前地质预报,如富水软弱断层破碎带、富水岩溶发育区、煤层瓦斯发育区、重大物探异常区等地质条件复杂地段。

2)超前地质钻探在一般地段采用冲击钻,复杂地质地段采用回转取芯钻,二者应合理搭配使用,提高预报准确率和钻探速度。

3)断层、节理密集带或其他破碎富水地层每循环可只钻一孔,富水岩溶发育区每循环宜钻 3 ~ 5 个孔,揭示岩溶时,应适当增加。

4)在需连续钻探时,一般每循环可钻 30 ~ 50m,必要时也可钻 100m 以上的深孔,连续预报时前后两循环钻孔应重叠 5 ~ 8m。

5)富水岩溶发育区超前钻探应终孔于隧道开挖轮廓线以外 5 ~ 8m。

6)在富水地段进行超前钻探时必须采取防突措施,测钻孔内水压时,需安装孔口管,接上高压球阀、连接件和压力表,压力表读数稳定一段时间后即可测得水压。

7)富水区隧道超前地质钻探时,发现岩壁松软、片帮或钻孔中的水压、水量突然增大,以及有顶钻等异状时,必须停止钻进,立即上报,并派人监测水情。当发现情况危急时,必须立即撤出所有受水威胁地区的人员,然后采取措施,进行处理。

7 炮孔加长探测法

1)适用于各种地质条件下隧道的超前地质探测,尤其适用于岩溶发育区。

2)孔长应较爆破孔(或循环进尺)深 3m 以上;孔径宜与爆破孔相同;孔数、孔位应根据开挖断面大小和地质复杂程度确定。

3)钻到溶洞和岩溶水时,应视情况采用超前地质钻探和其他探测手段,查明情况,确保施工安全。

4)加长炮孔探测严禁在爆破残眼中实施。

6.10.3 监控量测基本要求

1 隧道施工必须将现场监控量测项目列入施工组织设计,制订施工全过程量测方案,量测计划应与施工进度计划相适应。

编制内容应包括:量测项目、量测仪器选择、测点布置、量测频率、数据处理、反馈方法以及组织机构、管理体系等。

2 设立专门的监控量测小组,进行现场监控量测工作。结合开挖支护作业的进程,按要求布点和监测,并根据现场实际情况及时调整补充,量测数据应及时分析、处理和反馈,为修正设计参数提供支持。

3 隧道浅埋、下穿建筑物地段,地表应设置监测网点并实施监测;当围岩条件差、变形过大或初期支护破损变形较大时,应进行支护结构的应力及接触应力量测。

4 各项量测作业均应持续到变形基本稳定后1~3周。对于膨胀性和挤压性围岩,位移没有减小趋势时,应延长量测时间。

5 预埋测点应牢固、可靠、易于识别,反映围岩及支护的动态变化信息。洞内测点埋入围岩深度不应小于20cm,不得焊接在钢支撑上,外露部分应有保护装置,不得任意撤换和破坏。并设置专用标识牌标明测点的名称、部位、编号、埋设日期等。

6.10.4 量测作业与数据处理

量测作业应符合现行《公路隧道施工技术规范》(JTG F60)的规定及以下要求:

1 隧道施工过程中应进行洞内、外观察,洞内观察分开挖工作面观察和已支护地段观察两部分。

开挖工作面观察应在每次开挖后进行。观察工作面状态、围岩变形、围岩风化变质情况、节理裂隙、断层分布和形态、地下水情况以及喷射混凝土效果。应及时绘制开挖工作面地质素描图,填写工作面地质状况记录表和施工阶段围岩级别判定卡。对已支护地段的观察每天应进行一次,主要观察围岩、喷射混凝土、锚杆和钢架等的工作状态。发现围岩条件恶化时,应立即上报设计、监理单位,采取相应处理措施。

洞外观察重点应在洞口段、地质不良(围岩破碎)和浅埋地段,观察内容应包括地表开裂、地表下沉、边坡及仰坡稳定状态、地表渗水情况、地表植被(结构物)变化等。

2 周边位移、拱顶下沉和地表下沉等必测项目宜布置在同一断面。拱顶下沉和水平收敛量测断面的间距为:Ⅲ级及以上围岩不大于40m;Ⅳ级围岩不大于25m;Ⅴ级围岩应小于20m。围岩变化处应适当加密。

3 必测项目测点应在不受到爆破影响的范围内尽快安设,并在每次开挖后12h内取得初读数,最迟不得超过24h,在下一循环开挖前必须完成。选测项目测点埋设时间根据实际需要进行。

4 在各类围岩的起始地段增设拱顶下沉测点1~2个,水平收敛1~2对。当发生较大涌水时,Ⅳ、Ⅴ级围岩量测断面的间距应缩小至5~10m。

5 量测数据处理。

现场量测需连续进行,及时进行数据整理和分析,绘制量测数据时态曲线图。对初期的时态曲线应进行回归分析,预测可能出现的最大值和变化速度,掌握位移变化的规律。数据异常时应及时分析原因,必要时上报处理。

6 围岩稳定性判定。

1)一般可将隧道设计的预留变形量作为极限位移,实测位移值不应大于隧道的极限位移值。设计变形量应根据监测结果不断修正。

2)根据位移速率判断:当拱顶下沉、水平收敛速率达5mm/d或位移累计达100mm时,应暂停掘进,并及时分析原因,采取处理措施;速率大于1mm/d时,围岩处于急剧变形状态,应加强初期支护;速率变化在0.2~1.0mm/d时,应加强观测,做好加固准备;速率小于0.2mm/d时,围岩达到基本稳定。在高应力、岩溶地层和挤压地层等不良地质中,应根据具体情况判断标准。

3)根据位移速率变化趋势判断:当围岩位移速率不断下降时,围岩处于稳定状态;当围岩位移速率变化保持不变时,围岩尚不稳定,应加强支护;当围岩位移速率变化上升时,围岩处于危险状态,必须立即停止掘进,采取应急措施。

4)初期支护承受的应力、应变、压力实测值与允许值之比大于或等于0.8时,围岩不稳定,应加强初期支护;初期支护承受的应力、应变、压力实测值与允许值之比小于0.8时,围岩处于稳定状态。

7 监控量测成果应及时形成竣工资料,应包含以下内容:

1)现场监控量测计划。

2)实际测点布置图。

3)围岩和支护的位移—时间曲线图、空间关系曲线图,以及量测记录汇总表。

4)量测变更设计和改变施工方法地段的信息反馈记录。

5)现场监控量测说明。

6.11 隧道冬季施工

6.11.1 一般规定

1 冬季施工期限划分原则是:根据多年气象资料统计,当室外日平均气温连续5d稳定低于5℃即进入冬期施工,当室外日平均气温连续5d稳定高于5℃即解除冬期施工。

2 隧道未进洞则不得在冬季进行施工;进洞长度在100m以上且具有保温条件,需制定专门的施工组织设计,经监理单位审批并报建设单位备案后,方可进行冬季施工。

6.11.2 施工准备

1 冬季施工混凝土拌和厂和储料仓应搭设全封闭保温棚。棚内安装锅炉,砂石料仓铺设加热管道,混凝土采用热水拌和。

2 在隧道洞口设置防寒门,洞门中间部位设一可开启保温门帘,专人看管,确保洞内温度不低于10℃。

3 根据施工需要可在洞内搭设加热保温墙。

4　冬季施工应提前备足砂石材料,使用前2d装入储料仓。

6.11.3　施工要点

1　冬季施工中,钢筋混凝土不得掺加防冻剂,素混凝土如掺加防冻剂不得大于水泥用量的3%。

2　混凝土砂石料应提前备料入仓,使用前应过筛,清除结团、未融解的冻块。

3　混凝土配制选用较小的水胶比。应严格按配合比下料,并结合现场情况进行适当调整。混凝土坍落度在满足施工条件的前提下取下限值。

冬季施工投料顺序:先投入粗细集料,然后加水,拌制30s再加入水泥和外加剂拌制120～180s。注意观察拌制的混凝土状态,如果在加热条件下出现坍落度过小或发生速凝现象,应适当降低拌和料的温度。

4　水加热至50℃以上,当水温度高于80℃时,必须先投入集料,先使集料与热水预拌,拌匀后再投入水泥,严格避免80℃以上的水直接与水泥接触。水池内放温度计,温度每2h检查1次。

5　当出料温度不能满足混凝土入模温度要求时,可进一步提高水温,必要时可增加集料仓内的保温措施来提高集料温度。

6　拌制混凝土前及停止拌制后,应用热水或蒸汽冲洗拌和机具。为保证混凝土拌和物均匀性,混凝土净拌和时间设定为2～3min,较常温施工延长50%左右。

7　拌和机旁挂温度计,连续测量混凝土出料温度,保证出料温度大于15℃,温度不满足要求的混凝土严禁使用。

8　混合料进入喷射机的温度不应低于5℃,喷射混凝土作业区的温度不应低于8℃,在结冰的岩面上不得进行喷射混凝土作业。

9　二衬混凝土入模温度不低于10℃。

6.11.4　养护及拆模

1　隧道冬季洞内保湿养护温度不低于10℃,保湿养护3d且混凝土强度达到5MPa前不得受冻。

2　拆模采用最后一盘封顶混凝土同期试件达到的强度来控制,不承受外荷载的拱、墙混凝土强度应达到5MPa以上,或在拆模时混凝土表面和棱角不被损坏,能承受自重时拆模。当衬砌施作时间提前,拱墙承受围岩压力时,一般应在混凝土强度达到设计强度的70%以上后拆模。

7　交通安全设施工程

7.1　施 工 准 备

1　施工单位根据设计文件、合同和现场的实际情况，编制可行的实施性施工组织设计，并按规定程序报批。

2　施工单位编制施工组织计划应充分考虑交叉作业的影响和制约，制定完备的调整应急预案，保证工程质量和按合同规定完成工程进度计划。

3　所有成品（半成品）构件进场前，必要时监理单位应到生产厂家进行抽样检查；进场时，应逐车或逐批进行外观检查，不符合设计要求的产品不得进场；施工过程中按批次抽检，不合格产品及时清除出场。所有材料进场后经检测验收后方可使用。必要时，执行见证取样制度，进行外委试验检测。

4　交通安全设施所有材料，必须符合设计要求，并有产品合格证书。成品构件必须满足相关国家标准，且必须达到设计要求的各项指标。原材料的材质、填料应符合设计要求。

5　采购前，施工单位应将拟采购材料的样品及检验报告报建设单位和监理单位确认，经同意后方可签订供货合同。

6　施工前应复核标志与可变情报板、监控设置、照明灯柱、声屏障、绿化等设施相互位置关系，不得遮挡。

7.2　作 业 要 求

1　施工现场应划分安全区域，合理布设安全标志、标牌，充分利用指示标牌、路栏等安全设施疏导作业区交通，预防交通事故，保证施工安全。

2　施工临时封闭道路时，必须提前设置交通引导标牌，存在安全隐患时必须设专职人员现场疏导交通。涉及交叉作业时，应做好与相关单位施工组织的协调。

3　材料运输车辆必须严格按限速要求行驶，临时停车前后设立警示牌，不得随意调头和逆向行驶。施工车辆和机具设备作业、停放应符合安全施工管理规定，设置反光警示标识。

4　标牌、立柱等吊装作业应设置安全区域，设专人指挥调度。标志安装高空作业人员应在液压升降机或车载式平台作业车作业。

5　材料装卸应符合下列规定：

1）金属梁柱式护栏、波形梁护栏、立柱和标志板装车时需采取隔离保护措施，避免磨损表面涂层和板面。

2)护栏、立柱、隔离栅、标志版面、防眩板等装卸时,必须轻拿轻放,避免野蛮装卸损伤构件。

3)立柱应进行独立包装,避免磨损表面涂层,待路面施工结束后拆除包装。

4)护栏、立柱、隔离栅等安装前应整齐摆放在施工区一侧,波形梁护栏必须采取 M 形放置,避免 W 形放置损伤表面涂层。

6 施工作业人员必须穿反光背心,施工车辆、移动工程架梯等机具必须标设明显且数量充足的反光警示标识。作业区范围内必须摆放锥筒、安全标识牌等,有车辆通行时必须设专人指挥交通。

7 施工过程中应配备必要的设备及人员及时清理现场,保持整洁干净,做好已完工程的保护,重点做好机械用油管控,避免污染路面。严禁随意丢弃废弃物和垃圾。

7.3 护 栏

7.3.1 一般规定

1 波形梁护栏、梁柱式护栏用钢材除执行设计要求外,波形梁护栏尚应符合现行《波形梁钢护栏 第1部分:两波形梁钢护栏》(GB/T 31439.1)及《波形梁钢护栏 第2部分:三波形梁钢护栏》(GB/T 31439.2)的规定,梁柱式护栏还应符合现行《低合金高强度结构钢》(GBT 1591)的规定。拼接、连接螺栓采用高强螺栓,并符合现行《钢结构用高强度大六角头螺栓》(GB/T 1228)、《钢结构用高强度大六角螺母》(GB/T 1229)、《钢结构用高强度垫圈》(GB/T 1230)、《钢结构用高强度大六角头螺栓、大六角螺母、垫圈技术条件》(GB/T 1231)的规定。

2 护栏板、端头梁、立柱的长度和宽度方向不得焊接,护栏板面不得弯曲变形,不得出现裂缝。对可焊接构件进行防腐蚀处理前,外露焊缝应做好磨光或补满等清面工作。

3 护栏(含过渡板)防腐蚀处理应符合设计要求。螺栓、螺母等紧固件和连接件在防腐蚀处理后,必须清理螺纹或进行离心分离处理。

4 护栏端头、过渡板、异型板等小件必须与主体材料同步提前订购,尽早进场。不同类型防护设施之间的过渡板(件)必须为工厂定做加工,并符合标准件的材料要求及加工工艺流程。

5 设置于桥涵构造物上的护栏立柱基础预埋钢板应进行镀锌等防腐蚀处理,连接螺栓长度符合规定要求,并应进行防锈保护。

7.3.2 立柱

1 根据设计文件进行放样,并以桥涵、中央分隔带开口、互通立交等为控制点,进行测距定位。

2 立柱宜等间距布置。立柱放样时可利用调节板调节间距,并利用分配方法处理间距零头数。

3　放样后应核查立柱桩位情况。应确认是否与预埋管线、机电工程、绿化及中央分隔带排水管等交叉冲突，必要时进行合理调整，避免出现立柱施工打断管线的情况。

4　立柱施工应满足设计要求，保证埋置深度和顺直度，并与道路线形协调。

5　土基路段立柱施工采用打入法，施工时应精确定位。当打入过深时，应将其全部拔出，回填压实后再重新打入，并不得损伤立柱端部。

6　无法采用打入法施工时，应采用钻孔法施工，待立柱插入后以水泥砂浆灌注，严禁截断立柱。

7　立柱施工就位后，其水平方向和竖直方向应形成平顺的线形。

7.3.3　波形梁护栏

1　应按设计要求，保证板面线形平顺、顶面与道路竖曲线相协调。

2　波形梁之间及与防阻块、立柱连接均采用符合标准要求的螺栓和螺母。

3　波形梁的连接螺栓及拼接螺栓应先初装，利用可调整栓孔调整线形和位置，防阻块应准确就位，满足要求后拧紧所有螺栓，不得缺漏。

4　波形梁护栏钢板搭接方向应与行车方向一致。

5　中央分隔带开口处的端头梁应与分隔带标准段的护栏连接。路侧护栏开口处应安装端头梁并进行锚固。待端部基础混凝土达到设计强度后拧紧螺栓。

7.3.4　梁柱式护栏

1　护栏安装时，应以桥梁伸缩装置附近的立柱作为放样控制点，横梁和立柱安装位置应准确。同时保证桥梁伸缩装置和胀缝处的横梁伸缩。

2　设置套筒或地脚螺栓等预埋件，并在施工期采取有效的防腐蚀等保护措施。护栏安装前应对立柱预埋件的位置进行复测，满足设计要求后方可安装立柱和横梁。

3　螺栓安装应采用扭矩扳手，严控螺栓扭矩。

4　连接螺栓和拼接螺栓不宜过早拧紧，安装过程中充分利用横梁和立柱法兰盘的可调孔进行调整，保证线形顺适，最后拧紧螺栓。

5　横梁、立柱等构件在安装过程中应注意保护防腐蚀涂层。安装完成后，应对局部受损构件涂层按规定修复。

7.3.5　活动护栏

1　活动护栏的形式、规格、钢构件的防腐蚀处理应符合设计的要求。

2　施工前，施工单位应提供国家权威检测单位出具的活动护栏碰撞报告，实际供应的产品规格与碰撞报告应一致。

7.4　标　　志

1　施工过程中应确认是否与预埋管线、绿化等交叉冲突，必要时进行合理调整，避免出现标志基础施工破坏管线。

2 标志基础施工基底必须夯实,应采取必要的防护措施,确保路基、路面的安全稳定性不受破坏。

3 标志基础混凝土强度、配合比、结构尺寸、外观质量等需满足规范及设计要求,严格抹面、压光,保证密实度。受除冰盐影响的基础混凝土还应满足防腐蚀要求。

4 标志牌横梁安装应设置适当的预拱度,确保净空满足设计要求。

5 标志板安装到位后,应进行板面平整度和安装角度的调整。

6 标志牌安装过程中监理单位应进行旁站,安装完成后应进行全面验收,确认在白天或夜间条件下标志的外观、视认性、颜色、镜面眩光等指标符合设计及规范要求。

7.5 标 线

1 严格控制标线涂料、反光标线、玻璃珠、突起路标等材料质量。

2 道路标线施工现场采取限制通行措施和设置明确的警示标志,在标线完全干燥之前不得有行人或车辆通过。

3 标线施工前必须进行基面清理,保证作业面清洁干燥,无松散颗粒、油污等有害物质。

4 标线长、宽、厚度应符合设计要求,线形流畅、曲线圆滑、边缘整齐,与道路线形相协调。不允许出现折线。标线表面不应出现网状裂缝、断裂裂缝、起泡现象;虚线长及间隔、点线长及间隔、双标线间隔、特殊标线图案等技术指标要求应符合现行《道路交通标志标线》(GB 5768)的规定。

5 喷涂施工作业宜在白天进行,雨天、扬尘、大风以及温度低于10℃时应暂停施工,隧道内施工时需加强照明。

6 标线涂料加热保持熔融状态的温度和时间均应符合规定要求,喷涂于路面时的温度必须符合使用说明的要求。

7 玻璃珠性能应符合规范要求,颜色应一致,用量应符合设计要求。确保标线逆反射系数符合设计要求,使用年限内玻璃珠脱落率不超过允许范围。

8 互通区、服务区和停车区等应严格区分虚线与实线段落,严格按照设计施工。

7.6 防 眩 板

1 防眩板设置应整齐顺适,线形流畅美观,与路线相协调;防眩板遮光角、防眩高度、板宽及板间距离应符合设计要求。

2 防眩板及相关配件应按设计采用配套产品,颜色协调一致,防腐蚀应符合设计要求。

3 桥涵构造物上的防眩板应与桥头两侧防眩板相顺适,不得出现高低不平或线形扭曲的现象。

4 防眩板底座连接螺栓必须拧紧，并按设计要求安装垫片，不得缺失。

5 施工过程中不应损伤防眩板表面涂层，任何形式的涂层损伤，均应及时给予修补或更换。

6 防眩板安装完毕后，必须调整防眩板的线形。应先松开螺栓，再调整线形，最后紧固螺栓。严禁靠外力强行扭转防眩板。

7.7 隔 离 栅

1 隔离栅应按设计进行精确放样，并及早封闭。

2 隔离栅应随地形起伏设置，保证线形整体顺畅。

3 隔离栅应有效的闭合。在小桥涵等构造物处，应将隔离栅与构造物有效连接。

4 钢立柱基础、钢筋混凝土立柱应集中预制，几何尺寸和混凝土强度必须满足设计要求。

5 钢筋混凝土立柱运输、装卸应避免立柱折断或碰掉棱角。金属构件和网片在装运、堆放过程中应避免损坏。

6 立柱基础混凝土强度达设计要求后，方可安装隔离栅网片和刺钢丝。

7 刺钢丝隔离栅施工时，必须用紧线器拉紧。刺钢丝之间应平行、平直，绷紧后与立柱上的铁钩牢固绑扎，横向与斜向刺钢丝相交处也应绑扎牢固。

8 房建工程

8.1 施工准备

1 施工单位应充分了解房建工程及场区的整体防排水设计意图及处理原则。施工前做好下列核对工作：

1)施工对地表和地下结构物的影响。

2)施工场地布置与农田水利、征地及环境保护等的关系。

3)建筑物、道路工程、水利工程和电信、电力线路等设施的拆迁情况和数量。

4)施工中和运营后对自然环境、生活环境的影响及需要采取的保护措施。

2 对于危险性较大的分部分项工程，如深基坑开挖、高大模板工程、脚手架搭设、起重吊装拆卸工程等，施工单位应当编制专项施工方案，并组织专家论证、审查，经施工单位技术负责人、监理单位审查同意签字后方可实施。

3 测量放样前应与主体工程单位及时沟通，并经监理等有关单位认定后，确定房建工程基准高程。同时认真复核房建排水、排污工程的进、出水口设计高程，满足正常使用需要。如出现有遗漏或冲突等问题，应及时上报处理。

4 根据施工作业特点和要求，对部分项目应采用专业化作业，引进专业的队伍施作。施工队伍的相关特种作业人员必须具有安检部门颁发的特种作业许可证，特殊工种人员应持证上岗。施工单位应加强对现场人员的安全、技术、职业健康等培训和教育，培训合格后方可上岗。

5 工程采购设备及主要材料、成品、半成品、配件、器具进场必须同时提供出厂合格证、质量证明文件及使用说明。规格、型号及性能指标等应符合设计要求和相应标准，进场时监理单位应核查确认。

6 结合工程进度及施工组织，门、窗、洁具、饰面砖(含外墙理石)、地板、灯具、内外墙涂料等装饰材料及五金组件应提前制订采购计划，列出采购清单，将拟采购材料的样品及检验报告报建设单位和监理单位确认，经同意后方可签订供货合同。

8.2 作业要求

1 严格遵守现行《建筑机械使用安全技术规程》(JGJ 33)的规定，建立机械设备验收制度。在吊装作业区明显位置应设置警示标志，运货、吊料时设专人看管。

2 施工现场应设置围挡,严禁无关人员进入。二层及以上建筑应设置安全围挡。建筑物的出入口处,搭设高度不低于3.0m、宽于通道两侧的防护棚。尚未安装扶手的楼梯设1.2m高防护栏杆。

3 施工现场建筑材料应合理分类存放,随时保持整洁。合理安排不同工种的交叉施工作业,每道工序均应做到工完场清,剩余材料及时回收并按规定码放整齐。

4 室外地沟、排水管线、机电管线等外网工程在主体工程底层框架完成之后及时组织施工,便于为后续工程提供作业面,并不得影响场区绿化、道路和机电工程施工。

5 地沟混凝土应按设计要求浇筑抗渗混凝土,所有给排水、消防管线(除电缆外)均应按规定进行防腐蚀处理。室外电缆钢质套管需做防腐蚀处理。直埋电缆埋设应严格按规范要求施工,沟底夯实、铺砂、埋砖,防止下沉导致电缆损坏。

6 所有检查井应与地沟同步施工,并设置具有防腐蚀性能的爬梯,井内应做防冻保护。井口必须使用重型井圈和井盖,并且有明显的文字表示。

7 外场设备防雷接地和安全接地应分开设置,接地焊接牢固,焊缝饱满并做好防腐蚀处理;防雷引下线及接地体所用材料规格、防腐蚀与连接措施、安全位置应符合设计要求,金属机箱与保护接地应连接可靠,接地极引出线无锈蚀。防雷接地电阻必须符合相关要求,接地(PE)或接零(PEN)支线必须单独与接地(PE)或接零(PEN)干线相连,不得串联连接。

8 施工中产生的各种垃圾、废料以及生活垃圾必须日产日清,不得焚烧垃圾。严禁从建筑物内向外抛弃垃圾。

施工现场易产生扬尘污染的作业区应进行封闭作业,堆放、装卸、运输等易产生扬尘污染的物料应采取遮盖、封闭、洒水等措施。

9 锅炉、发电机、净水及污水处理设备等在交付使用前,需对使用人进行操作培训,并做好记录。施工单位应按规定办理特种设备相关许可证。

8.3 土建工程

8.3.1 土方工程

1 独立基础原则上不允许满堂开挖,宜少破坏原有地面。场区围墙地基应按设计要求进行机械夯实。

2 基坑开挖应按设计及规范要求进行放坡。开挖深度超过1.5m的基坑必须设置护栏及警示标志,上下基坑的施工通道必须做防滑处理。

3 挖出土方应遵照回填方便、便于运输且不影响和破坏周边自然环境为原则进行处理,弃土必须及时清运。

4 基础开挖完成后,由施工单位提出申请,建设单位组织监理、设计、勘察、施工等单位共同验槽,合格后方可进行下道工序施工。

5 基础完成后,建设单位组织勘察、设计、监理、施工单位对基础工程进行验收,质量监督部门对分部工程质量进行核验。基础验收合格后方可进行基础回填,并按设计要求分层夯填,满足设计压实度要求。

8.3.2 钢筋工程

1 开工前应熟悉设计文件,钢筋型号、尺寸应识别清楚,钢筋制作所需的各种设备应调试完毕。

2 钢筋应集中加工,每个合同段一般设置一个加工厂,面积不小于 300m^2,用于存放、加工钢筋。钢筋加工完毕后,应分类分区存放,并标识。

3 钢筋绑扎和焊接应严格按规定执行,不得出现漏绑、漏焊现象。

4 负弯矩筋必须设置专用支撑架,将负弯矩筋按照设计的间距及高度垫起,杜绝在后续施工中负弯矩筋出现扭曲变形、错位等现象。

5 砌体与混凝土柱、剪力墙连接处必须预埋拉结筋。

6 钢筋的保护层应使用圆饼形、梅花形高强度砂浆垫块。砂浆垫块强度不得低于主体混凝土强度。绑扎牢固可靠,立面纵横向间距均不得大于 80cm,梁底位置不得大于 50cm,每平方米垫块数量不少于 4 块。

8.3.3 模板与支架工程

1 模板使用前进行试拼,修补破损面。模板支架均采用钢管支架。施工前对支架强度、刚度及稳定性进行计算,经监理单位批准后方可架设。

2 模板从堆放场地运至施工现场过程中,不允许出现变形及损坏。运输开始前应对模板表面进行清洗和涂刷脱模剂。

3 模板在合模固定前,监理单位应对模板的几何尺寸、大面平整度进行检查,合格后方可进行下道工序施工。

4 模板安装时必须确保扣件部位达到满扣,不得遗漏。混凝土浇筑前应对模板的支撑强度、稳定性和接缝的密合情况进行检查,防止变形、漏浆。

8.3.4 混凝土工程

1 混凝土必须集中供应,强制拌和,产量满足施工需求。

2 混凝土应振捣密实。混凝土坍落度较小时,应加密振点分布。振捣应在浇筑点和新浇筑混凝土面上进行,振捣应快插慢拔,以免产生空洞。振捣器移动间距不得超过有效振动半径的 1.5 倍,并避免过振。

3 混凝土浇筑过程中不得用振捣棒进行混凝土的引流,不得随意向混凝土加水及外添加剂。

4 混凝土浇筑过程中,应设专人检查支架、模板、钢筋和预埋件等稳固情况,当发现有松动、变形、移位时,应及时处理。混凝土在初凝前需设专人进行看管,严禁人为踩踏混凝土表面。初凝后,模板不得振动,伸出的钢筋不得承受外力。

5 施工缝不得设置在剪力集中部位,断面应保持整齐和干净。

6 混凝土浇筑完成后设专人洒水养护。楼板养护必须覆盖土工布,洒水保湿养护不得少于7d。

7 混凝土拆模时强度要求应符合现行《混凝土结构工程施工质量验收规范》(GB 50204)的规定。承重的模板当构件跨度小于8m时,混凝土强度应达到设计的75%;构件跨度大于8m时,混凝土强度应达到设计的100%。

8 混凝土试块必须按规范要求进行标准养护,混凝土试块留置组数应符合现行《混凝土结构工程施工质量验收规范》(GB 50204)的规定。

8.3.5 砌筑工程

1 砌筑施工前,应结合设计文件核对轴线放线尺寸;砌体工程应及时报检转序。

2 所有砌筑砂浆必须使用具有自动计量功能的拌和机拌和。施工前应对砌块浇水湿润,摆放整齐。

3 砌筑墙体内拉结筋的数量及长度必须严格按设计及规范要求设置。

4 砌体工程误差应符合现行《砌体结构工程施工质量验收规范》(GB 50203)的规定。

5 砌体转角处和交接处必须同时砌筑,严禁无可靠措施的内外墙分砌施工。对不能同时砌筑而又必须留置的施工缝处应砌成斜槎,水平投影长度不应小于高度的2/3。

6 严禁使用断裂、掉角等残砖进行砌筑,砌筑工程灰缝饱满度应符合相关规定。

7 窗台设置6cm混凝土压顶,防止雨水渗漏。

8.3.6 保温工程

1 保温材料耐火性指标应符合国家有关规定。

2 施工时应自上而下依次施工,竖向每层保温板接缝不得重合,横竖接缝允许偏差满足规范要求。

3 保温材料与基层采用粘钉结合方式进行施工,每平方米不得少于3个钉。不得出现脱落、鼓包、断裂现象。门窗洞口保温材料必须压住外墙材料。采用干挂石材外墙面应在龙骨支座部位重点密封,防止遗漏。

4 网格布按楼层间尺寸剪裁粘贴,抹抗裂砂浆,门窗洞口包粘到位,不得遗漏。

5 严禁在雨天或室外温度低于5℃的情况下进行施工。

8.3.7 防水工程

1 施工前,检查防水材料的外观质量,不得出现断裂、破损等现象。

2 屋面防水在施工前,应保证基层平整、干燥。屋面防水必须使用满粘法施工,不得采用空铺或点粘法施工,搭接长度不得小于10cm。

3 监理单位应对檐沟、檐口、泛水、水落口、变形缝和伸出屋面的防水构造等容易渗漏的部位进行全过程施工旁站,严格转序。

4 室内厕所、淋浴间等防水施工完成后,必须进行48h蓄水试验,确保无潮湿、渗漏现象后,方可进行下道工序施工。

8.3.8 脚手架工程

1 脚手架搭设必须全部采用金属脚手架。

2 脚手架工程在施工前,必须进行荷载计算,且必须配合施工进度搭设。

3 脚手架应确保支撑杆件坚实牢固,不发生沉降,同时做好支撑区域的排水。不得直接落在土层上。

4 剪力撑、横向斜撑搭设应随立杆、纵向和横向水平杆等同步搭设,且必须满足规范和设计要求。严禁不同尺寸的金属脚手架混合使用。

8.4 给排水、消防工程

1 室内外给排水管线施工前,施工单位应根据现场实际情况对管线走向进行布局。如遇冲突或改线等问题,及时上报处理。

2 深水井成井深度及出水量应满足设计要求,并进行水质化验。井口至冻深线之间应做保温处理。

3 管道进户端和出户端2m范围内均应加做保温。施工前对管道坡度从最低端反向多点进行高程测量,避免反坡。

4 管道应布置顺直,冷热水管道间、排水管道间的间距应满足规范要求。各种连接件、水阀、水龙头等必须按设计要求选用,无要求时应使用铜质配件。

5 给水管道均应在安装完毕后进行注水试验,时间不得少于24h。排水管道在隐蔽前必须做灌水试验,其灌水高度不低于底层卫生器具的上边缘或底层地面高度。

6 固定管道的支架埋设位置应准确、平整、牢固。整体支架位置应在施工前进行合理布局,不得影响结构安全。

7 支架采用的材料及数量应满足设计及规范要求。在有冲压外力作用及连接的部位,应选用强度更高的支架,并加密布设,确保管道不出现失稳及过大变形。

8 给水设备的安装位置应距离固定基体50cm以上,便于检修。应安装成品储水设备,其管道及储水箱体应进行防腐处理。液位计、控制器等设备应安装在明处,方便使用。

9 室内易出现冷凝水现象的管道应进行保温处理,管道表面不得出现冷凝水。

10 净水及污水处理设备要求标识明确,操作程序清晰,使用性能稳定。排水管根据地形设一定角度,保证排水泵停止后,管内余水能顺利流出或回流到设备内,防止冬季管内结冰堵塞。

11 公共区域内的卫生洁具应设置在同一高度,并与基体结合牢固、平整。确保出水平稳,排水通畅。排水栓和地漏的安装应平正、牢固,低于排水表面,周边无渗漏。地漏水封高度不得小于50mm。

12 小便槽冲洗管应采用镀锌钢管或硬质塑料管。冲洗孔应斜向下方安装,冲洗水流同墙面成45°角。镀锌钢管钻孔应进行二次镀锌。

13 消防设备安装及摆放位置应满足设计及规范要求,墙式消防箱体应与基体紧密、牢固连接,嵌入墙内,栓口朝外,不应安装在门轴侧。栓口中心距地面为1.1m,阀门中心距箱侧面为140mm,距箱后内表面为100mm。消防水箱应做储水试验,24h内不得出现渗漏、压力下降等现象。

14 消防系统安装完毕后应取屋顶层(或水箱间内)试验消火栓和首层两处消火栓做试射试验,达到设计及规范要求为合格。

15 施工单位应配合建设单位做好消防许可证办理工作,确保工程顺利移交。

8.5 暖通工程

1 锅炉安装符合相关规范要求,操作人员持证上岗。锅炉、散热器等供暖设备必须通过试运行。

2 锅炉及其他设备基础应按设计要求做好基底处理及基础施工,防止出现基础下沉或开裂。

3 供暖管道应采用PPR热熔管等,技术指标符合相关规定。管道在安装前应进行检查清洗,不得有杂物,管道内壁光滑。

4 铁质固定支架必须做防腐蚀处理,安装数量符合设计及规范要求。保证管道无明显变形。支架应按施工规范要求钻卡箍眼,不得采用电焊方式烧眼,以保证支架牢固、不变形。

5 室外热力管网敷设于综合管沟内同一侧,供水管在上,回水管在下;给水及消防管道布置在另一侧,中间为检修通道。当管道交叉时,应遵循小管径让大管径、易弯曲管让不易弯曲管、支管让主管、给水及消防管让热力主管的原则。气、水同向流动的采暖管道坡度不得小于0.2%,逆向不得小于0.5%。

6 散热器使用前必须做试水试验。散热器支架必须满足设计及规范要求,且在一般外力作用下不得松动脱落。散热器支管的坡度应不小丁1%,坡向应利十排水。

7 加热盘管弯曲部分不得出现硬折弯现象,曲率半径应符合下列规定:塑料管不应小于管道外径的8倍,复合管不应小于管道外径的5倍。

8 采用地热的地下敷设盘管,埋地部分不得有接头,地热盘管隐蔽前必须做打压试验。试验压力及标准同散热器。

9 所有管材壁厚、伸长率等指标符合设计及规范要求。

10 整体管道施工完毕后,正常加热条件下进行打压试水。

8.6 电气工程

1 各类箱、盒、管线、灯具、排风等必须按规范要求与基体进行紧密连接,做到牢固可靠,安装位置必须满足设计及使用要求,落地放置的箱、柜必须高出地面20cm。严禁将管线、箱、盒随意固定在其他分承重(如吊顶、门窗)构件上。

2 所有电气箱盒等设备均应标注设备详细信息,如箱内电线、空开等的使用功能及所连接部位。

3　墙内管线敷设位置必须满足设计及规范要求，监理单位应严格转序。管线弯角处应圆顺，线形顺直，不得出现容易划坏管内线路的毛刺。

4　电线、电缆接头位置应设置在插座、开关等易检查维修的位置。不得在墙内管线中随意接头或者分线。同一功能线路，在整体建筑物内必须使用同一颜色电线。

5　高压的电气设备和布线系统及继电保护系统的交接试验，必须符合现行《电气装置安装工程　电气设备交接试验标准》(GB 50150)的规定。

6　柴油发电机馈电线路的连接，必须保证机体两端的相序与原供电系统的相序保持一致。

7　柴油发电机组及高压电机柜等设备在安装完之后必须进行试运行，试运行时间不得少于12h。

8.7　装 饰 工 程

8.7.1　抹灰工程

1　抹灰前，砖(石)、混凝土等基体表面的灰尘、污垢和油渍等应清除干净，洒水湿润。

2　砖(石)、混凝土等不同材料基体交接处，及总厚度超过35mm的抹灰，应先铺钉加强网，防止抹灰层开裂和脱落。加强网与各基体的搭接宽度不应小于10cm，阴阳角顺直。

3　抹灰层凝结前应避免快干、水冲、雨淋、撞击、振动和受冻，凝结后应采取措施防止沾污和损坏。水泥砂浆抹灰层应在湿润条件下养护，防止开裂。

4　抹灰砂浆强度应满足设计要求。抹灰层与基体间及各抹灰层间必须黏结牢固，抹灰层应无脱层、空鼓，面层应无爆灰和裂缝。

5　抹灰应严控大面平整度，偏差应符合规定要求。

8.7.2　门窗工程

1　门窗订购前，必须提供厂家的品牌及样品，经建设单位认可。

2　中空玻璃要求密封严密，不透气，玻璃中空层内不得有灰尘和水蒸气。密封条必须与玻璃全部压紧，压条与型材之间无明显缝隙，压条接缝应不大于0.5mm。

3　门窗五金件应美观耐用，窗折页隐藏在窗框中。施工时窗框上的防护膜应保存完整，防止窗框污染、划伤。

4　门窗洞口的砌体应采用预埋实体砖等方式进行局部加固，保证门窗框安装牢固。门窗与墙体间缝隙的填嵌材料(发泡胶)应饱满，抹灰严密，防止漏风、漏雨或形成冷桥使墙体潮湿、发霉，墙皮脱落。

8.7.3　吊顶工程

1　吊顶龙骨必须牢固、平整，利用吊杆和吊筋螺栓调整拱度。龙骨和吊杆、吊筋应镀锌防腐蚀，吊杆、吊筋直径不得小于6mm，严禁用铁丝取代吊杆。

2 大于3kg的重型灯具及其他设备应设置独立吊杆，严禁安装在吊顶工程的龙骨上。

3 室内吊顶铝单板厚度应不小于0.8mm。

4 矿棉板吊顶工程应安装牢固、线形直顺、表面平整。

5 吊顶用饰面材料强度符合设计要求，不得有翘曲、裂缝及缺损，表面应洁净、色泽一致，吸音防潮，不得吸水凹陷。压条应平直、宽窄一致。

6 吊顶饰面板上的灯具、烟感器、喷淋头、风口篦子等设备的位置应合理、美观，与饰面板的交接应吻合、严密。

8.7.4 饰面砖工程

1 饰面砖表面应平整、洁净、色泽一致，无裂痕和缺损。搬运过程中应轻拿轻放，以防止断裂、棱角损坏，堆放时应竖直堆放，避免碰撞。

2 铺贴前基层应整平清理、洒水湿润。

3 基体表面遇有管线、灯具、卫生设备等，周围的砖应用整砖套割吻合，不得用非整砖拼凑铺贴。

4 铺贴室内面砖时，一般由下往上逐层铺贴，从阳角起贴，先贴大面，后贴阴阳角，阳角处采用45°切割后搭接。

5 饰面砖铺贴用材料应达到设计及规范要求，铺贴后无空鼓，垂直度、平整度、接缝应满足相关标准要求。地面砖采用专用材料进行砌缝处理。

8.7.5 饰面板工程

1 有光面的饰面板在搬运时应光面对光面，并衬好软纸，严禁采用易褪色的材料包装。饰面板搬运堆放和表面质量要求同饰面砖。

2 采用干挂法施工时，金属骨架、锚固件及连接件应按设计和规范要求镀锌或进行防腐蚀处理；采用湿作业法施工的饰面板工程，石材应进行防碱背涂处理。饰面板与基体之间的灌注材料应饱满、密实。

3 饰面板嵌缝应密实、平直，宽度和深度应符合设计要求，填嵌材料色泽应一致。

4 饰面板上的孔洞应套割吻合，边缘应整齐。

8.7.6 涂饰工程

1 涂料涂饰工程施工环境温度一般应为5~35℃。

2 基体表面必须洁净平整，清除表面灰尘及附着物，表面麻面等缺陷应用腻子填平并用砂纸磨平磨光。

3 室外涂饰涂料必须使用相同材料和配合比。

4 室内涂饰单侧墙每层应一次涂刷完成。涂饰上部时，溅落浆体及时清除。阴角等大面积不易施工部位，应采用人工二次处理。

5 涂层与其他装修材料和设备衔接处应吻合，界面应清晰。

9 机电工程

9.1 施工准备

1 开工前,施工单位应在确保施工安全的前提下,充分考虑交叉作业、通车影响、寒冷气候等特点,制订科学、合理、高效的施工组织计划。开工后应严格按照施工计划组织施工,确保工程质量、阶段工程节点目标和总工期目标满足合同的要求。

2 施工单位进场后,应组织经验丰富的技术人员对设计文件进行现场核查,形成核查报告,必要时进行联合设计。

3 机电施工人员必须经过上岗前的安全生产教育培训,应配安全生产手册。进行光缆接续、管线焊接、设备器件吊装等作业人员,必须经专业培训。

4 结合工程实际及施工组织,提前制订机电设备采购计划,列出采购清单,报建设单位备案。

5 监理单位应对主要材料、设备的质量和采购进行过程监管。对产品的规格、型号、功能、质量等严格把关。

6 设施设备基础开挖作业时,必须采取有效安全防护措施,设置安全护栏围挡、防护网、安全警示标志牌等。

7 施工作业人员必须穿反光背心,施工车辆、移动工程架梯等机具必须标设明显且数量充足的反光警示标识。作业区范围内必须摆放锥筒、安全标识牌等,有车辆通行时必须设专人指挥交通。高空作业人员应使用液压升降机或车载式平台作业车。

9.2 线缆敷设

9.2.1 一般规定

1 各种光、电缆规格及使用的保护管道符合设计要求。敷设前对管道或管沟进行清理,沟壁平滑,不得对光缆或电缆造成损伤。

2 人(手)孔及管道安装符合要求,防水措施应良好。

3 缆线布放过程中,为避免受力和扭曲,应制作合格的牵引端头。如采用机械牵引,应根据缆线牵引的长度、布放环境、牵引张力等因素,选用集中牵引或分散牵引方式。

9.2.2 光缆敷设

1 光缆应存放在通风干燥处,不应露天存放,避免淋水、潮湿及重物压砸。光缆应用防护膜缠绕并装箱,避免机械碰撞损伤。

2 在一个光中继段内,必须使用同一品牌、同一规格的光缆。

3 光缆敷设前,管道施工单位应对预埋的管孔逐孔清理疏通,试吹气压不得小于6个标准气压。

4 光缆在管孔中的排列顺序必须按照设计要求施工。

5 光缆应使用叉车或吊车装卸。滚动缆盘时,必须顺盘绕方向,并只能进行50m以内的短距离滚动。当距离大于50m时应使用运输工具,运输时应将缆盘固定牢固。

6 施工前应根据光缆盘长和路由情况进行合理配盘,宜按盘号顺序敷设。光缆施工中必须整盘敷设,严禁任意切断光缆。

7 光缆的敷设必须从缆盘的上方引出,光缆排列应整齐有序,不得有交叉。

8 光缆敷设时的牵引力不得大于光缆允许张力的80%,瞬时最大牵引力不得大于光缆允许张力,主要牵引力应加在光缆的加强构件上。

9 光缆接续必须在清洁的环境中进行,不得污染。

10 光缆接续完毕后,接头盒内光纤的收容余长应在1.2~1.6m之间。光缆接头盒应有接地引出线。

11 光缆敷设、接续或固定安装时的允许弯曲半径不得小于外径的20倍。

12 管道人孔井壁侧壁应镶嵌铝制标识牌,标注桩号和井号。

13 光缆管道敷设时,施工单位必须把管道捆扎结实,并将其用地锚固定在沟槽内。严格按规定要求回填管道,避免造成管道偏移。

14 光缆线路在施工过程中应考虑光缆必要的预留长度,主要包括光缆接头处的预留长度、人(手)孔内自然弯曲增加长度、光缆沟或管道内弯曲增加长度、架空光缆弯曲增加长度等。

15 敷设工作完成后,必须按要求检查人孔中的敷设余量和弯曲半径,将管孔进出口封堵严密。应做好光缆的记录并在光缆上挂铝制标识牌,标注光缆名称、所有权、中继段及纤芯数。

9.2.3 电缆敷设

1 电缆应存放在通风干燥处,不应露天存放,避免淋水、潮湿及重物压砸。严禁与酸、碱及矿物油类接触。

2 敷设前,施工单位应对电缆通道进行检查、修整,确保畅通,无积水。

3 电缆的敷设必须从缆盘的上方引出。电缆排列应整齐有序,不得有交叉。

4 敷设时,电缆应满足允许弯曲半径要求,严禁任意弯、折。

5 应在晴好干燥的天气下进行终端和接头施工,敷设时严禁在地面上拖拽电缆。

6 电缆敷设完毕后,终端头与接头处应留有备用长度。

7 电缆敷设完毕后,必须检查人孔中的敷设余量和弯曲半径,将管孔进出口封堵严密,并做好电缆的记录和标识。

9.3 监控设施

9.3.1 一般规定

1 监控设施施工主要包括外场设施及监控(区域)中心设施的安装、调试。

2 监控设施施工前主体工程及相关的预留孔洞、预埋件和外场设备基础混凝土强度符合设计及相关规定要求。

3 监控外场设备安装高度和位置应根据现场构造物(如跨线桥、标志标牌等)的情况进行复核,构造物和设备之间不得相互遮挡。

4 监控外场设备立柱上的设备箱距地高度宜为2.5m,设备箱应安装异形门锁。

5 立柱吊装时法兰对接应平稳,螺栓固定时应以对角线依次紧固。

9.3.2 外场设施安装

1 摄像机、视频车辆检测器应逐台通电进行检测和粗调,检查确认云台的水平、垂直转动角度满足设计要求。确认摄像机在防护罩内紧固。安装完成后通电试看、细调、检查各项功能。

2 微波车辆检测器立柱应与检测车道留有一定的距离。若与检测车道距离较短,可提高微波车检器安装高度,安装高度的计算方法参见设备安装说明。

3 线圈车辆检测器安装应符合下列规定:

1)线圈范围内不应有混凝土板块交接、伸缩缝、切割缝,埋设位置应避开金属物体。切缝应干燥、清洁。

2)线槽切割深度宜为50~70mm,宽度宜为5~7mm,线圈切割时不应出现小于45°的锐角,在线圈锐角或直角处应切倒角。

3)引线槽切割与线圈切割相同,宽度应为线圈的2倍。

4)环形线圈不应有接头、断裂、打结或外皮损坏等现象。

5)线圈敷设应留有余量。敷设完成后,应及时封装,封装应避免产生气泡。

6)线圈敷设后应测量线圈电感量,电感量应符合检测器要求。

7)在250V直流电压测试条件下,线圈对地电阻应大于10MΩ。

4 气象检测器配备的传感器包括温度检测器、湿度检测器、风速风向检测器、雨量检测器、能见度检测器、路面状态检测器等。安装应符合下列规定:

1)路面状态检测器开槽安装后应填充坚实、平整,线缆布设应合理、可靠。

2)风速风向检测器风杯应转动灵活、无阻滞,并能随遇平衡。

3)雨量检测器安装时盛雨器口应处于水平状态,安装牢固,不得抖动、倾斜。

5 可变信息标志的安装应符合下列规定:

1)可变信息标志安装高度应满足设计要求,水平偏差不应大于3mm/m,垂直偏差不应大于5mm/m。

2)显示屏、控制机箱的出线管与箱体连接处应密封良好,箱体内应无积水、尘土、霉变。

3)显示屏、控制机箱内电力线、信号线应布线平直、整齐、固定可靠、标识清晰,插头牢固。

4)可变信息标志各模块间应紧密连接,拼缝整齐、密闭,拼缝不得透光、歪曲。

5)不应在6级以上大风及雨雪、浓雾天气进行吊装。

9.3.3 监控(区域)中心设施安装

1 大屏幕拼接系统的安装应符合下列规定:

1)安装前应检查屏幕表面,不得存在损伤、边沿漏光。

2)屏幕物理拼接缝应均匀、平整,所有紧固、连接件不得有缺少、松动现象。

3)屏幕后维修通道不应小于80cm。

4)大屏幕应避开空调出风口安装,箱体不得直对出风口,与侧壁出风口间距不得小于1.0m,与顶部出风口间距不得小于1.5m。

5)屏幕安装完成后应进行清洁,不得有异物、污迹等。

2 监视器墙安装应符合下列规定:

1)监视器墙安装的方位、角度、高度应符合设计要求,设备后部净距不应小于80cm。

2)线缆布线应整齐、标识清晰。

3)监视器墙支架应拼(焊)接完整,安装稳固,横竖端正。

4)监视器墙垂直偏差不应大于2mm/m。

3 计算机及网络设备安装应符合下列规定:

1)设备应布局合理,安装牢固,标识清晰,留有适当操作、检修及散热空间。

2)信号线、电源线应分开布设。布设时应路由正确、排列整齐、连接稳固、标识清晰齐全,弯曲半径和预留长度应满足有关规范要求。

3)不得在地板下或线槽内等非设计位置安装设备。

4 操作台的安装应符合下列规定:

1)操作台安装时,应保证散热空间,不得堵塞散热孔洞。

2)操作台设备应布局合理,安装稳固。接插件应安装牢固,接触可靠,接线整齐有序,标识清晰。

3)操作台的连接线缆应由下部引入,线缆两端应留有余量,并有永久性标识。

4)布放操作台设备所需的信号线和电源线缆,线槽强弱电分开布设,整理好线缆走线并绑扎整齐。

5)设备安装好后,对施工现场进行清理和恢复,并注意对操作台和设备进行防尘、防划等保护。

5 机柜的安装应符合下列规定:

1)机柜前净距不应小于0.8m,机柜背面净距不应小于0.6m,壁挂式机柜底面距地面不宜小于0.3m。

2)机柜安装应牢固,垂直偏差不应大于10mm/m。

3)机柜成排紧密放置时,面板应在同一平面上并与基准线平行,前后偏差不应大于3mm,机柜间缝隙不应大于3mm。

4)机柜成排分散放置时,面板前后偏差不应大于5mm。

5)机柜内设备、部件的安装,应在机柜定位完毕并固定后进行。安装在机柜内的设备应牢固。

6)机柜内设备应布局合理,保证必要的散热和维修空间。机柜内应留有不少于10%的卡件安装空间。

7)线缆布设应牢固、整齐,成端规范,标识清晰,预留长度适当,接线端子预留数量合理。

9.4 收费设施

9.4.1 一般规定

1 收费设施施工内容主要包括收费车道设施及收费站[收费(区域)中心]设施的安装、调试。

2 收费设施施工应在具备以下条件时进行:

1)收费广场的路基、路面工程及收费天棚工程已完成。

2)收费岛主体工程及站区相关的预留孔洞、预埋件已完成。

3)收费站[收费(区域)中心]的装饰工程基本完成。

4)收费广场、收费站区设备基础混凝土强度已满足设计要求。

3 收费设施安装应牢固、端正、整齐,安装位置结合现场实际满足使用要求。

4 收费岛上设备立柱颜色应保持统一。

5 配电箱、设备箱内信号线、电源线及其接、插头应明显区分,标识清楚,有永久性接线图。

9.4.2 收费设施安装

1 收费车道设备安装应符合下列规定:

1)出(入)口收费车道上同种设备宜安装在垂直行车方向的一条直线上,双向收费岛上的设备除外。

2)车道设备不应互相遮挡。

3)收费天棚信号灯宜安装在车道中心线上方。

4)岛头雾灯安装高度宜高出岛头上沿30cm以上。

5)电动栏杆挡杆竖起时应处于垂直位置,落下时应处于水平位置,并粘贴完整醒目的反光标记;手动栏杆挡杆应处于水平位置并安装禁止通行标志,粘贴反光标记。

6)收费亭安装应水平、稳固、端正,不宜采用任何连接件将收费亭与收费亭基础进行固定,收费亭与收费亭基础之间应进行防水封胶处理。

7)收费亭内设备应摆放整齐,设备连接线缆(包括信号线和电源线)应留余量。

8）收费亭下及人、手井内设备线缆应排列整齐，采用保护套管进行保护；保证强电与弱电分开，沿井壁敷设并固定；穿线管道在穿线后应对管头进行封堵。

2 收费站房内线缆安装应符合下列规定：

1）强、弱电线缆应分开布设，并用钢制线槽保护。

2）线槽之间用金属线联结，并可靠接地。

3）布线应整齐美观、固定可靠、标识清楚。

4）线缆过墙、板、地下通道处有保护套管，并留有适当余量。

5）线槽端头、预留孔洞、管道端头在穿线后应进行封堵。

3 收费站房内设备安装应符合下列规定：

1）设备之间连接线、插头等部件应连接可靠、紧密、到位准确。

2）布线整齐、余留规整、标识清楚。

3）固定螺钉等紧固、无松动。

4）机柜内设备布置整齐，分类合理，层次清楚。

9.5 通信设施

9.5.1 一般规定

1 通信设施施工内容主要包括通信管道敷设、通信设备的安装与调试。

2 通信设备施工需满足下列条件：

1）机房内部装修工作应全部完工。室内应充分干燥，各处的预留孔洞、预埋件的规格、尺寸、位置、数量等应符合要求。

2）照明、电源等设备能正常使用。

3）室内温度、湿度应满足设备要求。

4）机房建筑的防雷接地及引线完工，接地电阻必须符合设计要求。

5）机架、子架框必须同步进场，型号、规格、数量符合设计要求，外观无破损现象。

6）电缆线槽或走线架等附件应同步进场，规格符合设计要求。

7）同轴电缆、音频配线、电源线、保护地线、数据线等主要电缆规格、数量应符合设计要求。

9.5.2 通信机房安装

1 机柜安装应符合下列要求：

1）机柜的安装位置应符合设计要求。

2）机柜的安装应端正牢固，垂直偏差不大于3mm。

3）列内机柜应相互靠拢，机架间隙不大于3mm，列内机架面平齐。

4）机柜应按照设计的抗震要求进行加固。

2 敷设线缆及光纤连接线应符合下列要求：

1）电源线必须采用整段线料，中间无接头。

2)电缆排列必须整齐,外皮无损伤。

3)直流电源线的成端接续连接牢靠、接触应良好,电压降指标及对地电位符合设计要求。

4)设备应与接地网可靠连接,接地电阻满足设计要求。

5)传输不同信号线缆应分开敷设,间距满足设计要求,电源电缆、信号电缆、用户电缆与中继电缆应分离布放。

6)电缆转弯应均匀圆滑,电缆转弯的曲率半径应符合规范要求。

7)槽道内光纤连接线拐弯处的曲率半径满足规范要求。

8)光纤连接线在槽道内应加套或线槽保护。无套管保护部分宜用活扣扎带绑扎,扎带不宜扎得过紧。

9)编扎后的光纤连接线在槽道内应顺直,无明显扭绞。

9.5.3 通信设备安装

1 通信设备施工内容包括传输设备、语音交换设备、电源设备等安装、通电检查及测试。

2 传输设备安装应符合下列要求:

1)布线时各有关接触部位应接触良好。高频、音频回路均应进行布线绝缘测试。

2)网管设备安装应满足设计要求,网管网应与其他计算机网络隔离。网管数据配置应以实际网络情况配置。

3 语音交换设备安装应符合下列要求:

1)总配线架及各种配线架(含数字配线架、中间配线架等)各直列上下两端垂直误差应不大于3mm,底座水平误差应不大于2mm。配线架接线板各种标志完整齐全。

2)电缆敷设排列必须整齐,外皮无损伤。电源电缆、信号电缆、用户电缆与中继电缆应分离布放。电缆转弯应均匀圆滑,曲率半径应满足设计要求。布放走道电缆必须绑扎。绑扎后的电缆应互相紧密靠拢,外观平直整齐。线扣间距均匀,松紧适度。布放槽道电缆应顺直,宜不交叉。在电缆进出槽道部位和电缆转弯处应绑扎或用塑料卡捆扎固定。

9.6 隧道通风与照明

9.6.1 通风设施安装

1 风机安装支架和预埋件焊接时,应选用与风机预埋件相匹配的支架和焊接材料,焊接和防腐蚀处理应符合相关规定要求。

2 风机支架与预埋件直接焊接相连时,应采用分段对称焊,堆焊高度应大于母材厚度。整个焊缝不得有咬边、夹渣,连续气孔单个气孔不应大于1.5mm。

3 风机安装连接螺栓的强度等级经检测满足设计要求,方可安装风机,螺栓必须紧固,并有防松动和通风与通风控制设施减振装置。

4 风机外壳应可靠接地,电缆进入风机处应防水密封。

5 风机机械安装完成后，应检查确认安装过程未损伤风机、无异物进入风机内，风机和安装附件的防腐蚀层完好。

6 风机试运转后，应检查确认紧固件无松动。

9.6.2 照明设施安装

1 隧道内照明灯具安装应符合下列规定：

1）灯具安装应整齐美观、牢固可靠、线形流畅，灯具的安装角度应满足设计要求。安装位置纵向偏差不应大于30mm，横向偏差不应大于20mm，高度偏差不应大于10mm。

2）应根据照明回路要求接线，轮流接入A、B、C相，使三相负荷基本平衡。灯具接线应稳固、排列整齐、标识清晰，灯具进出线孔应密封。

3）灯具外壳应可靠接地。

2 照明接线箱安装应符合下列规定：

1）照明接线箱安装应牢固、整齐、标识清晰。安装位置纵向偏差不应大于30mm，横向偏差不应大于20mm，高度偏差不应大于10mm。

2）箱内接线应稳固、排列整齐、标识清晰，进出线孔应密封。照明接线箱箱体应可靠接地。

9.7 系统联调

9.7.1 一般规定

1 系统联调内容包括公路机电工程中受施工顺序制约的、有交叉的、有互相关联的、有数据交换的子系统之间及本路段和其他路段、省中心之间有联网要求的系统之间的联合调试。

2 系统联调应在具备以下条件时进行：

1）各子系统已经调试完毕，各子系统功能、技术指标均符合要求。

2）子系统间接口明确、界面清晰。

3）系统联调计划方案编制完成。

4）系统联调所需要的介质、材料、工具、仪器已经准备好。

5）参加系统联调人员已经过技术交底和培训，熟悉联调方案和操作规程，能正确操作。

6）对人身或机械设备可能造成损伤的部位，相应的安全设施或安全防护装置设置完善。

7）系统联调过程及结果记录表格齐全。

9.7.2 系统联调技术要求

1 通信系统与收费系统的联调应达到通信系统提供的通信线路满足收费数据传输的要求。

2　通信系统与监控系统的联调应达到通信系统提供的通信线路满足监控数据传输的要求。

3　通信系统应接入全省干线接入网,实现本路段与其他路段及省中心之间数据通道互联互通。

4　本路段收费、监控数据和图像应能按设计要求上传至省中心,并接收省中心下发的数据及参数。

5　应实现收费系统与监控系统之间数据、图像、指令互联互通。

10 环保绿化工程

10.1 施 工 准 备

1 贯彻“不破坏就是最大的保护”的建设理念，施工期保护与施工后恢复统筹考虑，坚持施工期最大限度保护原则，仅在征地范围内的必要部位进行清表，最大限度保护原生环境与植被。

2 绿化施工前应做好现场调查、核对设计文件，领会设计意图，做好技术准备和组织落实工作。

3 调查周边自然植被群落，优势草本、乔木、灌木的分布、生长状况，落实苗木供应来源，满足绿化工程施工。

4 掌握土质情况，估算客土需求量，充分利用原有清表土。

5 施工期噪声防治、大气污染防治等环境保护以及水土保持工作，应按公路、环保、水保等有关部门规定执行。

6 环保绿化工程应与主体工程同时设计、同时施工、同时投产使用。

10.2 环保绿化原则

1 尊重自然，保护优先

公路建设应最大限度地保护植物资源、动物资源、水资源、土地资源、景观资源，尊重自然，高度重视景观生态环境、水环境、声环境等的保护工作。

2 节约资源，综合利用

合理利用公路占地内的土地、水、植物等资源，循环利用，节约资源。系统考虑公路建设、运营的成本，采用节能减排新技术、新产品。

3 以人为本，安全第一

在确保路基边坡稳定和行车安全的前提下，合理配置植被，充分发挥植被的生态防护及视觉诱导作用，营造安全、高效的交通环境。

4 和谐自然，公众满意

通过“生态保护”“自然恢复”“人工恢复”等技术保护和恢复公路沿线植被。对区域地形进行平缓过渡整形，弱化人工痕迹，融入自然，营造和谐的公路环境。

10.3 植物资源保护

10.3.1 保护顺序

1 根据吉林省植物资源生态价值及景观价值的特点，把公路建设中应保护的常见植物资源分为五级：

Ⅰ级：国家和吉林省地方珍稀保护树种（如黄檗、红松、水曲柳、核桃楸等）。

Ⅱ级：树体高大、冠形优美的本地乔木（如槭树、蒙古栎、大青杨、椴树、柳树、榆树、落叶松、白桦等）。

Ⅲ级：林相整齐、优美的天然和人工林。

Ⅳ级：有生态和景观价值的灌木和杂木林。

Ⅴ级：一般草地、荒草地。

2 施工过程中应对Ⅰ～Ⅲ级植物资源进行重点保护，在进场之初就应对需保护和移栽的苗木进行调查，制订保护计划并严格落实。

3 对Ⅰ级和Ⅱ级植物资源应保留，使之融入整体公路景观，形成视觉亮点。

4 施工场地和便道宜避免占用生态价值及景观价值较高的植物资源（Ⅰ级、Ⅱ级、Ⅲ级、Ⅳ级）地段。

10.3.2 保护范围

按照公路工程与自然相融合的原则，桥头、路基弯道外侧、挖方边坡的坡顶，以及停车区、观景台、水体附近的原生植被，尤其是距离公路很近的高大树木，都必须重点加以保护。

1 路基：公路征地界以内的范围，其中从路基压实边界到公路征地界的"环保绿线"区域是保护的重点。

2 桥梁：桥头锥坡路域范围，桥下占地范围等。

3 互通立交：占地范围内，特别是不影响施工的匝道环内区域，是植物保护与大面积保留的重点。

4 隧道工程：隧道进出洞口扇面区域，特别是洞门顶部和分幅之间的区域。

5 服务区、收费站等：公路征地界以内的区域，特别是场区设计中的绿化区域宜保留原生植被。

6 取（弃）土场：按相关规定需要移栽的树木、草本植被等。

10.3.3 保护措施

1 路基工程

1）路基清表施工之前先划出"环保绿线"（即路基压实边界到公路征地界范围的区域），"环保绿线"区域是植物资源保护的重点。对路基实施两次清表，第一次清表时环保绿线范围的所有原生植被（包括乔木、灌木、草本以及林业部门采伐树木后留下的树桩)实行强制性保护,并开挖界沟。第二次清表根据开挖后地质情况、地形特点、周边环境,在保证路基稳定、安全和施工可操作的前提下,对环保绿线范围原生植被应尽可能保留。

2)路基边坡(沟)防护应贯彻协调、自然的原则,考虑防护措施间的协调。在坡面稳定、满足安全要求的前提下,采用多层防护与生态植被防护相结合的方法对边坡进行治理。

3)路基施工留下的裸露区域应根据工程安排尽早开展绿化和恢复,并做好清表植被移植和绿化恢复之间的衔接工作。

2 桥梁工程

1)桥梁施工要求只对桩基位置、桥台位置进行局部清场,对边界外的原生植被一律强制保留。

2)对需要清表的扩大桩基础以及桥台位置,清表之前需要对能移植的树木进行移植。

3)对桥头位置不影响环保景观设计施工的高大树木、乔木林、灌丛等植被应予以保留,使之成为桥头位置的装饰和衬托。

4)桥涵施工严格限制作业面积,挖掘出的弃土应妥善处理,不能压埋周围树木、灌丛等植被。桥梁施工留下的创伤面应尽快绿化恢复。

3 隧道工程

1)做好隧道洞口植被资源的保护和保留,特别是洞口植物资源相对较好的路段,严禁破坏隧道进出洞口周边植被。在洞口边仰坡处理中宜减少刷坡面积,为后期开展洞口植被恢复和营造景观打下基础。

2)保护好隧道进出口分幅路基之间的原生植被,重点孤景树采用挂牌、树干缠绕草绳等保护措施。

3)明挖施工应做好洞顶植被保护,恢复性绿化应及早进行。

4 互通立交及场区

1)明确征地界限及占地区域,匝道环内应按设计保留原有地形地貌,在不影响施工的前提下,用地范围内高大树木应最大限度保留。

2)砍树、清表前对树形较好树木优先考虑移栽。

3)按照“带绿施工”的环保理念,结合施工周期尽早进行绿化施工。

5 取(弃)土场

1)在取(弃)土之前,先规划好取弃土后的恢复方案,根据以后的恢复方案指导取(弃)土工作。

2)在取(弃)土之前,对需要保护的树木、植被进行移植。

3)取(弃)土场的表层土应提前进行剥离并集中堆放保护备用。

4)取(弃)土完成之后应根据环评及批复复垦方案及时进行植被恢复。

5)应对取(弃)土场进行全过程监管,设置必要的安全保障措施以及警示标志,避免造成人员、财产等意外伤害。

10.4 表土资源保护

1 路基清表的表层土属稀缺资源,应严格收集,按照表土剥离方案要求集中存放,严禁随意丢弃或变卖。

2 表土存放区应合理选址,应避开地表径流、水库、池塘和易冲刷沟谷等。周边设临时土袋围堰(梯形断面,上宽 50cm、下宽 150cm),结合地形情况设置截(排)水沟,并采取植草绿化等临时防护措施,减少损耗。表土临时堆放场设置如图 10.1 所示。

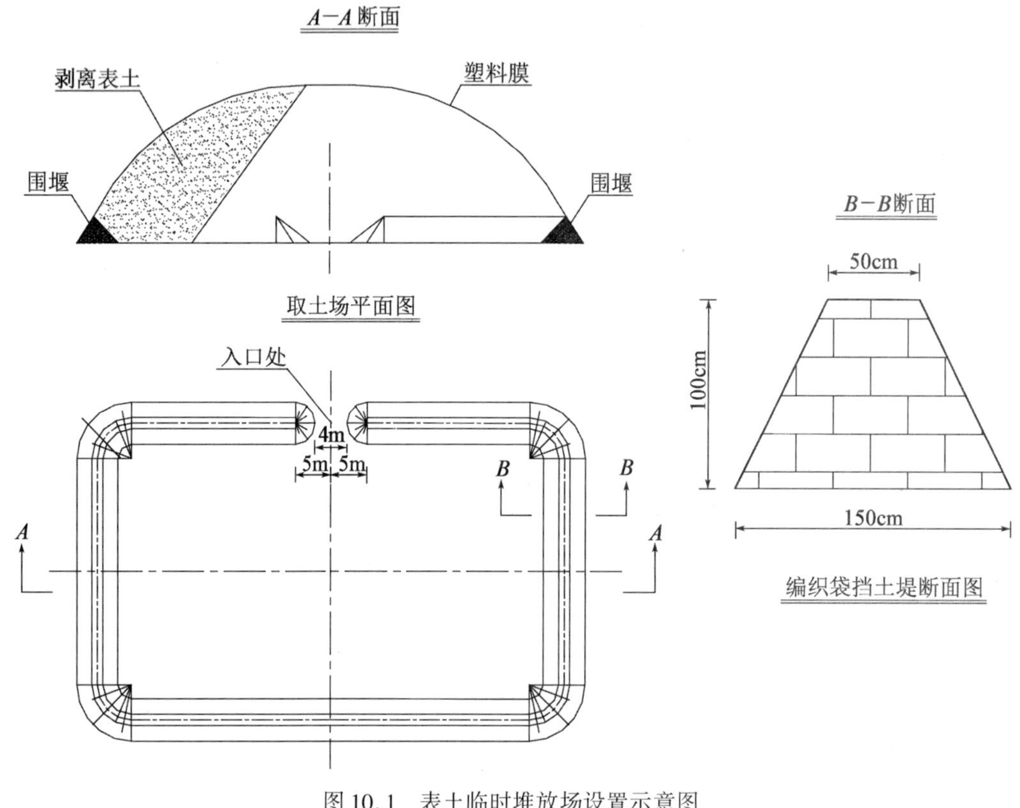

图 10.1 表土临时堆放场设置示意图

10.5 水资源保护

1 保护范围主要包括公路线位穿越的河流、溪流和沼泽、湿地等天然或人工水体。

2 最大限度地保护沿线的河流、湿地、沼泽地、泥炭地,宜少占或不占用。加强保护水源附近的土壤植被,不得在河流附近取土、弃土,不得破坏水源林、护岸林。

3 在河流水系附近施工时,应注意保护自然水流,宜不改变水流的方向,不压缩过水断面,更不得堵塞、阻隔水流。

4 在河流水系敏感水体 200m 范围内,不得堆放或设置沥青混合料及混凝土拌和厂,沥青、油料、化学品等施工物资应远离河流,妥善保管堆放,防止雨水冲刷进入水体。严禁将施工废料倒入河流等水体中。

5 加强施工现场垃圾存放及生活污水处理工作,严禁直接弃入河道水体中。施工中的废油、废沥青及其他固体废物不得倾倒或抛入水体,不得在溪流和沼泽地清洗施工器具、机械等,防止水环境污染。

6 石灰、砂石料等材料存放应设置临时围挡并苫盖,不得堆放在水体附近,防止被雨水冲进水体。

10.6 环境保护

10.6.1 环境空气污染防治措施

1 必须选用符合国家卫生防护标准的施工机械设备和运输工具,并加强机械的维护与管理,使其处于良好的运行状态,同时加装尾气净化装置,确保其尾气排放符合国家有关标准要求。

2 施工便道应经常性洒水降尘,避免扬尘和有害气体对沿线居民产生影响,控制对周边农作物、经济林木和牧区草地的影响。

3 沥青混合料拌和站应选择在距离居民区300m以外,基层混合料拌和厂、储料场设置在距离居民区下风向200m以外,一般设置在下风向,配备除尘设施。

4 粉尘性材料(石灰、粉煤灰等)的运输、装卸和临时堆放,均应采取遮盖、洒水和防风遮挡措施,减少扬尘。

5 对路基强夯、冲击碾压作业50m范围内,以及石方爆破作业安全距离范围内的居住地,应采取临时搬迁、建筑物功能置换等措施,解决振动、噪声等问题。

10.6.2 水环境污染防治措施

1 应选用先进的设备、机械,加强施工机械的检修,严格施工管理,以有效减少跑、冒、滴、漏的数量,减少油污对地表水体的影响。

2 加强施工材料的运输及堆放管理,严禁沥青、油料等化学品堆放在河流岸边或民用水井附近,物料存放应远离水体,避免流入地表水体造成水质污染。

3 桥梁基础应合理选择施工期,宜减少对堤岸的扰动,规范设置施工围堰,不得阻塞河道。

4 桩基施工应规范设置泥浆池和沉淀池,泥浆及钻渣等施工垃圾应集中收集,妥善进行无害化处理,严禁将钻渣及施工废弃物排入水体。

5 对于含残油、废油及洗涤油污水的生产废水,施工场地应设置隔油池,及时收集所有含油污水,按规定进行隔油处理。

10.7 绿化施工

10.7.1 乔、灌木栽植

1 绿化工程在贯彻设计理念总体要求的前提下,可结合现场地形地貌实际情况进行动态优化调整。树木栽植应与周边的原生态环境相融合,形成整体相融的植被群落,美观而不生硬刻板。

2　施工过程中应加强对已完成路面的保护，指定专人负责路面卫生，清扫搬运过程中掉落的种植土、植物枝叶等，防止绿化施工造成的路面污染。同时对于进场的机械严格管理，防止由于粗放施工对路面造成损伤。

3　乔灌木的品种、株型、冠幅、高度、胸(地)径、土球大小、根系发育等均应严格把关，选择符合设计要求、生长健壮、无机械损伤、无病虫害的优良苗木。

4　种植前应清除垃圾，必要时换土。挖坑时表土与底土应分开堆放，局部土壤不符合要求时，应将坑径加大1~2倍，更换种植土。

5　乔木应树干挺直，无明显弯曲，无蛀干害虫和机械损伤。树冠丰满，枝条分布均匀，根系发育应良好，无严重病虫害，移植时根系或土球大小，应为苗木胸径8~10倍。

灌木应根系发达，生长茁壮，无严重病虫害，灌丛匀称，枝条分布合理。

6　苗木栽植的时间，一般应选择在蒸腾量小和有利根系及时恢复的时期，根据吉林省自然条件，乔木选择秋冬季10~12月、灌木选择春季3~5月栽植最佳，常绿针叶树种可于冬春季带冻坨栽植。

7　苗木栽植应进行适度修剪，修剪应考虑不同种类树木自然生长规律和树形。冠幅较大常绿树种，移植前对树木朝向进行标记，应按照树种原朝向栽植。

8　苗木栽植后应及时开堰、灌水、拆堰培土。较大苗木应采用立支柱支撑。

9　应加强苗木的养护与管理，做到“三分种、七分养”。根据气候条件和苗木自身特性，做好浇水、施肥、修剪、除草、病虫害防治等管理工作。

10.7.2　植草

1　总体要求

植草前应先平整地形，清除杂草、垃圾、石块等杂物，坡形自然协调，排水顺畅无积水。土质条件差的应换填种植土。为提高土壤肥力，应施放优质的有机肥料作基肥，同时施以适量农药防治害虫，保护草根。

2　喷播植草

1)先对坡面土壤浇水，湿润深度不小于15cm。根据喷播机的容量计算材料用量，加入种子、肥料、纤维、保水剂、土壤改良剂、黏合剂并拌和均匀后喷播。

2)喷播后覆盖无纺布，保证出苗均匀、整齐。在草坪生长期应加强施肥、浇水、修剪、病虫害防治等管理。

3　铺植草皮

1)边坡平缓处采用平铺。较高较陡处采用钉铺，即自坡脚处向上钉铺，用小尖木桩或竹签将草皮钉固于边坡上。

2)绿地草坪整体图案应美观。草坪应无杂草、无枯黄、无明显病虫害，无连续5m^2以上空白面积。

3)养护时间视坡面植被生长情况而定，一般不少于45d。养护期间加强病虫害防治，并根据植物生长需要及时施肥，对稀疏无草区进行补种。

4)洒水养护应用高压喷雾器使养护水成雾状均匀地湿润坡面，避免射流水冲击坡面形成径流。

10.7.3 客土喷播

1 喷播作业前应对坡面精细修整,提升坡面绿化效果。

2 应进行准确的测量放线,确定锚杆位置及喷播范围。

3 锚杆钻孔的孔位、孔深及抗拔力等应满足设计要求。

4 挂网的材质、规格、强度及耐腐蚀性能应符合设计要求。

5 客土应使用当地肥土或熟土,优选植物种子,确保灌木种子发芽率。喷播作业应连续均匀,含种子层的喷播厚度和总厚度不小于设计要求。

6 喷播施工后应及时覆盖无纺布,采用 U 形钉固定,保持客土层湿度,提高出苗率和均匀度。

7 喷播 30d 后炼苗揭布。成坪后应及时浇水管护。

10.7.4 中分带施工

1 中分带应采用过筛后的优质种植土。

2 填土应不含有建筑垃圾,土壤颗粒均匀,要求腐殖质丰富,黏砂适中,结构颗粒稳固,土壤应疏松湿润,排水应良好,酸碱适度(pH 值 6 ~ 7),有机质含量≥1.5%;无杂质,无病菌、虫卵,无有害物质及大于 25mm 的石块、棍棒、垃圾等。

3 应满足植物生长所需的种植土厚度,不宜小于 40cm。种植土沉降后高度不应超过拦水带高度(若有)或路面高度,防止泥土污染路面。

4 中央分隔带防眩植物树形、冠幅、密度、苗龄等不低于设计要求,应结合施工周期尽早栽植,保证成活率,达到防眩效果。

10.8 声屏障施工

1 声屏障材料指标应满足设计及现行《公路环境保护设计规范》(JTG B04)、《声屏障声学设计和测量规范》(HJ/T 90)相关要求,应有声学性能检测报告。

2 声屏障屏体、立柱结构尺寸及防腐蚀处理应符合设计及相关要求,不得有裂纹、划伤,镀(涂)层不得有剥落、气泡、漏镀(涂)、刻痕、划伤。在运输安装过程中防止碰撞、划伤。现场摆放应设置隔离层,码放整齐,防止变形。

3 声屏障安装应严格控制施工放样,保证安装线形顺适流畅。跨越涵洞时,基础应设置在涵洞范围以外。

4 安装前,应检查构件变形、防腐蚀处理层的完整性,螺栓紧固,位置正确,数量满足设计要求。屏体、立柱、基础接缝紧密。

5 声屏障通过桥梁伸缩缝、标志牌等设施时应严格按规范要求连续封闭,确保隔声效果。

6 声屏障安装应做好配套的排水工程,确保排水系统通畅。

11 安全文明施工

11.1 通用规定

1 公路工程施工必须遵守国家、吉林省有关法律法规,符合安全生产条件要求,建立安全生产责任制,健全安全生产管理制度,设立安全生产管理机构,足额配备具备相应资格的安全生产管理人员。必须全面执行现行《公路工程施工安全技术规范》(JTG F90)的相关规定。

2 参建单位应按照“安全第一,预防为主,综合治理”的方针和“建设单位主导、监理单位督促、施工单位负责”的原则,构建工程项目安全生产责任体系。责任体系主要包括项目安全生产目标、组织管理机构、安全生产条件、安全生产责任及安全生产管理制度等重点内容。

3 工程文明施工措施方案应纳入施工组织设计。方案应本着布局合理、道路通畅、生活卫生、环境整洁的原则。

4 施工现场应建立环境保护、环境卫生管理和检查制度。并应结合季节特点,做好从业人员的饮食卫生和防暑降温、防寒保暖、防煤气中毒、防疫等工作。

5 施工现场应做到场地规范、整洁,并宜减少施工污水、废油、废气、粉尘等污染物的排放,采取对应处置措施,避免对环境的破坏。现场水、电、灯等线路必须合理规划,布置规范,整齐美观,严禁私拉乱接。

6 施工现场在合适位置设置文明施工告示、宣传栏。内容包括建设理念、安全文明生产、质量管理、廉政建设等。标语牌采用钢制框架,安设位置应与沿线地形地貌、工程特点相适应,美观大方、坚固耐久,具体规格见附录C。

7 各施工厂站应结合场地条件合理设置废水沉淀池、排水沟和洗车池。拌和厂按全封闭设置。水泥、粉煤灰等进料时,应及时洒水,注意控制粉尘污染。

8 桥梁上部现浇或梁板架设完成后,应及时设置满足强度和安全要求的临时护栏,加挂密目安全网,确保桥上作业人员安全,防止高空坠物。双幅之间应设置专用人行通道,宽度不小于80cm。

9 地下管线具体位置不明时,应挖十字沟进行探测,标出显著位置加以保护,并及时联系相关部门,对管线进行迁移。

10 路面施工期,路线开口位置必须设置减速和指向标牌,确保道路通行顺畅。宜减少线外开口,在施工后期应结合工程进展及时封闭开口。

11 利用“互联网+安全”技术手段,建立安全管理信息平台。积极推广工艺监测、安全预警、数据采集、远程监控等技术应用。

11.2 安全生产责任与制度

11.2.1 一般规定

1 安全生产管理必须坚持“管生产必须管安全”“谁主管谁负责”的原则，坚持全员参与、全面覆盖和全过程管理的原则。安全生产设施必须与主体工程同时设计、同时施工、同时投入生产和使用。

2 工程项目应成立由项目建设单位牵头，勘察设计、施工、监理等单位项目负责人共同参与的项目安全生产领导小组(或项目安全生产委员会)，负责规范、指导、协调工程参建单位的安全生产行为。

3 参建单位应建立内部安全生产责任体系，依法设立安全生产组织管理机构，完善安全生产管理制度，明确安全生产条件，确定安全考核指标，开展安全检查和隐患排查工作，落实安全生产责任。

4 参建单位应落实“党政同责”“一岗双责”要求，细化各岗位职责，按年度层层签订安全生产责任书，并定期组织考核。当责任人发生变更时，应重新签订安全生产责任书。

11.2.2 建设单位

1 对项目安全生产负管理责任，按合同约定督促工程参建单位落实安全责任。每半年开展一次“平安工地”考核评价。

2 应与勘察、设计、施工、监理、检测、监测等单位签订安全生产责任书。

3 应根据项目指挥长、副指挥长、项目总工程师、项目各部门部长、项目各部门工作人员内部各岗位职责签订安全生产责任书。

4 建设单位安全生产管理制度是安全生产工作的行为准则，制度应明确项目安全生产各阶段的内容、程序与职责分工等。主要包括的内容见表11.1。

表11.1 建设单位安全生产管理制度

类别	制度名称	主要内容
项目管理	安全生产会议制度	会议制度分领导小组会议、安全例会和安全生产专题会等形式，会议制度包括制度适用范围、职责和工作程序，重点明确会议频次、参会人员、讨论议题、会议签到、会议记录和纪要等
	安全生产责任考核制度	明确建设单位与施工、监理单位签订的安全生产责任书内容、签订频次、履行情况的考核、奖惩等内容，是安全生产责任体系的重要载体
	安全生产专项费用管理制度	明确项目安全生产专项费用的使用范围、支付方式、审批流程和监督管理等内容
	安全生产检查评价制度	明确检查的目的、要求、依据、标准、形式、内容、分工职责、频次、整改以及对检查效果的评价、奖惩等内容

续表 11.1

类别	制度名称	主 要 内 容
项目管理	安全事故隐患排查治理制度	明确工程项目安全事故隐患分级管理、一般安全事故隐患排查方式、治理措施和责任分工及重大安全事故隐患治理方案、挂牌督办等内容
	施工安全风险评估管理制度	明确风险评估的范围、方法、程序、组织、报告格式、结果运用等内容
	生产安全事故报告制度	明确事故报告的内容、报送程序、时限等内容
	“平安工地”考核评价制度	明确项目安全生产条件审查、施工过程“平安工地”创建内容、实施步骤、职责分工和考核评价标准、评价周期、考核结果运用等内容
	安全生产奖惩制度	明确安全生产激励、处罚的标准条件及具体方式等内容
	安全生产应急管理制度	明确预案编制、审核的程序要求，预案构成的主要要素、应急处置组织、应急演练培训、方案评审改进等内容
内部管理	安全生产责任制及考核制度	明确各层级之间安全生产责任书内容、签订频次及履行情况的考核、奖惩等内容
	安全生产教育培训制度	明确建设单位内设机构的培训对象、内容、学时、频次和考核等内容

11.2.3 监理单位

1 按照法律法规和工程建设标准规范实施监理。对工程项目安全生产承担监理责任。

2 监理单位应审查施工合同约定的项目安全生产条件、施工组织设计中的安全技术措施、危险性较大工程的专项施工方案。

3 监理单位应按规定核查施工单位特种设备进场检验验收情况，组织施工安全检查，督促事故隐患排查治理，每季度开展“平安工地”考核评价工作。

4 监理单位应根据内部岗位职责，签订总监理工程师、副总监理工程师（总监代表）、专业监理工程师、安全监理工程师、驻地监理工程师、驻地专业监理工程师、监理员安全生产责任书。

5 监理单位安全生产管理制度是安全生产工作的行为准则，制度应明确监理单位安全生产各阶段的内容、程序与职责分工等。主要包括的内容见表 11.2。

表 11.2　监理单位安全生产管理制度

类别	制度名称	主要内容
项目管理	安全生产会议制度	会议制度分领导小组会议、安全例会和安全生产专题会等形式，会议制度包括制度适用范围、职责和工作程序，重点明确会议频次、参会人员、讨论议题、会议签到、会议记录和纪要等
	专项施工方案审查制度	明确制度的适用范围、审查程序、内容、职责分工、督促落实等内容
	安全生产检查评价制度	明确检查的目的、要求、依据、标准、形式、内容、分工职责、频次、整改以及“平安工地”评价等内容
	安全事故隐患督促整改制度	明确事故隐患分级管理，督促整改的职责分工与管理流程、指令格式、程序和工作职责等内容
	特种设备复核制度	明确施工单位特种设备进场报验流程和资料清单，复核的内容、程序和工作职责等
	安全生产专项费用审查制度	明确项目安全生产专项费用适用范围，报验的时间节点、费用的审批程序、方式、会计科目及票据等内容
	生产安全应急管理制度	明确预案编制、审核的程序要求，预案构成的主要要素、应急处置组织、应急演练培训、方案评审改进等内容
	生产安全事故报告制度	明确事故报告的职责、内容、报送程序、时限等内容
内部管理	安全生产责任制及考核制度	明确各层级之间安全生产责任书内容、签订频次、履行情况的考核、奖惩等内容
	安全生产教育培训制度	明确监理单位内部机构的培训对象、内容、学时、频次和考核等内容

11.2.4　施工单位

1　施工单位是安全生产责任主体，主要负责人依法对本单位安全生产工作全面负责。项目负责人应由取得相应执业资格证书的人员担任，经授权对相应的工程项目施工安全生产负责。

2　工程项目实行施工总承包的，总承包单位对施工现场安全生产负总责。总承包单位依法将建设工程分包给其他单位的，应在分包合同中明确各自安全生产的权利义务，总承包单位和分包单位对分包工程的安全生产承担连带责任。

3　安全生产费应用于施工安全防护用具及设施的采购和更新、安全施工措施的落实、安全生产条件的改善。安全生产费应单列，专款专用，不得挪作他用。

4　施工组织设计应明确安全技术措施，危险较大的分部分项工程还应编制专项施工方案，并附安全验算结果，经施工单位技术负责人、总监理工程师签字后实施，超过一定规模的危险性较大的分部分项工程，施工单位应组织专家对专项施工方案进行论证、评审。

施工单位应按规定制订施工现场临时用电组织设计方案。

5　施工单位应将施工现场的办公、生活区与作业区分开设置，并保持安全距离；现场临时搭建的建筑物符合安全使用要求，使用装配式活动板房应具有产品合格证；施工单位不得在尚未竣工的建筑物内设置员工集体宿舍。职工的膳食、饮水、休息场所等应符合卫生标准。

6　施工单位应在施工现场出入口、沿线各交叉口、施工起重机械所在处、拌和厂、临时用电设施所在处、爆破物及有害危险气体和液体存放处，以及孔洞口、隧道口、基坑边沿、脚手架边沿、码头边沿、桥梁边沿等危险部位，设置明显的符合国家标准的安全警示标志或者必要的安全防护设施。

7　施工单位应建立健全消防安全责任制度，确定消防安全责任人，制定用火、用电、使用易燃易爆材料等各项消防管理制度和操作规程，设置消防通道，配备相应的消防设施和灭火器材，并在施工现场入口设置明显标志。

8　工程施工前，施工单位应将有关施工安全技术要求分三级向施工项目部各职能部门、施工作业班组、一线作业人员进行安全技术交底，向作业人员书面告知危险岗位的操作规程和应急措施，双方签字确认。

9　施工单位应定期开展安全检查评价和隐患治理工作，消除安全事故隐患。专职安全员应按规定每日巡查施工现场安全生产，并做好检查记录，发现安全事故隐患时，应及时向项目安全管理机构负责人报告；对违章指挥、违章操作的，应立即制止；一时难以消除的事故隐患，施工单位应制订治理方案，明确治理的措施、时限、资金、验收和责任人等安全内容。

10　施工单位应根据不同施工阶段、周围环境及季节、气候的变化，在施工现场采取相应的安全施工措施。施工现场暂时停止施工的，应做好现场防护，所需费用由责任方承担，或按合同约定执行。

11　施工单位对因工程施工可能造成损害的毗邻建筑物、构筑物和地下管线等，应进行安全风险论证并采取专项防护措施。

12　施工单位应遵守环境保护的法律法规，在施工现场采取措施，防止或减少粉尘、废气、废水、固体废物、噪声、振动和施工照明对人和环境的危害和污染。

13　施工现场的安全防护工具、机械设备、施工机具及配件必须由专人管理，定期进行检查、维修和保养，建立相应的资料档案。采购、租赁的安全防护用具、机械设备、施工机械及配件，应具有生产（制造）许可证、产品合格证，在进入施工现场前进行查验。

14　安装、拆卸施工起重机械，整体提升脚手架、模板等自升式架设设施，必须由具有相应资质的单位承担。使用前，应组织有关单位进行验收，也可以委托具有相应资质的检验检测机构进行验收（并出具相关验收合格证明文件）；使用承租的机械设备、施工机具及配件的，应由施工总承包单位、分包单位、出租单位和安装单位共同进行验收，验收合格的方可使用；使用起重机械等特种设备，在验收前应经有相应资质的检验检测机构监督检验合格。

15　施工单位在签订的起重机械租赁合同中，明确租赁双方的安全责任，要求租赁单位提供起重机械等特种设备制造许可证、产品合格证、制造监督检验证明、备案证明和自检合格证明,提供安装使用说明书。

16 作业人员应遵守安全施工的规章制度、强制性标准和操作规程,正确使用安全防护用具、机械设备。有权对施工现场的作业条件、作业程序和作业方式中存在的安全问题提出批评、检举和控告,有权拒绝违章指挥和强令冒险作业。发生危及人身安全的紧急情况时,有权立即停止作业或者在采取必要的应急措施后撤离危险区域。

17 施工单位应建立安全培训教育制度,对管理人员和作业人员每年至少进行一次安全生产教育培训,作业人员进入新的岗位、新的施工现场前或在采用新技术、新工艺、新材料、新装备时应接受安全生产教育培训。未经教育培训或者教育培训考核不合格的人员,不得上岗作业。

18 施工单位应针对本工程项目特点制订生产安全事故应急预案,定期组织演练。发生事故时,施工单位应立即采取措施减少人员伤亡和事故损失,启动应急预案,并按有关规定及时、如实地向建设单位、监理单位和事故发生地的公路水运工程安全生产监督管理部门以及地方安全监督部门报告。

19 施工单位内部各岗位安全生产责任书。施工单位应根据岗位职责签订项目经理、项目副经理、项目总工程师、项目安全总监、项目各职能部门部长、项目各部门管理人员、班组长、分包单位安全生产责任书。

20 分包单位安全生产责任包括:分包单位必须具有相应的资质,并在其资质等级许可的范围内承揽施工业务,严禁个人承揽分包工作业务;分包单位应与总承包单位就所承建的工程签订安全分包合同,约定双方权利义务;分包单位应服从总承包单位的安全生产管理,遵守总承包单位的安全生产管理制度,分包单位不服从管理导致生产安全事故的,由分包单位承担主要责任;严禁分包单位将其承包的工程再分包。

21 施工单位安全生产管理制度是安全生产工作的行为准则,制度应明确施工单位安全生产各阶段管理的内容、程序与职责分工等。主要包括的内容见表11.3。

表11.3 施工单位安全生产管理制度

序号	制度名称	主要内容
1	安全生产会议制度	会议制度分领导小组会议、安全例会和安全生产专题会等形式,会议制度应包括制度适用范围、职责和工作程序,重点明确会议频次、参会人员、讨论议题、会议签到、会议记录和纪要等
2	安全生产责任制及考核制度	明确施工单位项目部各层级之间、与分包单位之间所签订的安全生产责任书(或安全合同)的内容、签订频次、履行情况的考核、奖惩等内容
3	安全生产专项费用使用制度	明确安全生产专项费用适用范围,费用年度计划、费用支取申报程序与阶段,会计科目及票据,形成的固定资产管理等内容
4	安全生产检查评价制度	明确检查的目的、要求、依据、标准、形式、内容、分工职责、频次、整改以及对检查效果的评价、奖惩等内容

续表 11.3

序号	制度名称	主要内容
5	"平安工地"考核评价制度	明确项目安全生产条件审查、施工过程"平安工地"创建内容、实施步骤、职责分工和考核评价标准、评价周期、考核结果运用等内容
6	安全事故隐患排查治理制度	明确工程项目安全事故隐患分级管理、一般安全事故隐患排查方式、治理措施和责任分工,重大安全事故隐患治理方案、时限、措施、资金和责任人内容
7	安全生产教育培训制度	明确施工从业人员岗位培训内容、学时、频次和考核等内容。培训对象应包括施工现场项目管理、技术、特种作业,一般作业人员和分包单位等,培训内容应包括安全意识、安全知识和安全技能等
8	施工安全技术交底制度	明确分级、分专业、分岗位交底的程序、内容等内容
9	施工安全风险评估制度	明确施工现场危险作业环境和重大风险源辨识、分析、估测和评估结论审核管理程序、职责分工,重大风险预警和书面告知等内容
10	专项施工方案的编制和审核制度	明确制度适用范围、编制依据、编制原则、主要内容、安全保障措施、内部审核程序与责任分工、实施管理等内容
11	生产安全应急管理制度	明确预案编制、审核的程序要求,预案构成的主要要素、应急处置组织、应急演练培训、方案评审改进等内容
12	生产安全事故报告制度	明确事故报告的责任、信息报送流程、内容、时限等内容
13	施工设备安全管理制度	明确施工设备的管理责任、登记要求、保养维修以及使用责任人的资格等内容
14	劳动防护用品配备和管理制度	明确安全防护用品的采购、验收、发放登记、使用等内容
15	施工现场消防安全责任制度	明确施工现场消防安全责任分工,责任区域划分、器材配备台账、检查维护记录、消防器材管理等内容
16	危险品安全管理制度	明确施工现场用火、用电、使用危险品等消防安全管理程序、要求和责任分工,作业人员资格要求,危险品管理台账记录等内容
17	分包单位安全管理考评制度	明确施工分包单位的管理台账、考评方式与时间、评价内容与结果应用等内容

续表 11.3

序号	制度名称	主 要 内 容
18	特种作业人员管理制度	明确特种作业人员的进场考核、岗前培训、继续教育、人员登记台账等内容
19	安全生产奖罚制度	明确安全生产奖励、处罚的条件和方式，以及结果的应用等内容
20	施工单位项目部主要负责人带班制度	明确项目主要负责人带班生产、检查的工作计划、内容与时间要求、管理程序与内业资料等内容
21	施工作业操作规程	明确施工各工序、工种的具体操作要领，施工流程管理等内容
22	其他法律法规和行业内规章制度	

11.3　安全生产风险评估

1　施工安全风险评估主要是指针对工程施工过程中各项作业活动、作业环境、施工设备（机具）、危险物品、施工方案中的潜在风险而开展的风险源辨识、分析、估测、预控等系列工作。

2　施工单位应根据风险评估结论，完善施工组织设计和危险性较大分部分项工程专项施工方案，制订相应的专项应急预案，对项目施工过程实施预警预控。

3　施工安全风险评估应遵循动态管理的原则，当工程设计方案、施工方案、工程地质、水文地质、施工队伍等发生重大变化时，应重新进行风险评估。

4　风险评估报告经监理单位审核后应向建设单位报备。对于极高风险（Ⅳ级）施工作业，建设单位应组织专家或安全评价机构进行论证或复评估，提出降低风险的措施建议；当风险等级无法降低时，应及时调整设计、施工方案，并向公路水运工程安全生产监督管理部门备案。

5　公路工程按要求对桥梁、隧道、高边坡路基等工程进行施工安全风险评估，编制风险评估报告。安全风险评估的项目见表 11.4。

表 11.4　安全风险评估的项目列表

序号	工程项目	具体评估项目
1	路堑高边坡工程	（1）高于 20m 的土质边坡、高于 30m 的岩质边坡； （2）老滑坡体、岩堆体、老错落体等不良地质体地段开挖形成的不足 20m 的边坡； （3）膨胀土、高液限土、冻土、黄土等特殊岩土地段开挖形成的不足 20m 的边坡； （4）城乡居民居住区、民用军用地下管理分布区、高压线塔附近等施工场地周边环境复杂地段开挖形成的不足 20m 的边坡

续表 11.4

序号	制度名称	主 要 内 容
2	桥梁工程	(1)多跨或跨径大于40m的石拱桥,跨径大于或等于100m的钢筋混凝土拱桥,跨径大于或等于200m的钢箱拱桥,钢桁架、钢管混凝土拱桥; (2)跨径大于或等于50m的梁式桥,跨径大于或等于400m的斜拉桥,跨径大于1 000m的悬索桥; (3)墩高或净空大于30m的桥梁工程; (4)采用新材料、新结构、新工艺、新技术的特大桥、大桥工程; (5)施工环境复杂(如跨越既有线)、施工工艺复杂、交叉风险大的其他桥梁工程
3	隧道工程	吉林省所有公路隧道工程

施工安全风险评估工作由施工单位具体负责。当被评估项目含多个合同段时,总体风险评估由建设单位牵头组织,专项风险评估工作仍由合同段施工单位具体实施。当施工单位的施工经验或能力不足时,可委托行业内安全评估机构承担相关风险评估工作。

6　施工安全风险评估分为总体风险评估和专项风险评估两个阶段。

1)总体风险评估是指在编制施工组织设计的同时,根据工程地质环境条件、建设规模、结构特点等孕险环境与致险因子,评估工程整体风险,估测其安全风险等级。总体风险评估属于静态评估。

2)专项风险评估是指在编制专项施工方案的同时,将施工作业活动(或施工区)作为评估对象,根据其作业风险特点以及类似工程事故情况,进行风险源普查,并针对其中的重大风险源进行量化估测,提出相应的风险控制措施。专项风险评估属于动态评估。

11.4　人员、机械设备安全文明管理

11.4.1　人员管理

1　从业人员应统一着装,佩戴安全帽、胸卡,安全防护用品穿戴齐全,严禁穿拖鞋。专职安全员必须佩戴袖标(牌)。

2　高空、高边坡等作业人员必须戴安全帽、系安全带、穿防滑鞋等。作业人员使用的扳手、锤头等工具应进行岗前检查,如有损坏及时更换。作业后及时放入工具箱,防止坠落伤人。

3　作业人员应严格遵守劳动纪律,不得酒后上岗或疲劳作业,无关人员不得进入作业区域。作业人员应避免与化学制剂、明火等直接接触,以免造成伤害。

4　参建单位应改善员工生产生活条件,落实职业健康检查规定,加强对从业人员的劳动保护,配备必要的劳动保护用品及安全防护设备。

5　从业人员应尊重当地民风民俗,遵守乡规民约,与当地群众和睦相处,共同创造维

护平安和谐的施工环境。

11.4.2 教育培训

1 从业单位应严格执行国家、吉林省及企业对员工安全教育培训的有关规定，适时组织员工和特种作业人员的教育培训工作。未经安全生产教育培训考核及培训考核不合格的人员，不得上岗作业。

2 安全教育培训应坚持先培训、后上岗的原则，并应贯穿施工全过程，并有计划地分层次、分岗位、分工种实施。所有安全教育应有受教育人的亲笔签名，其教育培训情况记入个人工作档案。

3 从业单位应进行安全培训的从业人员包括主要负责人、安全生产管理人员、特种作业人员和其他从业人员。

4 从业单位主要负责人和安全生产管理人员初次安全培训时间不得少于32学时。每年再培训时间不得少于12学时。新上岗的从业人员，岗前安全培训时间不得少于24学时。特殊工种❶在通过专业技术培训并取得岗位操作证后，每年仍应接受有针对性的安全培训，时间不得少于20学时。

5 从业人员在本生产经营单位内调整工作岗位或离岗1年以上重新上岗时，应重新接受公司级、项目级和班组级的安全培训。

从业单位采用新技术、新工艺、新材料、新装备时，应对有关从业人员重新进行有针对性的安全培训。

6 从业单位的特种作业人员，必须按照国家有关法律法规的规定接受专门的安全培训，经考核合格，取得特种作业操作资格证书后，方可上岗作业。

7 从业单位应当建立健全从业人员安全生产教育和培训档案，详细记录培训的时间、内容、参加人员以及考核结果等情况。

11.4.3 机械设备管理

1 建立健全机械设备台账管理制度，做好使用、检查、维护、修理等记录。

2 机械设备停放位置应合理规划，分区布置，不得随意停放。中期(冬季)停工施工场地必须做好工程收尾和现场整理工作，模板、机具设备、车辆等按规定分类存放、分区停放，做好安全保卫工作。工程完成后，应及时对临时设施、临时用地和弃土(料)等进行处理，做到工完场清。

3 每台机械均应悬挂机械设备标识牌和安全操作规程。每次生产作业结束后，及时清洗机具，清理现场。

4 各种机械设备应性能完好，应防止漏油，不得污染环境。施工机械设备产生的废

❶特殊工种包括电工、焊工、架子工、起重信号司索工、起重机械司机、高处作业吊篮安装拆卸工、锅炉司炉、压力容器操作员、电梯司机、场(厂)内专用机动车司机、制冷与空调作业人员、从事爆破工作的爆破员、安全员、保管员、瓦斯监测员、工程船舶船员、潜水员、国家有关部门认定的其他作业人员。

水、废油、化工材料及生活污水应按照规定进行处理,不得排放于饮用水源附近或直接排入河流、湖泊等,并不得擅自掩埋。

5 机械设备在坡度较大区域、临边邻水作业时应强化防倾覆、防坠落等防护措施。

6 施工设备、移动工程架梯等均应贴有明显的反光警示标识,隧道内施工、夜间施工或停放在现场的设备,应前置安全提示牌。

7 挖掘机、装载机等机械作业时,铲斗内、臂杆、履带和机棚上严禁载人,其回转半径内不得有人或机械通过。作业范围内如有电力线、管线等,应加强现场调查和派专人指挥管理,并遵守相关部门的规定。

8 运输车辆应性能完好,制动有效,严禁超速、超载、超限。运装大体积或超长料具时,应有专项安全保障措施。非客运车辆严禁载人,驾驶室内乘坐人员不得超过核定人数。

9 自卸汽车、吊车等作业应严格落实"巡回检查制度",密切注意周边环境,随时检查车厢、吊臂等是否归位,防止发生意外。

10 拌和机运行过程中,操作手不得擅离操作台,严禁无关人员靠近各种运转设备,料斗提升时,严禁在料斗下作业或通行。

清理机具时必须停机,由专门的检修人员进行作业,并有专人监护。进入筒前,应先切断电源,锁好开关箱并专人看管。清理上料坑时,料斗采用链条挂扣牢固,料斗保险挂钩使用正常,传动部位有防护罩,作业平台稳固。

11 施工单位不得租用有下列情形之一的起重机械:属国家明令淘汰或者严禁使用的;超过安全技术标准或者制造厂家规定的使用年限的;经检验达不到安全技术标准规定的;没有完整安全技术档案的;没有齐全有效的安全保护装置的。

12 冬季操作机械时,应采取防冻措施。有积雪时车辆应装防滑链,在有积雪或结冰的道路上应限速行驶,避免紧急制动。

11.5 临时工程安全文明管理

11.5.1 驻地和厂站设施

1 驻地和厂站应进行全封闭控制管理,厂区内应规范、整洁、无杂物。各功能区必须设置防火、防盗器材等设施,厂内布设监控系统。

2 固定作业区应进行围挡防护,作业时间较短的临时工点外围应设置防护栏。

3 驻地设置宣传栏,宣传栏标牌统一布置,应至少每季度定期更新内容。

4 厂站和分部分项工程施工现场应设置"五牌一图",即工程概况牌、管理人员名单及监督电话牌、消防保卫(防火责任)牌、安全生产牌、文明施工牌和施工平面图。标牌规格应统一、位置合理、字迹端正、美观协调。

5 作业平台、给料仓、集料仓、水泥仓等涉及人身安全的部位均应设置安全防护装置;传动系统裸露的部位应有防护装置和安全检修保护装置。

6 水泥或粉煤灰罐、拌和机等较高的建筑物必须安装避雷装置及揽风绳。缆风绳避免车辆刮碰,必要时设置锚固墩。

7 火工物品及爆破作业的管理,必须遵守现行《爆破安全规程》(GB 6722)的有关规定。炸药、雷管等易燃易爆物品应随用随进,不得隔夜存放。爆破作业现场应设安全警戒防护,由专人统一指挥。爆破作业后应及时排除各类危险源,如松散石块、哑炮、残药、雷管等。

8 沥青、橡胶、树脂等易燃材料的储存和现场使用应有专门的管理防护措施,严禁接触明火。

9 在施工期间应及时了解气象预报,根据施工所在地的具体情况,制订防洪、防涝等安全预案及防护措施,严格落实值班值宿制度。

11.5.2 便道、便桥

1 施工便道、便桥应根据运输荷载、使用功能、环境条件进行设计和施工,不得破坏原有水系、降低原有泄洪能力。

2 施工便道、便桥应设置必要的标志、标牌,如限速标志、警告标牌、指向标志等。便道标识(牌)应双面设置,支线便道应统一排序编号,标明上路桩号、通往重要构筑物或厂站。便桥标识牌应标明便桥基本情况。

3 便道与三级以上公路平交路口应设立太阳能爆闪警示灯。

4 与铁路交叉的道口,施工单位应遵照铁路部门管理规定严格管理,设专人24h值守。

5 对易发生落石、滑坡、急转弯等危险路段应根据需要设置防护、警示设施。

11.6 安全技术管理

11.6.1 专项施工方案编制

1 开工前,施工单位应编制针对本工程项目特点的施工组织设计,其中安全技术措施主要包含如下内容:安全生产管理目标;安全生产组织体系、责任体系以及安全生产条件(包括施工企业"三类人员"考核合格证书);安全生产责任制、安全生产管理制度、施工作业操作规程;符合有关安全要求的施工场地布置图及说明;符合国家有关安全规定的安全防护用具、机械设备、施工机具清单;施工现场防火措施;危险性较大分部分项工程及施工现场重大风险源清单及监控措施;项目安全技术控制要点;生产安全事故应急预案;施工人员安全教育计划、安全技术交底安排;安全生产专项费用使用计划。

2 施工单位在编制施工组织设计后,针对危险性较大的分部分项工程编制专项施工方案。超过一定规模的危险性较大的分部分项工程专项施工方案,应经专家论证,论证通过后方可实施。危险性较大的分部分项工程范围应按照现行《公路工程施工安全技术规范》(JTG F90)等相关规定执行。方案包括以下主要内容:

1)工程概况:工程基本情况、施工平面布置、施工要求和技术保证条件。

2)编制依据:相关法律法规、规范性文件、标准、规范、设计文件及施工组织设计等。

3)施工计划:包括施工进度计划、材料与设备计划。

4)施工工艺技术:技术参数、工艺流程、施工方法、检查验收等。

5)施工安全保证措施:组织保障、技术措施、应急预案、监测监控等。

6)劳动力计划:专职安全生产管理人员、特种作业人员等。

7)计算书及相关设计。

11.6.2 专项施工方案审批

1 专项施工方案宜经施工单位技术、安全、质量等部门的专业技术人员审核,经审核合格后,由施工单位技术负责人签字。分包单位制订的专项施工方案应由总承包单位技术负责人审核签字。

2 不需专家论证的专项施工方案,经施工单位审核合格后报监理单位,由项目总监理工程师审核签字后即可实施。

3 超过一定规模的危险性较大的分部分项工程专项施工方案,应由施工单位组织召开专家论证会。施工单位应根据论证报告修改完善专项施工方案,并经施工单位技术负责人、总监理工程师、建设单位技术负责人签字后,方可组织实施。

4 施工单位应严格按照专项施工方案组织施工,不得擅自修改、调整专项施工方案。如因设计、结构、外部环境等因素发生变化确需修改的,修改后的专项施工方案应重新履行审核程序。

11.6.3 专项施工方案实施

1 施工单位方案编制人员或项目技术负责人应向现场管理人员和作业人员进行安全技术交底,并定期巡查专项施工方案实施情况,对于异常情况按规定采取有效的处理措施。

2 监理单位应将危险性较大的分部分项工程列入监理计划和监理细则,施工过程中应对专项施工方案实施情况进行现场监理。

11.6.4 安全技术交底

安全技术交底应参照表11.5执行。

表11.5 安全技术交底

序号	项目	交底内容	备注
1	设计交底	1.工程开工前,设计单位应向建设单位、施工单位和监理单位进行施工图设计交底,设计单位在交底过程中应突出安全要点。 2.设计单位应对涉及施工安全的重要部位和环节,在设计文件中注明,并对防范生产安全事故提出交底意见。 3.对于采用"四新技术"、特殊工艺要求、特殊性结构、特殊构造的工程项目,设计单位应在设计中提出保障施工作业人员安全和预防安全事故的措施建议。 4.针对施工过程中由于设计原因造成的不安全因素,应及时进行设计方案的修改和完善,以满足施工安全作业要求	

续表 11.5

序号	项目	交底内容	备注
2	施工交底	1. 施工安全技术交底要求如下： 施工安全技术交底由施工单位项目部技术负责人负责实施，实行逐级安全技术交底制度。横向涵盖项目部内各职能部门，纵向延伸到施工班组全体作业人员，任何人未经安全技术交底不得作业。安全技术交底应涵盖工程概况、施工方法、施工程序、安全技术措施等内容。 (1)分部分项工程开工前，施工方案(施工专项方案)的编制人员应向项目部管理人、分包单位或作业班组负责人进行安全技术交底。 (2)危险性较大的分部分项工程施工前，应由专项施工方案编制人会同施工员，将安全技术措施、施工方法、施工工艺、施工中可能出现的风险因素、安全施工注意事项和紧急避险措施等，向参加施工的全体管理人员(包括分包单位现场负责人、安全管理员)、作业人员进行交底。 (3)各工种作业安全技术交底采用层级交底制，主要工序和特殊工序由项目技术负责人对主管施工员进行交底，主管施工员再向施工班组负责人进行技术交底；班组负责人还应对作业人员进行技术交底。一般工序由施工技术员直接向各施工班组进行交底。 2. 施工组织设计方案安全技术交底的主要内容如下： (1)采用的施工方法、施工机械、实施方案应注意的问题，要求达到的安全、质量、进度以及文明施工目标； (2)有关班组的配合与支持，人员的管理办法与措施； (3)有关施工机械的性能、进场及运行路线要求，原材料数量要求、质量要求、进场时间等； (4)主要劳动力、主要技术工种人员的技能要求、进场时间要求； (5)施工工艺要求、工艺标准等。 3. 工程总承包单位向专业分包单位进行安全技术交底的主要内容如下： (1)施工部位、内容和环境条件； (2)专业分包单位、施工作业班组应掌握的相关现行标准规范、安全生产、文明施工规章制度和操作规程； (3)资源的配备及安全防护、文明施工技术措施； (4)动态监控以及检查、验收的组织、要点、部位及节点等相关要求； (5)与之衔接、交叉的施工部位、工序的安全防护、文明施工技术措施； (6)潜在事故应急措施及相关注意事项。 4. 当工程项目出现以下情况时，应重新组织安全技术交底： (1)更新仪器、设备和工具，推广新技术、新工艺，使用新材料； (2)发生因工伤亡事故、机械损坏事故及重大未遂事故； (3)出现其他不安全因素和安全生产环境发生变化。 5. 安全技术交底应具体、明确、及时，有针对性和可操作性，符合有关安全技术标准和操作规程的规定。 6. 安全技术交底应优先交底采用的新的安全技术方法和技术措施。 7. 安全技术交底应按规定程序进行，并履行书面交底签字手续，相关责任人各执一份。 8. 施工单位应加强对安全技术交底工作的监督检查、效果评价和督促整改	

续表 11.5

序号	项目	交底内容	备注
3	班组交底	1. 施工技术人员应向施工作业班组负责人和作业人员进行安全技术交底。 2. 班(组)长(工区施工负责人)每天应根据当天作业的施工要求、作业环境等,分部位、分工种向工人进行工(班)前安全技术交底并做好记录,履行签字手续。重点部位的施工安全技术交底宜由施工单位技术人员组织。 3. 专职安全生产管理人员应参与班(组)安全技术交底工作,并监督实施;施工单位内设的质量、安全管理部门等应督促施工班(组)做好班(组)的交底工作。 4. 新进场工人在上岗操作前,施工单位质量、安全管理部门应联合对其进行本工种的安全技术操作规程的交底。操作内容或作业场地变化时应重新进行安全技术交底。 5. 作业人员应按交底的要求施工,不得擅自变更。 6. 施工班组安全技术交底应突出以下内容: (1)告知施工过程中的作业危险特点、重大危险源及危害因素; (2)针对危险点和重大风险源制订具体的预防措施; (3)作业过程中应注意的安全事项; (4)特殊工序的操作方法和相应的安全操作规程及标准要求; (5)发生安全生产事故后应采取的自救方法、紧急避险和紧急救援措施等	

11.6.5 支架及模板工程

1　钢支架设计应符合现行《钢结构设计规范》(GB 50017)的规定,支架钢管应符合现行《碳素结构钢》(GB/T 700)、《建筑施工碗扣式钢管脚手架安全技术规范》(JGJ 166)、《建筑施工扣件式钢管脚手架安全技术规范》(JGJ 130)、《建筑施工脚手架安全技术统一标准》(GB 51210)、《钢管脚手架扣件》(GB 15831)、《承插型盘扣式钢管支架的设计及施工》(JGJ 231)、《承插型盘扣式钢管支架构件》(JG/T 503)的相关规定。桥梁上部结构应采用承插型盘扣式钢管支架。

2　支架应扣件完整有效,现场码放整齐,并设置禁止、警告、指令标志。

3　支架支撑体系应符合下列规定:

1)支架基础应根据所受荷载、搭设高度、搭设场地地质等情况进行设计及验算。

2)支架基础的场地应设排水措施,遇洪水或大雨浸泡后,应重新检验支架基础、验算支架受力。冻胀土基础应有防冻胀措施。

3)支架基础施工及支架安装完成后均应检查验收。

4)支架应规范设置剪刀撑和扫地杆,设置可靠的接地装置。

5)使用前应预压。预压荷载应为支架需承受全部荷载的1.05~1.10倍。

6)施工过程中应逐级加载,并设置专人专班对支架受力、变形、沉降进行监控。

7)预压加载、卸载应按预压方案要求实施,使用砂袋预压时应采取防雨措施。

4　碗扣式脚手架双排脚手架首层立杆应采用不同的长度交错布置,底层纵、横向横杆作为扫地杆距地面高度应小于或等于35cm,立杆应配置可调底座或固定底座。

5　双排脚手架专用外斜杆设置应符合下列规定:

1)斜杆应设置在有纵、横向横杆的碗扣节点上。

2)在封圈的脚手架拐角处及一字形脚手架端部应设置竖向通高斜杆。

3)当脚手架高度小于或等于24m时,每隔5跨设置一组竖向通高斜杆,当脚手架高度大于24m时,每隔3跨应设置一组竖向通高斜杆,斜杆应对称设置。

6　桩、柱梁式支架应符合下列规定:

1)钢管桩的承载力应满足要求。

2)纵梁之间应设置安全可靠的横向连接。

3)搭设完成后应检查验收。

4)跨通行道路时,应设置防撞、限高限宽门架,并设置交通引导标志、减速带、限速标志、夜间警示灯等设施。

5)跨通航水域时,应设置号灯、号型。

7　模板安装应符合下列规定:

1)施工现场模板应摆放整齐有序,在加工制作和使用前应进行打磨抛光处理。模板安装和拆除时必须有专人现场指挥,现场封闭,悬挂符合国家标准的安全警示标志,起吊时卡扣必须锁死,且不得与脚手架直接连接。

2)施工人员进入模板上作业前,应换上鞋底无污染的作业用鞋,避免污染模板。施工现场应设置专用鞋柜。

3)模板进场安装前,应进行试拼装。

4)吊装模板前,应检查模板和吊点。吊装应设专人指挥,模板未固定前,不得实施下道工序。

5)模板安装就位后,应立即支撑和固定。支撑和固定未完成前,不得升降或移动吊钩。

6)模板应按设计要求准确就位,且不得与脚手架连接。

7)模板安装完成后节点联系应牢固。

8)基准面以上2m安装模板应搭设脚手架或施工平台。

9)周转使用的模板,需先进行整修和打磨,并确保混凝土浇筑质量。

8　模板支撑架斜杆设置应符合下列要求:

1)当立杆间距大于1.5m时,应在拐角处设置通高专用斜杆,中间每排每列应设置通高八字形斜杆或剪刀撑。

2)当立杆间距小于或等于1.5m时,模板支撑架四周从底到顶连续设置竖向剪刀撑;中间纵、横向由底至顶连续设置竖向剪刀撑,其间距应小于或等于4.5m。

3)剪刀撑的斜杆与地面夹角应为45°~60°,斜杆应每步与立杆扣接。

4)当模板支撑架高度大于4.8m时,顶端和底部必须设置水平剪刀撑,中间水平剪刀撑设置间距应小于或等于4.8m。

9　模板、支架拆除应符合下列规定:

1)模板、支架的拆除期限和拆除程序等应按施工组织设计和施工方案要求进行,危险性较大模板、支架的拆除尚应遵守专项施工方案的要求。模板落架前应保证支架的完整性及有效性，严禁私自拆除。

2）模板、支架的拆除应遵循先拆非承重模板、后拆承重模板、自上而下、分层分段的顺序和原则。

3）承重模板应横向同时、纵向对称均衡卸落。

4）简支梁、连续梁结构模板宜从跨中向支座方向依次循环卸落；悬臂梁结构模板宜从悬臂端开始顺序卸落。

5）承重模板、支架，应在混凝土强度达到设计要求后拆除。

6）模板、支架的拆除应设立警戒区，与输电线路等危险源保持安全距离，非作业人员不得进入。

7）拆除人员应使用稳固的登高工具、防护用品。

11.6.6 起重吊装

1 起重吊装应符合现行《建筑施工起重吊装安全技术规范》（JGJ 276）和《起重机械安全规程 第1部分：总则》（GB 6067.1）的有关规定。

2 起重机械司机、起重信号司索工、起重机械安装拆卸工应按照有关规定经专业机构培训，并应取得相应的从业资格。

3 作业人员应穿防滑鞋、戴安全帽，高处作业时应按规定佩挂安全带。

4 吊装作业设警戒区，警戒区不得小于起吊物坠落影响范围。

5 作业前应检查设备安全装置、钢丝绳、轮滑、吊索、卡环、地锚等。

6 钢丝绳吊索的安全系数不小于6。

7 起重吊装作业中应坚持“十不吊”规定：

1）斜吊不吊。

2）超载不吊。

3）散装物装得太满或捆扎不牢不吊。

4）指挥信号不明不吊。

5）吊物边缘锋利无防护措施不吊。

6）吊物上站人不吊。

7）埋在地下的构件不吊。

8）安全装置失灵不吊。

9）光缆阴暗看不清吊物不吊。

10）六级以上强风不吊。

8 雨、雪后吊装前应清理积水、积雪，并应采取防滑和防漏电措施。作业前，应先试吊。

11.6.7 高处作业

1 高处作业下方警戒区设置应符合现行《高处作业分级》（GB 3608）、《建筑施工高处作业安全技术规范》（JGJ 80）的有关规定。

2 高处作业应设置人员专用通道，不得同时上下交叉进行。高处作业人员不得沿立杆或栏杆攀登。高处作业人员应定期进行体检。

3 高处作业场所临边应设置安全防护栏杆，并应符合下列规定：

1）防护栏杆应能承受1 000N的可变荷载。

2）防护栏杆下方有人员及车辆通行或作业的，应挂密目安全网封闭，防护栏杆下部应设置高度不小于18cm的挡脚板。

3）防护栏杆应由上、下两道横杆组成，上杆离地高度应为1.2m，下杆离地高度应为0.6m。

4）横杆长度大于2m时，应加设栏杆柱。

4 高处作业场所的孔、洞应设置防护设施及警示标志。

5 安全网质量应符合现行《安全网》（GB 5725）的规定，安装和使用安全网应符合下列规定：

1）安全网安装应系挂安全网的受力主绳，不得系挂网格绳。安装完毕应进行检查、验收。

2）安全网安装或拆除应根据现场条件采取防坠落安全措施。

3）作业面与坠落高度基准面高差超过2m且无临边防护装置时，临边应挂设水平安全网。作业面与水平安全网之间的高差不得超过3.0m，水平安全网与坠落高度基准面的距离不得小于0.2m。

6 安全带使用除应符合现行《安全带》（GB 6095）的规定外，尚应符合下列规定：

1）安全带除应定期检验外，使用前尚应进行检查。织带磨损、灼伤、酸碱腐蚀或出现明显变硬、发脆以及金属部件磨损出现明显缺陷或受到冲击后发生明显变形的，应及时报废。

2）安全带应高挂低用，并应扣牢在牢固的物体上。

3）安全带的安全绳不得打结使用，安全绳上不得挂钩。

4）缺少或不易设置安全带吊点的工作场所宜设置安全带母索。

5）安全带的各部件不得随意更换或拆除。

6）安全绳有效长度不应大于2m，有两根安全绳的安全带，单根绳的有效长度不应大于1.2m。

7 严禁安全绳用作悬吊绳。严禁安全绳与悬吊绳共用连接器。新更换安全绳的规格及力学性能必须符合规定，并加设绳套。

8 人行塔梯安装应符合下列规定：

1）顶部和各节平台应满铺防滑板并牢固固定，四周应设置安全护栏。

2）人行塔梯基础应稳固，四脚应垫平，并应与基础固定。

3）塔梯连接螺栓应紧固，并应采取防退扣措施。

4）人行塔梯高度超过5m应设连墙件。

5）用电线路不宜装设在塔梯上，必须装设时，线路与塔体间应绝缘。

6）人行塔梯通往作业面通道的两侧应围挡封闭。

11.6.8 水上作业

1 应及时了解当地气象、水文、地质等情况，掌握施工区域附近的桥梁、隧道、大坝、架空高压线、水下管线、取水泵房、危险品库、水产品养殖区以及避风锚地、水上应急救援等情况。

2 在通航河道上施工时，应向所在地的海事管理机构取得《水上水下施工作业许可证》，并办理准予发布航行警告、航行通告的相关手续。

3 水上施工用船舶应取得经海事管理机构认可的船舶检验证书和船舶登记证书，船员取得相应的适任证书或者其他适任证件。

4 水上临时码头、水上工作平台、临时便桥等首先应保证结构安全，按照使用要求和相应技术规范进行设计和施工。便桥、施工平台等施工区域应布置禁航信号标志、临时航道设置助航标志和必要的救生器材等。

5 水上工作平台、水上临时便桥设计应考虑自重荷载、施工荷载、水流压力、风力及其他临时荷载等。借用工程结构作临时工作平台时，应按施工期可能出现的最不利荷载组合进行验算。便桥临边应设置高度不低于1.2m的防护栏杆，挂设安全网和救生圈。

6 水上作业人员应正确穿戴救生衣等个人安全防护用品。

7 工程船舶必须在核定航区和作业水域内作业。应按相关规定设置航运标志，并备有救生、消防及靠绑设备。

8 遇雨、雾、霾等能见度不良天气时，工程船舶和施工区域应显示规定的信号，必要时停止航行或作业。此外，当水上工况条件超过施工船舶作业性能时，必须停止作业。

9 交通船必须配有救生设备，载人严禁超过乘员定额。靠泊船舶上下人或两船间倒运货物，应搭设跳板、扶手及安全网。

10 水中围堰(套箱)和水中作业平台应设置船舶靠泊系统和人员上下通道，临边应设置高度不低于1.2m的防护栏杆，挂设安全网和救生圈。四周应设置警示标志和夜间航行警示灯光信号，通航密集水域应配备警戒船和应急拖轮。

11.6.9 爆破作业

1 从事爆破工作的爆破员、安全员、保管员应按照有关规定经专业机构培训，并取得相应的从业资格。

2 爆破作业单位实施爆破项目前，应按规定办理审批手续，批准后方可实施爆破作业。

3 爆破作业和爆破器材的采购、运输、储存应按照现行《民用爆炸物品安全管理条例》和《爆破安全规程》(GB 6722)执行。

4 预裂爆破、光面爆破、大型土石方爆破、水下爆破、重要设施附近及其他环境复杂、技术要求高的工程爆破应编制爆破设计方案，制定相应的安全技术措施；其他爆破可编制爆破说明书，并经有关部门审批同意。

5 经审批的爆破作业项目，爆破作业单位应于施工前3d发布公告，并在作业地点张贴，施工公告内容应包括工程名称、建设单位、设计施工单位、安全评估单位、安全监理单位、工程负责人及联系方式、爆破作业时限等。

6 爆破作业必须设警戒区和警戒人员，起爆前必须撤出人员并按规定发出声、光等警示信号。

7 爆炸源与人员、其他保护对象的安全距离应按地震波、冲击波和飞散物三种爆破效应分别计算，取最大值。

8 钻孔装药应拉稳药包提绳，配合送药杆进行。在雷管和起爆药包放入之前发生卡塞时，应用长送药杆处理，装入起爆药包后，不得使用任何工具冲击和挤压。

9 盲炮检查应在爆破15min后实施，发现盲炮应立即安全警戒，及时报告，并由原爆破人员处理。电力起爆发生盲炮时应立即切断电源，爆破网络应置于短路状态。

10 雷电、暴雨、雪天不得实施爆破作业。强电场区爆破作业不得使用电雷管。遇能见度不超过100m的雾天等恶劣天气不得露天爆破作业。

11.6.10 装配式桥梁施工

1 提、运、架梁应设专人统一指挥，严格按照安全操作规程操作。现场设专职安全员进行安全巡视、监管，密切观察各部位的安全状况，发现异常及时停止作业。

2 预制梁起吊后，应对梁体（尤其是梁底）进行检查，及时清除杂物，并对混凝土外观污染部位进行处理。

3 运梁应按照3～5km/h速度行驶，做好安全防护措施，以免出现移位、倾覆、碰撞等事故，造成梁体损伤。运梁通道上应停止其他施工作业，设置警示标牌。

4 铺架作业时，桥下严禁车辆、船只或行人通过，应设置相应的安全禁止标志，派专人值班巡视、监管。

5 吊装完成后必须及时安装防落物网，桥梁两幅护栏底座间设置防坠网，每隔50m设一处安全通道。

6 桥面上堆放材料、机具时，应选择合适位置摆放牢固、整齐，但应满足结构的安全要求，必要时应自行验算。

7 架桥机施工应符合下列规定：

1）架桥机作业平台处应设密目式安全网，人员行走平台及楼梯应设护栏。架桥机支腿处应铺设垫木并进行临时固结。

2）架桥机吊杆、吊杆螺母表面应光洁，无剥裂、锐角、毛刺、裂纹等。安全系数不应小于4。

3）当吊具处于工作位置最低点时，在卷筒上缠绕的钢丝绳，除固定绳尾的圈数外，必须不小于2圈。

4）起升机构应装设起升高度限制器。当吊具起升到设计规定的上极限位置时，应能自动切断起升电源。在此极限位置的上方，还应留有足够的高度，以适应起升制动行程的要求。

5）应在架桥机整体横移和吊梁小车每个运动方向装设运行行程限位器或采取限位措施。

6)在轨道上运行的架桥机的运行机构、吊梁小车的运行机构等均应装设缓冲器或缓冲装置。轨道端部止挡应牢固可靠,防止脱轨。

7)下导梁在固定状态下应实施锚定。架桥机过孔状态下应对非运动支腿实施锚定。架梁状态下应对主梁与支腿间进行固定连接。

8)架桥机工作时只能进行一个动作,架桥机吊梁小车起升机构的升降、吊梁小车的纵向运行和横向运行、架桥机横向运行应相互联锁。

9)在过孔状态下,不得进行有关架梁动作,架桥机架梁状态各机构应与架桥机过孔作业机构联锁,如吊梁小车的升降应与架桥机过孔运行联锁。

10)根据架桥机结构和作业工况,应明确严禁联动、互动的机构,并以直接的断电保护电气联锁线路进行联锁与互锁。

11)架桥机应装设起重量限制器。装设起重量限制器时,当实际起重量超过95%额定起重量时,起重量限制器应发出报警信号。

11.6.11 跨公(铁)路桥梁施工

1 跨公(铁)路桥梁施工前,应与相关部门联系,办理相关施工手续。

2 施工现场应进行封闭,封闭防护必须可靠、牢固。

3 跨公路的桥梁施工中,行车道前方应设置限位门架,严禁超高、超宽车辆通行,支架支墩应设置防撞墩加以保护。门架和防撞设施上设置反光、限高、限宽等标志。

4 应根据道路交通的实际需要设置减速提示标志、减速带、限速牌,夜间设置指示灯、防撞桶等安全设施,必要时应使用信号或安排交通协管员。

5 支架下设行车通道的,通道两旁的支架应设置防撞设施,通道顶部应设置隔离板,侧面挂设安全防护屏。桥上应采取防护隔离措施,以免施工材料、机具落到行车道上,确保桥下安全。

6 施工作业完毕,施工单位应当迅速清除道路上的障碍物,消除安全隐患。

11.7 安全生产检查与评价

1 参建单位应建立安全事故隐患排查治理长效机制,定期开展安全事故隐患排查治理活动,重点推动安全生产责任制的落实,全面排查整治安全事故隐患和事故易发环节,认真解决存在的突出问题,有效防范和遏制生产安全事故的发生。

2 安全检查的主要形式有:验收性检查、定期检查、专项检查、经常性检查、季节性检查。

1)开(复)工前安全检查。新项目开工前和在建项目停工后复工前,应由监理单位组织施工单位等相关部门进行工地的全面检查,核查项目是否具备安全生产条件,如发现问题应及时督促整改,符合安全生产条件的方可开(复)工。

2)定期检查。工程参建单位开展检查时,应由其主要负责人牵头组织。定期检查应明确检查频率,重点检查重大风险源的安全防范技术措施及现场安全防护措施的落实情况。

3)专项检查。专项检查分为内业检查和外业检查。其中,内业检查可分为保证项检查和一般项检查。

保证项检查包括:安全生产责任制,施工组织设计及专项施工方案,安全生产专项费用,风险评估管理,安全技术交底,安全检查评价,安全教育培训,应急管理等;一般项检查包括:分包单位的管理,持证上岗,生产安全事故处理等;外业检查包括:安全防护,施工用电,消防安全,设备安全,危险性较大分部分项工程专项施工方案执行情况,安全标志等;专项检查由安全管理部门组织,针对工程建设的关键环节、关键部位的安全状况采取有针对性的检查,宜对照专项施工方案进行检查,以发现并解决在施工前及施工中存在的问题。

4)经常性检查。检查应由施工单位安全管理人员或监理单位的安全监理工程师,根据工程施工作业进度适时安排。施工单位安全管理人员应针对当日作业分布情况,重点检查安全生产关键部位和事故易发环节。经常性检查应覆盖施工全过程。安全监理工程师应对重大风险源进行跟踪巡视检查。

5)季节性检查。检查内容可根据施工安全敏感时间段(如冬季、雨季、放假时间较长的节假日等)确定,同时应对该时间段的安全注意事项(如防滑、防冻、防坍塌、防火、防中毒、防坠落、防疲劳、防思想松懈等)提前布置并加强检查。

6)验收性检查。主要检查对象是施工现场新搭设的脚手架、物料提升机、施工用电、塔吊、外用电梯、大型模板支撑系统等项目。检查应严格对照相关标准进行。工程实行总承包的,当存在两个或多个分包单位共同或交叉施工时,验收性检查应由总承包单位组织,对相关作业部位的安全作业环境条件进行验收和移交。

3 各类安全检查应按相关技术标准和规章制度的要求进行,安全检查结果应形成文字记录。安全事故隐患整改应做到“三定”,即定人、定时间、定措施。安全事故隐患治理情况应按期复查,复查合格后方可销项。复查情况应形成文字记录。

4 事故隐患排查治理。

1)施工现场安全事故隐患主要分为一般事故隐患和重大事故隐患两类。

一般事故隐患指危害和整改难度较小,发现后能够立即整改排除的隐患。

重大事故隐患指危害和整改难度较大,应全部或局部停工整顿,并经过一定时间整改治理方能排除的隐患,或因外部因素影响致使施工单位自身难以排除的隐患。

2)施工单位是安全事故隐患排查治理的责任主体,应结合工程特点,建立健全安全事故隐患排查、建档、治理、验收、销号的工作制度,并设专人负责。建设、监理及相关单位应积极配合施工单位做好重大事故隐患的排查治理工作。

3)施工单位应定期组织安全生产管理人员、工程技术人员和其他相关人员排查安全事故隐患。对排查出的重大事故隐患,应登记建档,制订专项治理方案,明确治理的措施、资金、时限和责任人,并向监理单位、建设单位报告。

4)监理单位发现施工安全事故隐患时应及时纠正,严格审查重大事故隐患治理方案,并对治理全过程予以监督检查和复核验收。对施工单位不认真治理,或重大事故隐患可能产生严重后果的,应及时向建设单位报告。

5)安全事故隐患排查治理内容包括:施工安全法律法规、标准规范和规章制度的贯彻执行情况;安全生产责任制和责任追究制的建立和落实情况;安全生产专项费用的提取和使用情况;危险性较大分部分项工程,特别是深基坑工程、高边坡工程、高大模板工程、施工起重机械设备以及脚手架工程等专项施工方案的编制专家论证和实施情况;安全培训教育情况,特别是农民工、特种作业人员培训教育和"三类人员"的培训考核及持证上岗;应急救援预案的制订、演练以及有关应急物资设备的配备和维护情况;施工班组安全事故隐患定期巡查记录、自查自纠和销号情况;事故报告和处理,以及对有关责任单位和责任人的追究和处理情况。

6)安全事故隐患排查治理应以防范脚手架、起重机械事故和规范安全防护用品的使用为重点。

7)施工安全事故隐患治理应做到五落实,即"方案落实、材料落实、资金落实、进度落实、责任落实"。

对于一般事故隐患,由施工单位项目负责人或有关人员立即组织整改。

对于重大事故隐患,应制订并实施隐患治理方案。重大隐患治理方案应包括以下内容:治理的目标和任务;采取的方法和措施;经费和物资的落实;负责治理的机构和人员;治理的时限和要求;安全措施和应急预案。

5　安全评价。

1)施工单位对创建"平安工地"负主体责任,并将"平安工地"作为安全管理目标。建立健全安全生产责任体系,保证安全生产条件,落实安全生产责任,编制专项施工方案,开展安全风险预控。经常开展安全生产自查和安全事故隐患排查,每月应组织一次全面自查自纠,每季度至少开展一次自我评价,自评结果经监理单位审核后报建设单位。

2)监理单位对创建"平安工地"负监管责任,并作为安全监理的主要内容。危险性较大的分部分项工程,开工前按照"平安工地建设考核评价指导性标准"要求及时开展安全生产条件审核,并将审核结果报建设单位。施工过程中监理单位每季度进行监督检查,发现问题及时督促整改,整改后仍不符合要求的合同段应当责令停工,并向建设单位报告。按规定每季度独立开展考核评价,复核施工单位自查考核评价结果。

3)建设单位应落实安全生产责任,加强组织领导,对"平安工地"创建负管理责任。建立和完善考核评价、奖惩及档案管理制度,在项目开工前组织安全生产条件审核,每半年对所有施工和监理单位组织一次"平安工地"考核评价。

11.8　安全生产应急管理

1　工程参建单位应根据建设工程施工的特点、范围,对施工现场易发生重大生产安全事故的部位、环节进行监控,并制订施工现场生产安全事故应急预案。

2　实行施工总承包的,由总承包单位统一组织编制建设工程生产安全事故应急预案,工程总承包单位和分包单位应按照应急预案做好应急管理工作。

3 应急预案一般分为总体预案、专项预案和现场应急处置方案。

1)总体预案包括项目总体预案和施工合同段总体预案。项目总体预案由建设单位组织编写,报其上级主管单位备案。施工合同段总体预案由施工单位组织编写,由监理单位审批,报建设单位备案。

2)专项预案由施工单位编写,一般是指按照地方政府、行业主管部门要求和施工专业特点编制的具有针对性的预案,如汛期编制防汛预案,森林地区施工时编制森林防火预案等,由监理单位审批。

3)现场应急处置方案由施工单位编写,是对项目主要风险源进行分析,针对重大风险源可能引发的生产安全事故,拟定事故处置过程中各级单位和部门详细报告程序、处置流程和应对措施的工作方案。现场应急处置方案,由监理单位审批,报建设单位备案。

4)预案的主要内容包括:编制依据;指导思想、实施原则和工作目标;工程概况、危险性较大分部分项工程内容;危险性较大分部分项工程风险源分析以及相关预防措施;实施预案的应急组织机构与职责;预案的启动、实施和演练;与各施工合同段总体预案、专项预案之间的联动方式。

4 事故等级划分。

按照生产安全事故造成的人员伤亡或者直接经济损失,事故一般分为以下等级:

1)特别重大事故,是指造成30人以上死亡,或者100人以上重伤(包括急性工业中毒,下同),或者1亿元以上直接经济损失的事故。

2)重大事故,是指造成10人以上30人以下死亡,或者50人以上100人以下重伤,或者5 000万元以上1亿元以下直接经济损失的事故。

3)较大事故,是指造成3人以上10人以下死亡,或者10人以上50人以下重伤,或者1 000万元以上5 000万元以下直接经济损失的事故。

4)一般事故,是指造成3人以下死亡,或者10人以下重伤,或者1 000万元以下直接经济损失的事故。

本条所称的“以上”包括本数,所称的“以下”不包括本数。

5 安全事故报告及处理。

1)事故发生后,事故现场有关人员应立即向本单位负责人报告。单位负责人接到报告后,应于1h内向事故发生地县级以上人民政府安全生产监督管理部门和负有安全生产监督管理职责的有关部门报告。

2)情况紧急时,事故现场有关人员可直接向事故发生地县级以上人民政府安全生产监督管理部门和负有安全生产监督管理职责的有关部门报告。

3)事故发生后,施工单位还应立即报告监理单位和建设单位。监理单位得到消息后,应向建设单位报告,建设单位应向事故发生地交通运输主管部门报告。

4)事故报告的主要内容包括:事发项目的简要概况;事故发生的时间、地点以及现场情况;事故的简要经过和当前状态;事故已经造成或者可能造成的伤亡人数(包括下落不明的人数),以及初步估计的直接经济损失;已经采取的控制措施;对事态发展的初步评估(如果有);报告人(或单位)姓名(或名称)、联系方式;其他应报告的情况。

5)事故发生后,有关单位和人员应妥善保护事故现场和相关证据,任何单位和个人不得破坏事故现场、毁灭证据。因抢救人员、防止事故扩大以及疏通交通等原因,需要移动事故现场物件的,应做出标志,绘制现场简图、留存影像资料并做出书面记录,妥善保存现场重要痕迹、物证。

6)事故发生24h内,应形成专门文字报告并上报。事故报告后出现新情况的,应及时补报。自事故发生之日起30d内,事故造成的伤亡人数发生变化的,应及时补报;道路交通事故、火灾事故自发生之日起7d内,事故造成的伤亡人数发生变化的,应及时补报。

附录 A　首件工程认可制

1　“首件工程认可制”是指对规定的分项工程，在开工前，从技术培训、技术交底、材料进场、施工工艺、技术要求、质量控制等方面进行分析、论证，制订首件施工方案，按方案中的工艺技术要求先完成首件工程。实行首件工程认可制的项目见表 A.1。

表 A.1　实行首件工程认可制项目

项目	工程名称	工程项目①
1	路基工程	软土地基处置(换填)、掺灰处理、规模生产的小型预制构件
2	路面工程	按试验段工程办理
3	桥涵工程	钻(挖)孔灌注桩、墩台(含八字墙)、支座垫石、桥梁上部结构预制或现浇、伸缩装置安装、混凝土桥面铺装、护栏底座(防撞墙)、涵洞盖板
4	隧道工程	喷射混凝土、防水层、二次衬砌、电缆沟
5	交通安全设施工程	波形梁钢护栏、梁柱式护栏、标线

注:①建设单位或监理单位认为需要执行首件认可制的其他项目可另行开列。

2　首件工程施工单位应严格按批准的首件工程施工方案进行施工，操作过程中应详细记录操作程序和有关技术指标，并存留影像资料，修正完善施工方案。

3　首件工程应在分项工程开工前进行，以施工合同段或工区为基本单位实施，凡未按要求进行首件工程认可的分项工程，一律不得批量生产。首件工程认可审批表见表 A.2。

4　首件工程完成后，施工单位应对已完成项目的施工工艺进行总结，并进行综合评定，提出自评意见，报监理单位审批，并经建设单位认可。首件工程质量评定应为优良，方可进行规模施工，否则应返工重做。

表 A.2　首件工程认可审批表

____________公路建设项目

施工单位　　　　　　　　　　　　　　　　　　　　合同段

监理单位　　　　　　　　　　　　　　　　　　　　编　号

首件工程认可审批表

致(总监)____________________:

现上报______________________________________首件工程的工艺总结及评价资料,请予审查和批准。

附件(隐蔽工程照片):

项目经理:　　　　　　　　年　　月　　日

监理单位意见:

经测评首件工程为优良工程/合格工程/不合格工程,可/否进行规模施工。

专业监理工程师:　　　　　　　　年　　月　　日

总监理工程师:　　　　　　　　年　　月　　日

注:本表一式两份,施工单位、监理单位各一份,可根据工程需要对本表进行调整。

附录 B 标准化建设检查表

表 B.1 施工(监理)单位驻地标准化建设验收检查表

表 B.2 拌和厂标准化建设验收检查表

表 B.3 预制厂标准化建设验收检查表

表 B.4 试验室标准化建设验收检查表

表 B.5 钢筋加工厂标准化建设验收检查表

表 B.6 库房标准化建设验收检查表

表 B.7 便道便桥标准化建设验收检查表

说明:

标准化施工实行负面清单管理,带▲项目为重要控制指标,带★为权值较高的扣分项目。

表 B.1 ________________高速公路建设项目

施工(监理)单位驻地标准化建设验收检查表

合同段： 单位：

序号	检查项目	检 查 内 容
1	驻地选址	▲1. 位置要求靠近现场、进出方便快捷、易于管理，且不能与本项目其他工程产生干扰； 2. 通信畅通(通电话、传真、网络)，邮路便捷； ▲3. 不受洪水、泥石流、风灾等威胁，避开塌方、落石、滑坡、危岩等地段及取(弃)土场地； ▲4. 避开高压线路及高大树木，离采石场、石方开挖等集中爆破区 500m 以上； 5. 项目部(含分包项目部、较大工区)采用封闭式管理； ▲6. 租赁房屋作为驻地的，房屋必须符合安全生产及管理要求，房屋及场地的面积必须满足工程标准化要求
2	场地建设	▲1. 装配式活动板房应当具有生产(制造)许可证、产品合格证，结构材质满足消防安全要求，房屋底层房间地面应硬化； ★2. 房间内部净高一般不小于 2.8m； ▲3. 根据吉林省气候情况，办公及生活用房必须安设取暖设备，采暖期室内温度应在 18℃以上。严禁在室内使用明火(电)炉取暖，避免安全事故； ★4. 室内应设置足够的固定电源插座，严禁私拉电线； ★5. 驻地应保证文明整洁； 6. 驻地建设应遵循统筹兼顾、适用为主、满足项目需要的原则，严禁铺张浪费
3	驻地设施	1. 会议室、资料室、档案室、宿舍、食堂、厕所、浴室、办公室等设施满足标准要求； 2. 消防设施、电气设备、临时用电、防雷设施等设置情况满足要求； ★3. 信息化建设满足规定要求
4	组织机构	满足合同及相关规定要求
5	标志标识	★1. 驻地室外设“五牌一图”[工程概况牌、管理人员名单及监督电话牌、消防保卫(防火责任)牌、安全生产牌、文明施工和环境保护牌、施工现场总平面图]、企业宣传栏； ★2. 会议室设置组织机构框图、工地安全生产责任制、管理人员岗位责任制、项目管理方针和管理目标等标牌，悬挂施工平面图(包含线路平、纵断面图)、工程形象进度图和晴雨表； 3. 各部室按规定图表上墙
6	……	可结合工程实际增列

检查人： 日期：

表 B.2 ______________高速公路建设项目

拌和厂标准化建设验收检查表

合同段： 拌和厂名称：

序号	检查项目	检 查 内 容
1	总体布置	★1. 办公区、生产区、生活区区域功能分开，办公、生产房屋设置满足要求； 2. 场地面积、硬化及场内排水情况满足要求； 3. 变压器、电线布设符合规定； 4. 洗车池（洗车台）、沉淀池及排水设置等配套设施设置合理； 5. 安全防护情况满足要求； 6. 卫生情况满足要求
2	机械设备	▲1. 单机设备的生产能力、料仓数量满足规定要求； ▲2. 计量设备检定证书齐全或在规定期限内，外加剂等采用电子计量投放； 3. 设备定期检校、保养，运行应良好； ▲4. 储灰罐（沥青罐）颜色、储存量与能力配套设置； ▲5. 运输（罐）车运输能力满足工程需要； ▲6. 配置、使用产能满足需要的洗石机； 7. 设备档案台账及时、清晰完整； ▲8. 电脑及打印设备正常工作； 9. 施工单位名称标注情况满足要求； 10. 备用发电机配备满足要求
3	材料存放	★1. 碎石分类分区存放，堆放整齐； ▲2. 材料罩棚按规定设置； ★3. 材料存放无混料、污染等； ▲4. 场地平整硬化，道路畅通； 5. 场地、路旁堆积无杂物、废料； 6. 无雨天泥泞、晴天尘土、路面积水
4	水泥外加剂	1. 采用库房储存，库房内地面经过硬化处理； 2. 库房设置进、出库门，保证水泥的正常循环使用； 3. 袋装水泥架空、离墙存放，满足防潮要求； 4. 外加剂库房和水泥库房分开设置，标识明确
5	标志标牌	1. 设置拌和厂介绍宣传牌； 2. 有质量管理标准、条例、框图等； 3. 现场各类防护标识、作业流程标志、材料标牌齐全
6	……	可结合工程实际增列

检查人： 日期：

表 B.3 ________________高速公路建设项目

预制厂标准化建设验收检查表

合同段：　　　　　　　　　　　　　　　　　预制厂名称：

序号	检查项目	检 查 内 容
1	场地布置	▲1. 场地布置符合工厂化生产的要求； 2. 办公、生产区、操作工的生活区区域功能清晰； 3. 拌和厂、锅炉房距离办公生活房屋符合要求； 4. 变压器、线缆设置符合规定； 5. 办公、生产房屋设置满足要求； 6. 场内及主要道路硬化、排水情况满足要求
2	机械设备	1. 作业中严格执行操作规程和安全规章； 2. 做好设备使用、维护、保养记录； 3. 机械设备定期检修、维护； ▲4. 龙门吊应有出厂合格证及检定证书； 5. 龙门吊停驶设自锁装置； 6. 超重设备安全使用情况满足要求
3	材料存放	★1. 存放区大小满足要求； 2. 存梁台座和地面排水系统布置合理，防止梁体倾覆措施； 3. 梁板成品标识和编号、板(梁)存放情况满足要求； 4. 原材料分仓堆放或混仓，标示牌齐全，排水通畅； ▲5. 石料设置防雨棚； 6. 钢筋定位胎膜、保护层垫块及施工用水情况满足要求
4	厂区库房	1. 锚具库房、钢绞线库房、液压设备车间台账清晰、管理有序； 2. 工具房管理符合规定要求
5	临时用电	1. 临时用电施工组织设计编制并经审批； ▲2. 采用三相五线制电力系统，动力和照明线分开架设，配电箱、开关箱、漏电保护、电线接头等按规定设置； 3. 固定电力设备安全防护屏障或网栅围栏、禁止、警告标志符合规定； 4. 配电箱应有门、有锁、有防雨措施，线路颜色及接地方式正确； ★5. 夜间施工照明设施满足施工要求
6	标志	1. 吊装作业区、安全通道、锅炉房入口处设置标志； 2. 制梁区、存梁区、构件加工区等各生产区域设置标志； 3. 安全帽、上岗证、安全监察人员袖标(牌)
7	……	可结合工程实际增列

检查人：　　　　　　　　　　　　　　　　　日期：

表B.4 ________________高速公路建设项目试验室标准化建设验收检查表

合同段： 试验室名称：

序号	检查项目	检查内容
1	机构设置	▲1. 有成立试验室组织机构批文，主任、技术负责人、质量负责人有授权书； ★2. 有母体试验室《等级证书》、组织机构框图、质量保证体系框图、人员分工表
2	环境布置	▲1. 试验室布局合理，供水、供电、消防等设施健全，通风、采光应良好，各室面积达标； ▲2. 水泥室、沥青室应配备通风设备、冷暖空调，标养室有温湿度控制设备，水泥室、力学室、土工室等分开设置； 3. 办公室、资料室和样品库设置达标； 4. 试验废弃材料的处置符合要求
3	人员配置	▲1. 试验室主任、技术负责人、质量负责人资质条件符合要求； ★2. 试验人员数量符合合同要求； 3. 持证人员数量和标准符合规定要求； 4. 佩牌上岗、岗前培训情况符合规定要求
4	仪器设备	▲1. 符合合同约定，满足工作需要； 2. 应有检测和试验设备一览表，建立仪器设备台账和使用、维修及保养档案； 3. 经过计量检定或自校合格率100%，性能应良好，精度满足规范要求，检定标识明显； 4. 布局合理，方便试验操作
5	管理制度	▲1. 试验室管理制度，试验检测人员岗位责任制，试验检测报告的审核、签发制度，资料和档案管理制度等； 2. 仪器设备操作规程，试验室、养生室的温湿度管理、样品管理； 3. 安全管理和卫生管理制度完善
6	标志标牌	1. 岗位安全操作规程、试验人员岗位职责、试验流程图等悬挂上墙； 2. 试验区域设置禁止、指令标志符合规定； 3. 消防设施提示标志符合规定
7	……	可结合工程实际增列

检查人： 日期：

表 B.5 ________高速公路建设项目

钢筋加工厂标准化建设验收检查表

合同段：　　　　　　　　　　　　　　　　单位名称：

序号	检查项目	检 查 内 容
1	场地布置	★1. 场地布局规划合理； ▲2. 场地面积； ▲3. 厂内及主要道路硬化、排水情况满足规定标准
2	机械设备	1. 按规定设置安全操作规程和设备标示牌； 2. 做好设备使用、维护、保养记录； ▲3. 配备符合要求的钢筋数控加工设备及吊装设备使用情况
3	钢筋加工	▲1. 钢筋加工厂按规定设置场地罩棚； 2. 钢筋吊装作业符合规定要求； 3. 人工断料有安全防护措施； ★4. 加工梁的钢筋应设模架； 5. 钢筋进行防腐蚀处理，焊接时应有防护措施； 6. 加工区设计图挂设情况
4	材料存放	1. 钢筋按规定上盖下垫； ★2. 钢绞线的存放符合要求； 3. 已经加工好的钢筋半成品的堆放符合要求； 4. 成品、半成品标识牌应符合规定
5	临时用电	1. 临时用电施工组织设计编制并经审批； ▲2. 采用三相五线制电力系统，动力和照明线分开架设，配电箱、开关箱、漏电保护、电线接头等按规定设置； 3. 固定电力设备安全防护屏障或网栅围栏、禁止、警告标志符合规定； 4. 配电箱应有门、有锁、有防雨措施，线路颜色及接地方式正确； ★5. 夜间施工照明设施满足施工要求
6	文明施工	1. 厂区内工程公示牌、指示标牌、安全质量环保目标公示牌等应符合规定；焊接、切割场所，木工加工区，安全通道，氧气、乙炔等易燃易爆场所，易发生火灾场所禁止与警告标志设置应符合要求； 2. 加工厂、存放场围栏防护设施； 3. 剩余边角料或废料处理符合规定； 4. 废水、废油及生活污水处理，不易分解、污染环境的塑料制品、合成材料、化工原料等处理； 5. 消防器材放置场所设置、分区标识牌的提示标志设置符合要求； 6. 安全帽、上岗证、安全监察人员袖标(牌)符合规定； 7. 气瓶使用与存放情况； 8. 废料回收利用和焊接人员防护用品佩戴情况
7	……	可结合工程实际增列

检查人：　　　　　　　　　　　　　　　　日期：

表B.6　＿＿＿＿＿＿＿＿高速公路建设项目
库房标准化建设验收检查表

合同段：　　　　　　　　　　　　　　单位名称：

序号	检查项目	检 查 内 容
1	火工品	▲1. 炸药库经公安机关批准、验收合格； ★2. 库区与居民区、工厂、公共建筑保持安全距离； 3. 库房通风、防爆照明设备和防静电措施符合防爆、防雷、防潮、防火、防鼠、防盗要求； ▲4. 火工品库专人值守； 5. 工作人员住房和看守房设置符合规定要求
2	油库	1. 油库安全管理制度、用火管理制度、外来人员登记制度健全； 2. 油库消防预案及设置情况； ★3. 按规定装油，不得混装，轻质油料的油罐不得露天存放； 4. 露天存放的桶装油料符合规定要求； 5. 油库应划分消防区域，制定明确的报警信号，配备消防工具和器材，并定期检查维护； ▲6. 油罐区内严禁存放危险品、爆炸品和其他易燃物资
3	其他	1. 氧气瓶、乙炔瓶分开存放； ★2. 剧毒、放射源等危险物品存放符合防爆、防雷、防潮、防火、防鼠、防盗要求； 3. 润滑油料设专门库房存放； 4. 袋装水泥、外加剂按要求存放； 5. 电力设施安全性； 6. 库房安全性、地面硬化及排水情况
4	标志牌	1. 平面布置图、重大危险源公示牌、值班人员公示牌等标志； 2. 各分区标识牌、消防器材提示标志、材料库房材料标识； 3. 易燃易爆场所设置禁止标志，氧气与乙炔等易燃易爆场所设置禁止标志和明示标志
5	……	可结合工程实际增列

检查人：　　　　　　　　　　　　　　日期：

表 B.7 ________________高速公路建设项目

便道便桥标准化建设验收检查表

合同段： 单位名称：

序号	检查项目	检 查 内 容
1	施工便道	★1. 便道线形、视距、宽度、纵坡、错车道等设置符合规定要求； ★2. 便道路面结构、安全防护应满足要求； 3. 便道路面排水符合要求； 4. 便道施工环境保护符合有关规定； 5. 便道与原有公路连接、平交处理应符合规定； 6. 便道平整度满足规定要求； 7. 便道实用、通畅
2	施工便桥	★1. 便桥结构按设计要求，承载力满足施工需要； 2. 便桥基础应牢固稳定； 3. 桥面高度符合要求，桥面设栏杆扶手，颜色统一，防护性能符合规定要求； 4. 便桥实用、通畅
3	标志标牌	1. 施工便道便桥标志标牌符合规定； 2. 施工便道便桥转角、视线不良段指示牌符合要求； ▲3. 跨越（临近）道路施工设置的标牌符合规定； ▲4. 道路危险段设置的“危险地段，注意安全”等标牌符合规定； 5. 施工现场、办公区、生活区等路口设置指路标志； 6. 公里桩、二百米桩等设置齐全； 7. 超限标志设置符合规定
4	……	可结合工程实际增列

检查人： 日期：

附录C　高速公路建设安全文明标志规定

C.1　一 般 规 定

为加强工程管理,实现安全生产、文明施工,应根据现场施工内容,有针对性地设置安全文明标志、工程标识(含禁止标志、警告标志、指令标志、提示标志、文明施工标志牌),悬挂各项管理制度、图表。

C.1.1　标志牌的材质

标志牌应采用铝合金或钢质材料制作,有触电危险的作业场所应使用合成树脂类绝缘材料。材料的强度、刚度满足使用要求。

C.1.2　颜色与字体

标志所用的颜色应参考现行《图形符号　安全色和安全标志》(GB/T 2893)的规定。标志中的字体均为黑体字(不含图表)。

C.1.3　标志牌板面

标志牌板面应大面平整、尺寸规则、表面光滑。图文应清晰醒目,无毛刺、无孔洞瑕疵。

C.1.4　标志牌的制作及安装

标志牌一般应按规定的尺寸、版式和内容制作,安装应整齐统一。其他未列出的可参照现行《安全标志及其使用导则》(GB 2894)、《道路交通标志和标线》(GB 5768)执行。

C.1.5　标志管理与维护

1　开工前应绘制安全文明标志标识规划布置总平面图。标志牌设置应建立台账登记管理,施工过程中可有针对性地进行增减。

2　应加强安全标志牌的检查维护,保持板面清洁醒目、完整无损。发现有污染、破损、变形、褪色、丢失等应及时清洁、修整或更新。

C.2　标 准 图 样

C.2.1　禁止标志的基本形式(图 C.1)

禁止标志的制作要求按现行《安全标志及其使用导则》(GB 2894)执行。

C.2.2 警告标志的基本形式(图 C.2)

警告标志的制作要求按现行《安全标志及其使用导则》(GB 2894)执行。

图 C.1 禁止标志的基本形式(尺寸单位:mm)

图 C.2 警告标志的基本形式(尺寸单位:mm)

C.2.3 指令标志的基本形式(图 C.3)

指令标志的制作要求按现行《安全标志及其使用导则》(GB 2894)执行。

C.2.4 提示标志的基本形式(图 C.4)

提示标志的制作要求按现行《安全标志及其使用导则》(GB 2894)执行。

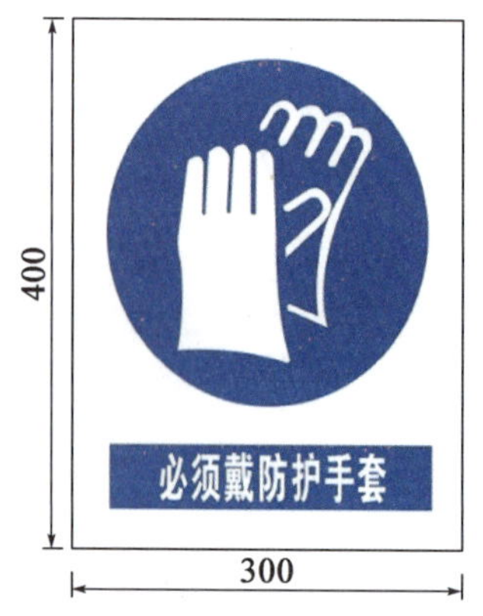

图 C.3 指令标志的基本形式(尺寸单位:mm)

图 C.4 提示标志的基本形式(尺寸单位:mm)

C.3 标志牌设置

C.3.1 标志牌的基本形式

施工现场设置标志牌有以下 6 种基本形式,结合现场需要可适当调整增设。

1. 标志牌 400×300 的基本形式(图 C.5)。

2. 标志牌800×600的基本形式(图C.6)。

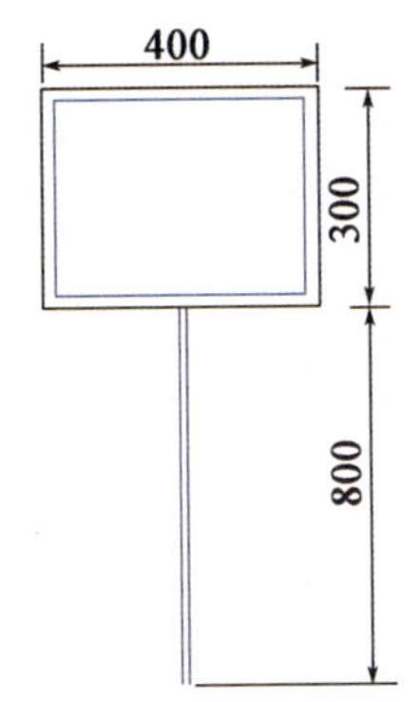

图C.5　标志牌400×300的基本形式(尺寸单位:mm)

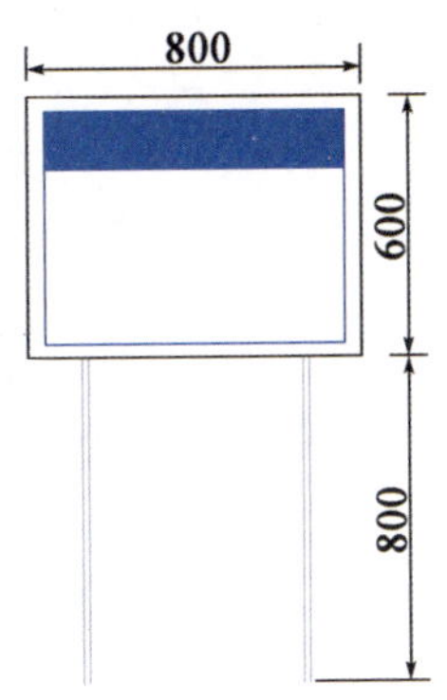

图C.6　标志牌800×600的基本形式(尺寸单位:mm)

3. 标志牌600×800的基本形式(图C.7)。

4. 标志牌1 500×2 000的基本形式(图C.8)。

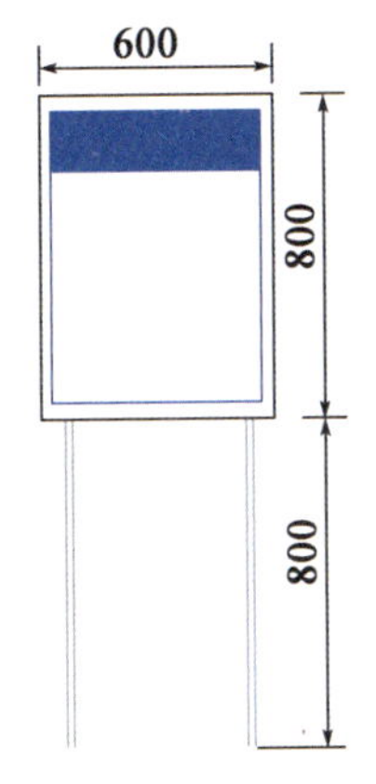

图C.7　标志牌600×800的基本形式(尺寸单位:mm)

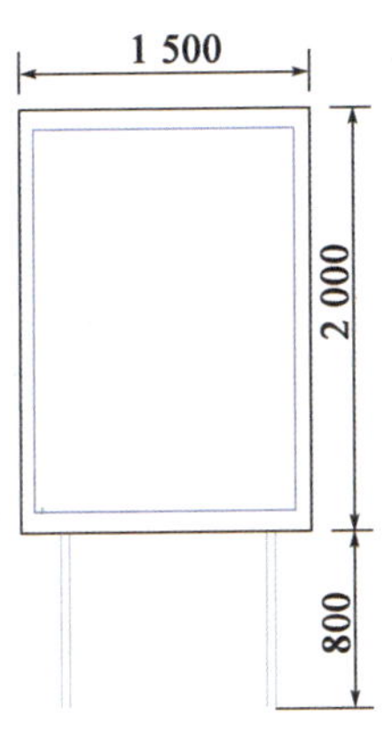

图C.8　标志牌1 500×2 000的基本形式(尺寸单位:mm)

5. 标志牌2 000×1 500的基本形式(图C.9)。

6. 标志牌2 500×2 000的基本形式(图C.10)。

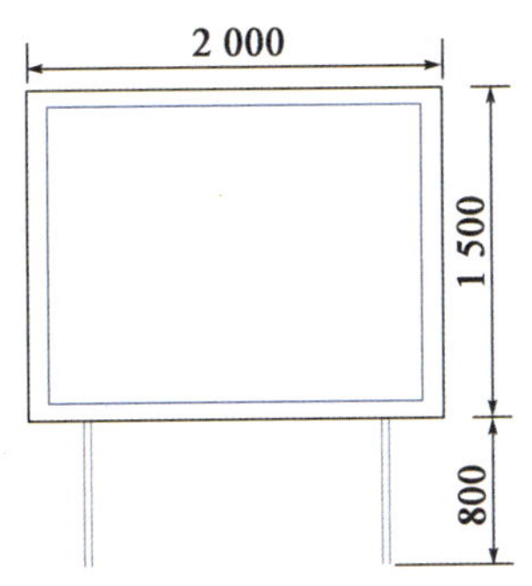

图C.9　标志牌2 000×1 500的基本形式(尺寸单位:mm)

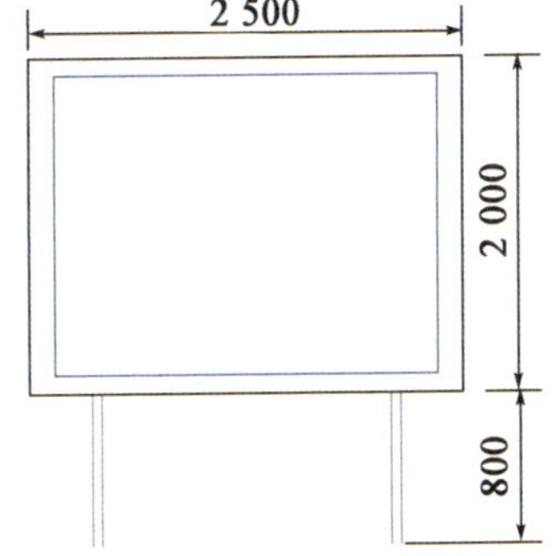

图C.10　标志牌2 500×2 000的基本形式(尺寸单位:mm)

C.3.2　标志牌的设置标准

1. 禁止标志按表C.1设置。

表 C.1 禁 止 标 志

序号	名称	图 形	制作要求(mm)	安装要求	设置范围和部位
1	禁止放易燃物	禁止放易燃物	尺寸为 300×400	悬挂或粘贴	钢筋加工厂电焊作业区、涵洞电焊作业区、桥梁电焊作业区、预制厂电焊作业区等具有明火设备或高温的作业场所,各种焊接、切割等动火场所
2	禁止合闸	禁止合闸	尺寸为 300×400	悬挂或粘贴	总配电箱、二级配电箱、开关箱等用电设备相应开关处
3	禁止攀登	禁止攀登	尺寸为 300×400	悬挂或粘贴	混凝土储存罐下方等不允许攀爬的有危险的建筑物、构筑物、设备处
4	禁止抛物	禁止抛物	尺寸为 300×400	悬挂或粘贴	桥梁人工挖孔桩孔口、桥梁墩身施工每节操作平台及走道、桥梁桥面临边处、隧道洞内作业平台、台车(架)顶部等高处作业现场、深沟(坑)等抛物易伤人的地点
5	禁止入内	禁止入内	尺寸为 300×400	悬挂或粘贴	易造成事故或对人员有伤害的场所,高压设备室、配电房等入口处

续表 C.1

序号	名称	图　形	制作要求(mm)	安装要求	设置范围和部位
6	禁止停留	 禁止停留	尺寸为 300×400	悬挂或粘贴	危险路口、钢筋加工厂吊装作业区、预制厂吊装作业区、混凝土拌和站输送带下方、桥梁预制梁架设区下方等对人员具有直接危险的场所
7	禁止吸烟	 禁止吸烟	尺寸为 300×400	悬挂或粘贴	钢筋加工厂、预制厂、桥梁、隧道施工现场氧气及乙炔存放区，混凝土拌和站油罐等易燃易爆堆放处和有乙类火灾危险物质的场所
8	禁止堆放	 禁止堆放	尺寸为 300×400	悬挂或粘贴	应急通道、安全通道及施工操作平台等处
9	禁止暴晒	 禁止暴晒	尺寸为 400×300，白底红字	悬挂或粘贴	钢筋加工厂、预制厂、桥梁施工现场、隧道施工现场氧气及乙炔存放区和使用氧气、乙炔区域等易燃易爆物等处
10	禁止掉落焊花	 禁止掉落焊花	尺寸为 400×300，白底红字	悬挂或粘贴	桥梁跨河/路施焊处等，跨越或紧邻通航河道、铁路、公路等设焊场所

续表 C.1

序号	名称	图形	制作要求(mm)	安装要求	设置范围和部位
11	禁止翻越防护栏	禁止翻越防护栏	尺寸为 400×300,白底红字	悬挂或粘贴	设立防护栏或邻近既有线施工现场的防护栏
12	禁止倾倒垃圾	禁止倾倒垃圾	尺寸为 400×300,白底红字	悬挂或粘贴	施工现场的作业平台
13	禁止排放油污	禁止排放油污	尺寸为 400×300,白底红字	悬挂或粘贴	施工现场水上作业平台
14	禁止向水中排放泥浆	禁止向水中排放泥浆	尺寸为 400×300,白底红字	悬挂或粘贴	施工现场水上钻孔平台
15	5km 限速牌	5	尺寸为 400×300,白底红字	悬挂或粘贴	场内道路及隧道洞口设置 5km 限速牌,隧道成洞段处设置 15km 限速牌

续表 C.1

序号	名称	图　形	制作要求(mm)	安装要求	设置范围和部位
16	施工重地闲人免进	施工重地 闲人免进	尺寸为 400×300，白底红字	悬挂或粘贴	拌和站、加工厂、制梁厂(预制厂)、现浇梁、隧道洞口、施工工地等现场的出入口、重点部位的醒目位置
17	机房重地闲人免进	机房重地 闲人免进	尺寸为 400×300，白底红字	悬挂或粘贴	拌和站、制梁厂(预制厂)的控制室和发电机房、抽水机房等处
18	锅炉重地闲人免进	锅炉重地 闲人免进	尺寸为 400×300，白底红字	悬挂或粘贴	预制厂锅炉房入口处所

2. 警告标志按表 C.2 设置。

表 C.2　警告标志

序号	名称	图　形	制作要求(mm)	安装要求	设置范围和部位
1	当心触电	当心触电	尺寸为 300×400	悬挂或粘贴	桥梁配电箱(柜)，钢筋加工厂开关箱，涵洞开关箱，混凝土拌和站开关箱；钢筋加工厂电焊作业区，涵洞电焊作业区，桥梁电焊作业区，预制厂电焊作业区；隧道用电设备，隧道洞内外变压器等有可能发生触电危险的电气设备和线路、配电箱(柜)、开关箱、变压器、用电设备处

续表 C.2

序号	名称	图　形	制作要求(mm)	安装要求	设置范围和部位
2	当心吊物	当心吊物	尺寸为 300×400	悬挂或粘贴	钢筋加工厂吊装作业区，预制厂吊装作业区等有吊装设备作业的场所
3	当心弧光	当心弧光	尺寸为 300×400	悬挂或粘贴	钢筋加工厂电焊作业区，涵洞电焊作业区，桥梁电焊作业区，预制厂电焊作业区等由于弧光可能造成眼部伤害的各种焊接作业场所
4	当心火灾	当心火灾	尺寸为 300×400	悬挂或粘贴	可燃物质的储运、使用等场所，钢筋加工厂、涵洞、桥梁、预制厂电气焊作业区，涵洞易燃易爆处等易发生火灾的危险场所
5	当心机械伤人	当心机械伤人	尺寸为 300×400	悬挂或粘贴	钢筋加工厂机械设备处，涵洞机械设备处，桥梁机械设备处，预制厂机械设备处，桥梁钻孔作业区等易发生机械卷入、轧压、碾压、剪切等机械伤害的作业场所
6	当心坑洞	当心坑洞	尺寸为 300×400	悬挂或粘贴	桥梁钻孔桩孔口等预留孔洞及各种深坑的上方，具有坑洞易造成伤害的作业地点

续表 C.2

序号	名称	图　　形	制作要求(mm)	安装要求	设置范围和部位
7	当心落物	 当心落物	尺寸为 300×400	悬挂或粘贴	桥梁墩身下方落物区域,桥梁预制梁架设下方,桥梁交叉作业区,隧道洞口作业平台,台车(架)栏杆下方等高处作业立体交叉作业等的下方,易发生落物危险的地点
8	当心塌方	 当心塌方	尺寸为 300×400	悬挂或粘贴	边坡及土方作业的深坑、深槽,路基路堑开挖处,路基抗滑桩施工处等易发生塌方危险的地段
9	当心中毒	 当心中毒	尺寸为 300×400	悬挂或粘贴	桥梁人工挖孔桩孔口等易产生有毒、有害气体的场所
10	当心扎脚	 当心扎脚	尺寸为 300×400	悬挂或粘贴	隧道洞口作业平台、台车(架)栏杆下方易造成脚部伤害的作业地点
11	当心坠落	 当心坠落	尺寸为 300×400	悬挂或粘贴	混凝土拌和站储存罐下方,桥梁人工挖孔桩孔口,桥梁墩身施工每节操作平台及走道,隧道洞内作业平台,台车(架)顶部,预制厂材料罐下等易发生坠落事故的作业地点

续表 C.2

序号	名称	图　形	制作要求(mm)	安装要求	设置范围和部位
12	注意安全	注意安全	尺寸为 300×400	悬挂或粘贴	涵洞防护栏杆上，混凝土拌和站主要道路旁，混凝土拌和站沉淀池防护栏杆上，混凝土拌和站油罐、氧气、乙炔存放区，既有线施工现场，桥梁醒目位置，桥梁基坑防护栏杆上，隧道洞口，预制厂、沉淀池、防护栏杆上等易造成人员伤害的场所及设备等处
13	当心落石	当心落石	尺寸为 400×300，黄底黑字	悬挂或粘贴	隧道入口处、路基砌筑边坡等易落石的地段
14	当心碰头	当心碰头	尺寸为 400×300，黄底黑字	悬挂或粘贴	桥梁等施工现场狭小、低矮通道处
15	保护森林，注意防火	保	尺寸为 1 500×2 000/字(以"保"字为例)，红底白字	竖立	隧道等临近林区施工场所
16	高压危险	高压危险	尺寸为 400×300，黄底黑字	悬挂或粘贴	钢筋加工厂配电室(柜)，混凝土拌和站配电室(柜)，隧道洞内外变压器等施工场所变压器、高压电力设备等处

续表 C.2

序号	名称	图　形	制作要求(mm)	安装要求	设置范围和部位
17	前方施工减速慢行	前方施工 减速慢行	尺寸为 800×600，黄底黑字	竖立	隧道洞口作业平台，台车(架)栏杆下方，隧道洞内成洞段等跨越(邻近)道路施工处
18	进入施工现场请减速慢行	进入施工现场 请减速慢行	尺寸为 800×600，黄底黑字	竖立	施工现场工地出入口的醒目位置，厂站出入口及工点路口处

3. 指令标志按表 C.3 设置。

表 C.3　指 令 标 志

序号	名称	图　形	制作要求(mm)	安装要求	设置范围和部位
1	必须穿防护鞋	必须穿防护鞋	尺寸为 300×400	悬挂或粘贴	隧道洞口等易伤害脚部的作业场所，具有腐蚀、灼热、触电、碰(刺)伤等危险的作业地点
2	必须戴安全帽	必须戴安全帽	尺寸为 300×400	悬挂或粘贴	涵洞防护栏杆上，路基、桥梁醒目位置，隧道洞口等头部易受外力伤害的作业场所

续表 C.3

序号	名称	图形	制作要求(mm)	安装要求	设置范围和部位
3	必须戴防护面罩	必须戴防护面罩	尺寸为 300×400	悬挂或粘贴	钢筋加工厂电焊作业区,涵洞电焊作业区,桥梁电焊作业区,预制厂电焊作业区等易造成人体紫外线辐射的作业场所
4	必须戴防护手套	必须戴防护手套	尺寸为 300×400	悬挂或粘贴	钢筋加工厂电焊作业区,涵洞电焊作业区,桥梁电焊作业区,预制厂电焊作业区;钢筋加工厂气割作业区,涵洞气割作业区,桥梁气割作业区,预制厂气割作业区等易伤害手部的作业场所,具有腐蚀、污染、灼热、冰冻及触电危险等作业场所
5	必须戴防护眼镜	必须戴防护眼镜	尺寸为 300×400	悬挂或粘贴	钢筋加工厂气割作业区,涵洞气割作业区,桥梁气割作业区,预制厂气割作业区等对眼睛有伤害的作业场所
6	必须系安全带	必须系安全带	尺寸为 300×400	悬挂或粘贴	桥梁高处作业,隧道作业平台,台车(架)顶部等易发生坠落危险的作业场所

续表 C.3

序号	名称	图　形	制作要求(mm)	安装要求	设置范围和部位
7	注意通风		尺寸为400×300	悬挂或粘贴	隧道洞口等空气不流通,易发生窒息、中毒等作业场所
8	进入施工现场必须戴安全帽	进入施工现场 必须戴安全帽	尺寸为300×400	悬挂或粘贴	施工现场的工地出入口醒目位置,隧道洞口等
9	泥浆池危险请勿靠近	泥浆池危险 请勿靠近	尺寸为400×300,蓝底白字	悬挂或粘贴	桥梁泥浆池防护栏杆
10	沉淀池危险请勿靠近	沉淀池危险 请勿靠近	尺寸为400×300,蓝底白字	悬挂或粘贴	拌和站、制梁厂(预制厂)沉淀池防护栏杆上
11	张拉危险请勿靠近	张拉危险 请勿靠近	尺寸为400×300,蓝底白字	悬挂或粘贴	制梁厂(预制厂)现浇梁预应力张拉作业区

续表 C.3

序号	名称	图　形	制作要求(mm)	安装要求	设置范围和部位
12	基坑危险 请勿靠近	基坑危险 请勿靠近	尺寸为 400×300,蓝底白字	悬挂或粘贴	涵洞、桥梁基坑靠便道侧防护栏
13	必须系安全绳	必须系安全绳	尺寸为 400×300,蓝底白字	悬挂或粘贴	桥梁频繁移动且无法系安全带作业点等高处作业、林边作业、悬空作业等场所

4. 提示标志按表 C.4 设置。

表 C.4　提 示 标 志

序号	名称	图　形	制作要求(mm)	安装要求	设置范围和部位
1	灭火设备 提示标志	灭火设备	尺寸为 400×300	悬挂或粘贴	涵洞易燃易爆处等需指示灭火器的处所
2	灭火器 提示标志	灭火器	尺寸为 400×300	悬挂或粘贴	钢筋加工厂、混凝土拌和厂醒目位置等需指示灭火设备的处所

C.4　施工交通标志牌

公路施工交通标志牌应由专业厂家生产,产品质量、规格符合相关标准,施工中按现行《安全标志及其使用导则》(GB 2894)、《道路交通标志和标线》(GB 5768)、《公路养护安全作业规程》(JTG H30)规定执行。

C.4.1　施工标志

施工标志包含施工标志、施工距离标志、施工长度标志、慢行标志、移动施工标志及注意交通引导人员标志等,具体样式如图C.11所示。

图C.11　道路施工交通标志牌

C.4.2　导向标志

导向标志用以引道作业区行车方向,提示道路使用者前方线形(行驶方向)变化,注意谨慎驾驶。图C.12设置于作业区线形变化处,图C.13设置于作业区隔离设施端部、渠化设施端部等处。

图C.12　线形诱导标

图C.13　竖向线形诱导标

C.5　文明施工图牌

文明施工图牌包括工程公示牌和工程标牌两大类。施工现场必须设有“五牌一图”,即工程概况牌、管理人员名单及监督电话牌、消防保卫(防火责任)牌、安全生产牌、文明施工和环境保护牌、施工现场总平面图。

C.5.1　工程公示牌

施工单位驻地和工程起讫点设合同段公示牌，特大桥等重点工程施工现场的醒目位置设工程概况牌(含效果图)。采用双柱式立柱，埋设后公示牌下缘距地面高度(根据地形条件)不小于2m，设立应牢固可靠、整齐美观、大方醒目。各常用工程图牌如图C.14～C.17所示。

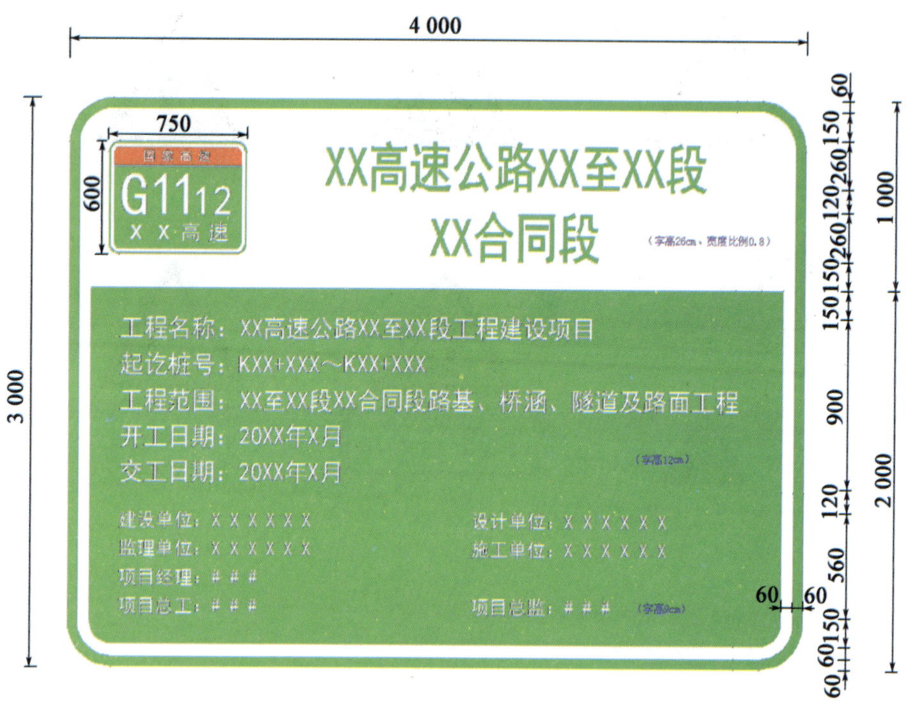

图 C.14　工程公示牌(尺寸单位：mm)

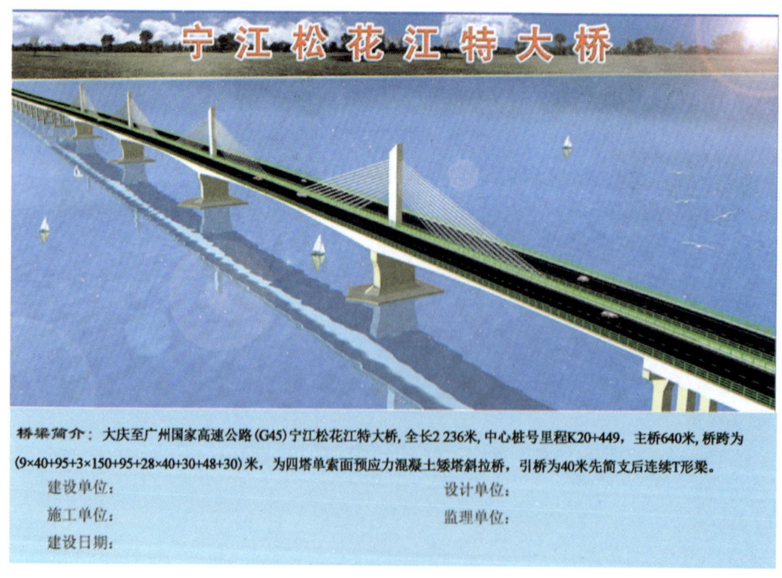

图 C.15　工程效果图及工程简介

××至××高速公路××合同段

安全质量环保保证措施

安全质量保证措施

1 认真贯彻落实国家和地方有关安全质量法律法规、条例、规定，严格执行铁道部有关铁路施工技术规范、验收标准，切实落实业主有关安全质量管理办法、规定、实施细则，建立健全安全质量保证体系，制定完善安全质量管理规章制度、安全施工方案、安全技术措施、操作规程。

2 制定并落实各级人员安全质量责任制，定期或不定期进行考核和评比。

3 建立健全安全质量组织机构，按规定配备专兼职安全、质量管理人员。

安全质量保证措施

4 强化施工现场安全管理，进行定期或不定期安全生产检查，及时消除安全隐患，确保生产安全。

5 加强工序质量控制，严格按施工工艺要求进行作业，以工序质量保工程质量。

6 严格按标准化管理、程序化作业，高起点、高标准、高要求、高效率，努力将京沪线建设成世界一流高速铁路。

环保文明施工措施

1 认真贯彻执行国家有关环保水保法律法规，切实落实业主环保水保规定，制定完善环保水保措施，努力实现京沪环保水保管理目标。

2 建立健全环保水保、文明施工管理组织机构，切实落实各级人员责任。

3 加强施工现场环保水保、文明施工管理，做到粉尘、噪声、废水、废气排放达标，垃圾分类存放并按规定处理，临时设施布置合理规范，施工场地整洁，道路平顺，排水畅通，材料分类堆放整齐并进行覆盖支垫，标识标牌齐全醒目。

图 C.16　安全质量环保保证措施

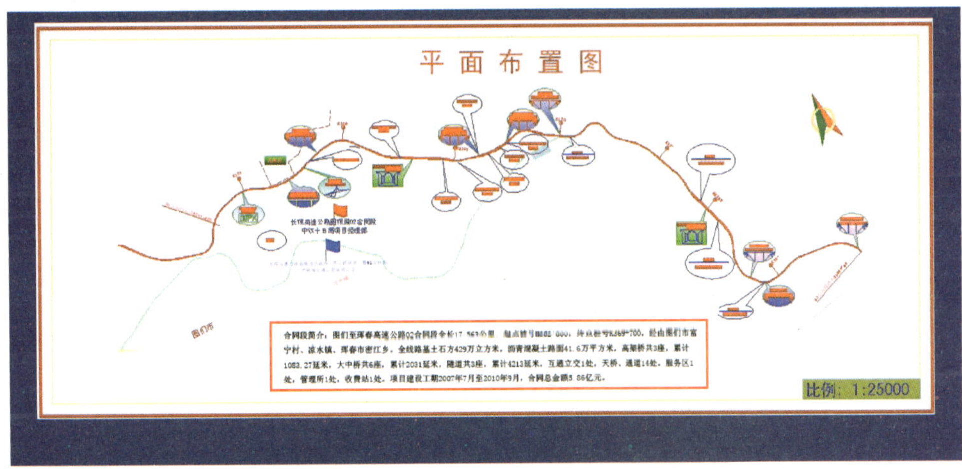

图 C.17　平面布置图

C.5.2　工程标牌

工程标牌的基本形式参照技术指南第 C.3.1 条的规定制作，设置要求按表 C.5 执行。

表 C.5　工 程 标 牌

序号	名称	图　形	制作要求(mm)	安装要求	设置范围和部位
1	工程概况牌	工程概况牌	尺寸一般为 2 500 × 2 000(在大型枢纽等工程处可根据现场情况确定尺寸)	竖立	桥梁、隧道、站厂、拌和厂、梁厂等重点工程的醒目位置，施工现场工地出入口醒目位置

续表 C.5

序号	名称	图　形	制作要求(mm)	安装要求	设置范围和部位
2	质量安全目标牌	质量安全目标牌	尺寸一般为 2 500 × 2 000(在大型枢纽等工程处可根据现场情况确定尺寸)	竖立	桥梁、隧道、站厂、拌和厂、梁厂等重点工程的醒目位置,施工现场工地出入口醒目位置
3	安全质量环保目标公示牌	安全质量环保目标公示牌	尺寸一般为 2 500 × 2 000(在大型枢纽等工程处可根据现场情况确定尺寸)	竖立	桥梁、隧道、站厂、拌和厂、梁厂等重点工程的醒目位置,施工现场工地出入口醒目位置
4	工程公示牌	工程公示牌	尺寸一般为 2 500 × 2 000(在大型枢纽等工程处可根据现场情况确定尺寸)	竖立	桥梁、隧道、站厂、拌和厂、梁厂等重点工程的醒目位置,施工现场工地出入口醒目位置
5	管理人员名单及监督电话牌	管理人员名单及监督电话牌	尺寸一般为 2 500 × 2 000(在大型枢纽等工程处可根据现场情况确定尺寸)	竖立	桥梁、隧道、站厂、拌和厂、梁厂等重点工程的醒目位置,施工现场工地出入口醒目位置
6	安全文明施工牌	安全文明施工牌	尺寸一般为 2 500 × 2 000(在大型枢纽等工程处可根据现场情况确定尺寸)	竖立	桥梁、隧道、站厂、拌和厂、梁厂等重点工程的醒目位置,施工现场工地出入口醒目位置

续表 C.5

序号	名称	图　形	制作要求(mm)	安装要求	设置范围和部位
7	重大危险源告知牌	重大危险源告知牌	尺寸一般为 2 500 × 2 000(在大型枢纽等工程处可根据现场情况确定尺寸)	竖立	桥梁、隧道、站厂、拌和厂、梁厂等重点工程的醒目位置,施工现场工地出入口醒目位置
8	施工平面布置图	施工平面布置图	尺寸一般为 2 500 × 2 000(在大型枢纽等工程处可根据现场情况确定尺寸)	竖立	桥梁、隧道、站厂、拌和厂、梁厂等重点工程的醒目位置,施工现场工地出入口醒目位置
9	施工标识牌	施工标识牌 名　称 / 里　程 主要技术参数 / 开竣工时间 施工负责人 / 技术负责人 安全工程师 / 质量工程师	尺寸一般为 700 × 500(在大型枢纽等工程处可根据现场情况确定尺寸)	竖立或悬挂	单位工程、分部工程、分项工程施工处
10	机械设备标识牌	机械设备标识牌 设备名称 / 编　号 规格型号 / 操作司机 机修责任人 / 电器负责人 进场日期 / 状　态	尺寸为 400 × 300	悬挂、粘贴	施工机械设备处
11	材料标识牌	材料标识牌 材料名称 / 生产厂家 规格型号 / 炉(批)号 进场日期 / 进场数量 检验日期 / 检验状态	尺寸为 400 × 300	竖立	储料区

续表 C.5

序号	名称	图　形	制作要求(mm)	安装要求	设置范围和部位
12	(半)成品材料标识牌	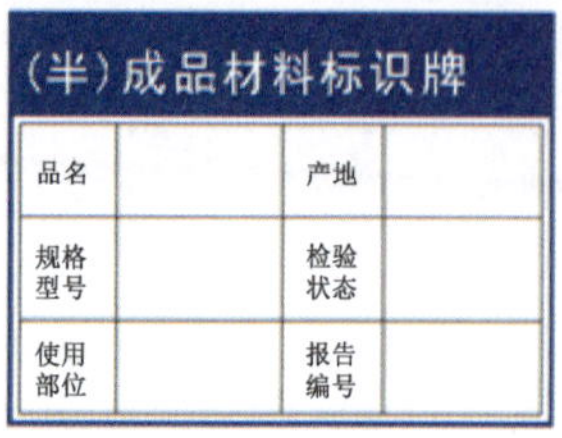 (半)成品材料标识牌 品名 产地 规格型号 检验状态 使用部位 报告编号	尺寸为400×300	竖立、悬挂	各种材料的半成品、成品存放区
13	配合比标识牌	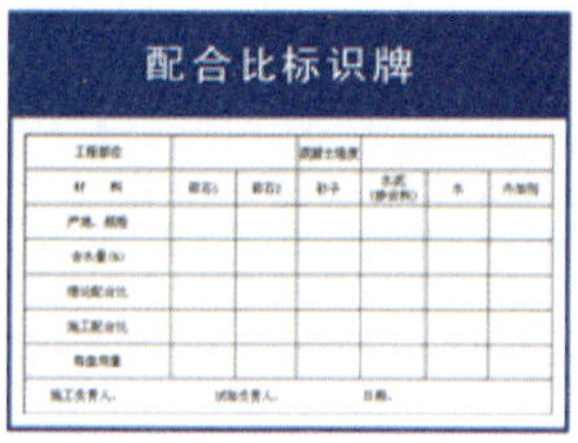 配合比标识牌	尺寸为800×600	竖立、悬挂	拌和机及拌和机操作室
14	项目负责人代班公示牌	 项目负责人代班公示牌	尺寸为800×600	竖立、悬挂	施工现场
15	××操作规程公示牌	 ××操作规程公示牌	尺寸为2 000×1 500	竖立	施工现场醒目位置
16	应急救援流程图	 应急救援流程图	尺寸为1 500×2 000	竖立	隧道洞口,既有线施工现场值班室

续表 C.5

序号	名称	图　形	制作要求(mm)	安装要求	设置范围和部位
17	应急联系电话公示牌	应急联系电话公示牌	尺寸为1 500×2 000	竖立	既有线施工场所

C.6　人员佩戴

C.6.1　安全帽

要求进入作业现场人员一律佩戴安全帽。安全帽质量应达到国家有关安全、质量标准。

1　建设单位及上级单位人员佩戴白色安全帽(喷绘红色徽标文字,50号黑体字),见图C.18a)。

2　监理单位及试验检测机构人员佩戴蓝色安全帽(喷绘白色徽标文字,50号黑体字),见图C.18b)。

3　施工单位管理人员佩戴红色安全帽(喷绘白色徽标文字,50号黑体字),见图C.18c)。

4　施工单位作业人员佩戴黄色安全帽(喷绘红色徽标文字,50号黑体字),见图C.18d)。

a)建设单位、上级单位人员佩戴白色安全帽

b)监理单位及试验检测机构人员佩戴蓝色安全帽

c)施工单位管理人员佩戴红色安全帽

d)施工单位作业人员佩戴黄色安全帽

图C.18　安全帽

C.6.2 胸卡

参建单位人员佩戴蓝色胸卡。胸卡的基本形式见图 C.19。

C.6.3 安全员袖标

安全员袖标的基本形式见图 C.20。

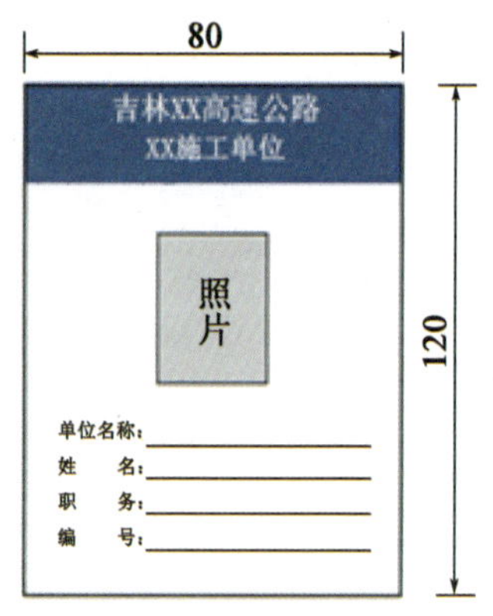

图 C.19 胸卡的基本形式(尺寸单位:mm)

图 C.20 安全员袖标的基本形式(尺寸单位:mm)

C.7 办公、生活区

监理单位、试验检测机构及施工单位驻地办公、生活区标识图牌应符合表 C.6 ~ C.8 的规定。

表 C.6 监理单位驻地标识牌标准

序号	标 识 名 称	尺寸 (长×宽,cm)	颜色、字体要求	标识内容及要求	设置位置
1	监理机构铭牌	250×35 (竖牌)	黑字、宋体 (金底)	项目名称及监理名称	驻地门口
2	党工委铭牌	250×35	金底黑字		驻地门口
3	办公室、宿舍门牌	28×10	金属(铜)底红字	—	各办公室
4	监理组织机构	120×100	白底黑字、宋体	—	会议室
5	监理工作流程图	120×100		监理工作程序、手续、时限等	会议室
6	安全、质量、环保、廉政建设体系	200×150	蓝底白字、宋体		会议室
7	气象记录图	80×60	白底黑字、宋体	形象图标识	会议室
8	施工平、纵断面图 (含形象进度)	400×150		含路基、路面、桥涵、隧道等主要工程进度	会议室
9	工程概况牌	250×200	蓝底白字		会议室或驻地院内

续表 C.6

序号	标识名称	尺寸（长×宽，cm）	颜色、字体要求	标识内容及要求	设置位置
10	消防保卫牌	200×150	蓝底白字	底部标有 119 火警电话	驻地院内
11	宣传栏	240×120（单栏规格）	白钢框架	可设置多栏	驻地院内
12	监理规章制度牌（含岗位职责牌）	80×60	白底黑字、宋体	岗位职责、工作制度、管理制度（档案资料、文件、安全卫生、管理等）	对应办公室、会议室

表 C.7　试验检测机构驻地标识牌标准

序号	标识名称	尺寸（长×宽，cm）	颜色、字体要求	标识内容及要求	设置位置
1	试验室铭牌	80×60（横牌）	黑字、宋体（金底）	母体试验检测机构名称+项目合同段名称+工地试验室	试验室大门
2	办公室门牌	28×10	金底红字		各室门口
3	试验室组织机构	80×60	白底黑字、宋体	—	办公室
4	授权委托书			适当位置悬挂	办公室
5	质量保证体系	80×60			办公室
6	管理制度牌（含岗位职责牌）	80×60	白底黑字、宋体	人员岗位职责、管理制度（安全、卫生、工作、样品管理、养生室环境控制、档案管理）	办公室
7	试验室规章制度及操作规程	80×60	蓝底白字、宋体	工作程序、仪器操作规定、样品管理、报告填写、试验台账制度、标养室管控、仪器检校制度	试验室
8	仪器设备标识牌	40×30		名称、型号、校检状态	试验室
9	消防设施提示牌	40×30			存放处
10	环境保护标志	60×50			废弃材料药品存放处

表 C.8　施工单位驻地标识牌标准

序号	标识名称	尺寸（长×宽，cm）	颜色、字体要求	标识内容及要求	设置位置
1	项目经理部铭牌（另党工委铭牌）	250×35（竖牌）	黑字、宋体（金底）	项目名称及合同段名称（与公章相同）有党支部的规格与上相同，红字	驻地门立柱
2	办公室门牌	28×10	金（铜）底红字、宋体	—	各办公室门

续表 C.8

序号	标识名称	尺寸（长×宽，cm）	颜色、字体要求	标识内容及要求	设置位置
3	宿舍门牌	18×10	金(铜)底红字、宋体		各宿舍门口
4	项目平面图	400×150	蓝底白字、不小于40号		驻地院内
5	工程概况牌	250×200	蓝底白字		会议室或驻地院内
6	工程立体效果图	400×150	白底彩绘		会议室或驻地院内
7	平安工地宣传栏	240×120	白钢框架	平安工地活动目标、实施方案，管理制度等。应标注监督举报电话等	驻地院内
8	企业宣传栏	240×120（单栏规格）	白钢框架	可设置多栏	驻地院内
9	安全、质量、施工组织体系	200×150	蓝底白字	三块	会议室
10	廉政监督牌	200×150	蓝底白字	廉政制度、领导小组、监督小组及监督电话	会议室或驻地院内
11	文明施工牌	200×150	蓝底白字		驻地院内
12	消防保卫牌	200×150	蓝底白字	底部标有火警电话119	会议室或驻地院内
13	平、纵断面图（含形象进度）	400×150	蓝底白字、宋体	含路基、路面、桥涵、隧道等主要工程进度	会议室
14	气象记录图表	80×60	白底黑字、宋体	形象图标识	会议室
15	管理制度牌（含岗位职责）	80×60	白底黑字、宋体	岗位职责、管理制度（材料进出库管理等）底部要求有单位名称	对应办公室、会议室
16	应急预案流程图	80×60	蓝底白字、不小于40号字、宋体		施工队办公室
17	安全文明标志平面布置图	120×100	白底黑字、宋体	全线安全文明标志、位置、数量	安全环保部

续表 C.8

序号	标识名称	尺寸(长×宽,cm)	颜色、字体要求	标识内容及要求	设置位置
18	安全操作规程	80×60	白底黑字、宋体		物资设备部
19	卫生责任公示牌	80×60	白底黑字、宋体	食堂各工作区分隔标识、悬挂卫生许可证、炊事员、服务员健康证	食堂

注:施工单位试验室参照试验检测机构驻地标准执行;具体字体、颜色可根据实际调整,以美观、大方、简洁为原则。

C.8　公里桩与百米桩

公里桩、百米桩应规定统一设置在路线前进方向的右侧,里程桩号喷涂在前进方向的迎面方向,填挖高度喷涂在背侧。

公里桩与百米桩应统一预制或外购,截面为等边三角形,尖端朝向路中,两面喷涂里程桩号,白底红字;平面朝外侧,喷涂填挖高(W 表示挖方,T 表示填方,白底黑字),如图 C.21 所示。

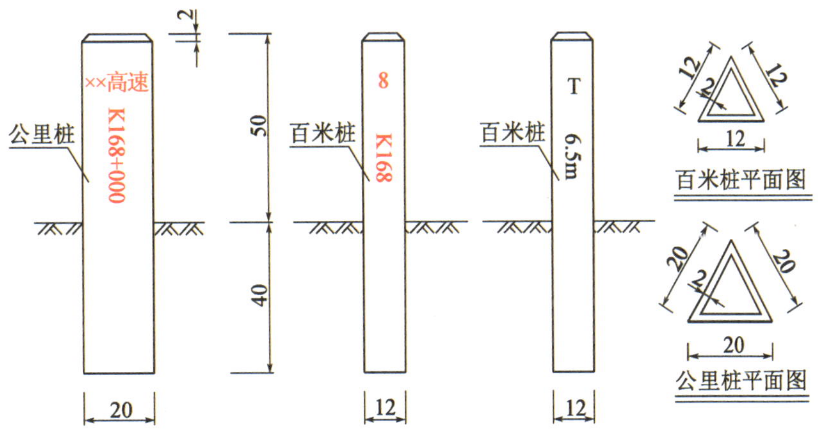

图 C.21　公里桩及百米桩标准图(尺寸单位:cm)

C.9　形象宣传标志标语

C.9.1　宣传栏

在生产、办公、生活区的醒目位置,设立宣传栏、宣传牌、黑板报、图片展等,依据场地及各自特点自行设置,保证规格统一、样式美观、制作精良耐用。

C.9.2　宣传标语(牌)

1　设置宣传标语(牌)内容由施工单位自行拟定,应与项目建设文化相协调。

2　公告标语牌设置位置：

1）施工现场的生产、办公、生活区等；

2）在建高速公路与普通公路交叉处（普通公路行车可视）；

3）在建高速公路沿线上跨天桥两侧行车可视位置，天桥较少的应以适当间距在路基两侧设置。

3　标语牌的制作参照以下规定：

1）防风型灯箱布白底红字印刷标语，单个字尺寸150cm×120cm，字间距根据现场实际情况自行确定。

2）标语牌为白底红字，牌面尺寸为：路侧高200cm，宽160cm；天桥高150cm，宽120cm。

3）条幅标语宜为红底黄字，幅宽100cm。